추세 매매의 대가들

TREND FOLLOWING MASTERS Volume 1

Originally published in the UK by Harriman House Ltd. in 2023, www.harriman-house.com. This Korean language edition is published by arrangement with Harriman House through
Shinwon Agency Co., Republic of Korea.

TREND FOLLOWING Masters

'왜 추세추종인가'에 대한 14인의 답!

추세 매매의 대가들

마이클 코벨 지음 | 김태훈 옮김

이레미디어

☑ 일러두기

- 이 책은 한글 맞춤법 통일안에 따라 편집했습니다. 의미 전달을 위해 허용 범위 내에서 표현한 것도 있습니다.
- 최근 바뀐 외래어 표기법에 따라 정리했으나, 몇몇 이름과 용어는 사회에서 더 많이 통용되는 것으로 정리했습니다.
- 이미 국내에 출간된 도서는 책 제목을 적었고, 출간되지 않은 도서는 번역문 뒤에 원문을 같이 표기했습니다.

내일을 예측할 수 있다는 희망을 품은
모든 투자자와 트레이더에게 이 책을 바칩니다.
여러분을 혼낼 이 책을 즐겨주시길.

☑ 빌 드라이스

전기공학 학위를 받고 MIT를 졸업한 후 하버드 경영대학원에 들어간 그는 베이즈의 결정 이론과 운영 연구에 매료되었다. 하버드 경영대학원을 졸업한 후에는 컴퓨터 모형화를 통해 전략전 및 전술전을 연구하는 싱크탱크에서 일했다. 빌은 초기의 추세추종 시스템을 고안한 사람으로서, 자신만의 독점 방법론인 FWA Fractal Wave Algorithm 및 CI Choppiness Index를 개발한 것으로 알려져 있다.

☑ 해럴드 드 보어

드렌테의 농장에서 태어난 해럴드는 어린 시절부터 수학과 세상을 연결하는 일에 흥미를 가졌다. 그는 학업의 막바지에 나중에 트랜스트렌드로 이어질 프로젝트를 추진했다. 당시 그는 확률분포의 극첨도라는 개념에 매료되었는데, 이 주제는 그의 경력 전체를 관통하는 자극제가 되었다.

그는 현재 트랜스트렌드의 전무이사이자 분산 추세 프로그램의 설계자로서 연구개발, 포트폴리오 관리, 트레이딩을 책임지고 있다. 그가 관리하는 금액은 40억 달러 규모이며, 트랜스트렌드는 수십억 달러까지는 아니더라도 족히 수억 달러가 넘는 수익을 벌어들였다.

☑ 제리 파커

1983년에 터틀 프로그램에 참여하면서 투자 경력을 시작했다. 터틀 프로그램은 400달러를 약 2억 달러로 불린 리처드 데니스와 윌리엄 에크하르트가 엄선한 인원을 대상으로 개발한 투자 훈련 프로그램이다. 이 프로그램은 거의 5년 동안 자기자본으로 투자하는 훈련을 거친 후 1988년에 종료되었다.

그는 1988년에 전 세계의 개인투자자 및 기관투자자에게 투자와 포트폴리오 관리 서비스를 제공하는 체서피크 캐피털 코퍼레이션을 창립했다. 이곳에서 그는 20억 달러 이상의 자산을 관리했으며, 그 역시 30년 넘게 투자하면서 많은 부를 쌓았다. 참고로 그의 1988년부터 2006년까지의 누적수익률은 15,862%이며 연복리는 15.7%다.

☑ 톰 바소

지금은 은퇴했지만 트렌드스탯 캐피털 매니지먼트의 창립자이자 대표였으며, 애리조나주 스코츠데일에 자리한 올웨더 전문투자사인 스탠드포인트 펀드의 이사회 의장이기도 하다. 《새로운 시장의 마법사들》에 처음 소개된 그는 평온함을 기반으로 한 투자로 트레이딩 세계의 전설로 불린다. 한때 그가 관리한 자산은 6500만 달러였으며, 은퇴한 지금은 하루에 20여 분만 투자에 시간을 할애하고 있다. 그는 현재 트레이더 교육 사이트 EnjoyTheRide.world도 운영하고 있다.

☑ 래리 하이트

시스템 트레이딩의 선구자로 인정받는 헤지펀드 매니저이자 대부로 불리는 인물이다. 그가 1981년에 공동 창립한 민트 인베스트먼트는 1990년에 운용자산 측면에서 세계 최대의 CTA가 되었다. 그는 그해에 맨 그룹과 협력관계를 맺고 원금 보장 펀드라는 개념을 개척했는데, 이 개념은 여러 성공적인 구조화 상품과 금융공학 부문의 혁신으로 이어졌다. 그가 재임하는 13년 동안 민트 인베스트먼트는 연수익률이 30%를 상회하는 성과를 달성했다.

☑ 빌 던

미 국방부의 하청업자로 일하던 그는 어느 날 더 나은 삶의 방식이 있을 거라는 판단 아래 수학 공식을 활용하여 트레이딩 시스템을 개발했다. '20% 이상을 잃을 1%의 확률'이라는 리스크 목표를 고수한 그는 45년간 믿기지 않을 투자 실적을 선보였다. 2008년에는 한 해 동안에 8000만 달러를 벌었다.

☑ 마틴 버긴

던 캐피털의 대표이자 오너다. 그는 회사의 모든 주요 업무를 관장한다. 거기에는 리서치와 개발뿐 아니라 운용형 선물 포트폴리오를 구성하고 관리하는 일까지 포함된다. 금융과 사업 관리 부문에서 오랜 경력을 쌓은 마틴은 1997년에 회계 시스템 매니저로 던에 합류했으며, 2001년에 부사장 겸 최고재무책임자로 승진했다. 그리고 2007년부터는 대표로 일하고 있다.

☑ 제임스 데일리

던 캐피털의 CEO다. 그는 전략기획, 사업 운영, 상품 개발, 고객관리, 재무 보고 같은 분야를 책임진다. 그는 2003년에 재무분석가로 던에 입사하여 2007년에 재무담당 부사장, 2008년에 CFO, 2016년에 CEO로 승진했다.

☑ 제니 켈람스

던 캐피털의 투자전략부장이다. 그녀는 주로 던의 전략을 패밀리 오피스와 재무상담사에게 홍보하고 보급하는 일을 맡는다. 그녀는 2011년에 던에 합류하기 전에 12년 동안 재무상담사로 증권 업계에서 일했으며, 자신의 투자운용사인 JK 파이낸셜 그룹을 운영했다.

☑ 닐스 카스트룹 라슨

던 캐피털(유럽)의 전무이사다. 닐스는 1990년부터 운용형 선물 업계에서 일했다. 그동안 그는 GNI 펀드 매니지먼트, 체서피크, 비치 캐피털, 로 애셋 매니지먼트 같은 여러 선도적 CTA에서 경영직을 맡았다. 특히 마지막 두 곳은 공동 창업자 중 한 명이었다. 그는 현재 헤지펀드와 CTA 분야에서 세계를 선도하는 팟캐스트도 진행하고 있다.

☑ 에릭 크리텐든

스탠드포인트 애셋 매니지먼트의 최고투자책임자다. 그는 20여 년 동안 투자 전략을 설계하고 운용했으며, 뮤추얼 펀드와 헤지펀드 부문의 시스템 트레이딩에 전문성을 갖추고 있다. 일명 'Macro Trend Investing'라고 불리는 투자 스타일을 고수한다. 합리적인 투자 전략을 수립하는 능력에 더하여 복잡한 내용을 단순하게 전달하는 그의 능력은 다른 투자 매니저들과 분명히 차별화되는 부분이다.

☑ 도널드 위조렉

퍼플 밸리 캐피털의 설립자 겸 대표다. 그는 윌리엄스칼리지에 다닐 때 JP모건의 주식자본시장그룹에서 여름 동안 애널리스트로 일하면서 금융계 경력을 시작했다. 그는 2008년에 대학을 졸업한 후 퍼플 밸리 캐피털을 공식 출범했고, 이후 시스템적 위험관리 전략을 활용하여 고객의 자본을 전문적으로 운용했다. 그는 1970년대와 1980년대에 봤을 법한 엄청난 투자 실적을 보유하고 있는데, 마이클 코벨에 따르면 빌 던과 존 헨리, 리처드 데니스를 유명하게 만든 투자 실적에 버금간다. 그는 2008년부터 2021년 2월까지 592%라는 놀라운 누적 수익률을 기록했다.

☑ 로버트 카버

독자적으로 활동하는 장단기 투자자로서 시스템 선물 투자를 한다. 그는 처음에 Barclays Investment Bank에서 파생 상품을 거래했으며, 2013년까지 대형 시스템 헤지펀드이자 맨 그룹의 자회사인 AHL에서 포트폴리오 매니저로 일했다. 거기서 그는 펀더멘털 글로벌 매크로 전략을 수립했고, 300억 달러 규모의 자본을 운용했다.

☑ 닉 래지

호주 투자회사의 트레이딩 및 리서치 책임자다. 그는 전문 트레이더, 교육자, 저술가로서 1985년부터 트레이딩을 했으며, 시드니선물거래소의 거래장과 시드니, 런던, 싱가포르의 국제 중개 데스크에서 일했다. 그의 전문성은 트레이딩 시스템 설계와 기술적 분석에 있으며, 특히 모멘텀 투자와 추세추종 전략에 초점이 맞춰져 있다. 그의 ASX 모멘텀 전략은 2007년 이후 손실은 단 한 해만 입힌 반면, 수익은 연평균 약 20%을 올리게 했다.

차 례

나는 운이 좋다, 사람들과 이야기할 수 있어서. 흥미롭고, 명민하고, 많은 것을 이루었고, 성공한 사람들과 말이다. 나는 그들과 때로는 직접 만나서, 때로는 줌Zoom으로, 때로는 전화로 대화를 나눈다. 이 일은 나의 열정이자 집착의 대상이 되었다.

이 일을 어떻게 시작하게 되었을까?

첫 책인 《추세추종전략Trend Following》(2004)을 펴낸 후인 2005년 초의 어느 날이었다. 나는 15명의 트레이더들에게 전화를 걸었다. 그들이 운용하는 자산의 규모는 모두 합쳐서 150억 달러 정도였다. 대부분은 만나달라는 나의 요청을 수락했다. 그 길로 즉시 나는 전 세계를 돌아다니며 데이비드 하딩David Harding, 토비 크레이블Toby Crabel, 래리 하이트Larry Hite 같은 전설적인 트레이더들과 대화를 나누었다. 아주 많은 인터뷰를 했다.

그다음에는 두 번째 책인 《터틀 트레이딩》 집필에 들어갔다. 이 책을 쓰기 위해서는 비밀스런 터틀 트레이더turtle trader들이 마음을 열고 말하도록 만들어야 했다. 그렇게 더 많은 인터뷰를 했다.

그다음에는 3년 동안 전 세계를 돌며 100회의 인터뷰를 촬영하는 다큐멘터리 제작 프로젝트를 시작했다. 그다음에는 2012년에 즉흥적으로 팟캐스트를 시작했다. 2012년에 시작한 나의 팟캐스트는 수백 회의 인터뷰를 담은 1,000여 회의 에피소드를 방송했으며, 수백만 회의 청취 횟수를 기록했다. 그 주제는 트레이딩부터 심리, 경제까지 다양했으며, 심지어 던킨 도너츠의 CEO와도 인터뷰-내가 가장 좋아하는 인터뷰 중 하나다-를 했다. 나는 지금까지 7명의 노벨상 수상자를 인터뷰했다는 사실이 자랑스럽다.

하지만 언제나 나의 출발점이자 핵심은 추세추종 전략이었다. 지금부터 추세추종 전략과 관련하여 가장 중요한 인터뷰들을 소개할 것이다. 이 인터뷰들에는 혼란스런 세상을 헤쳐나가고, 큰 수익을 찾아내는 데 필요한 지혜가 담겨 있다.

다만 봉 차트의 비밀이나 차트 분석에 대한 헛소리, 어리석은 데이 트레이딩 또는 빨리 부자로 만들어줄 다른 비법을 찾는다면 크게 실망할 것이다. 그래서 트위터에 악플이나 달게 될 것이다.

큰 판에 뛰어들려는 담력을 갖춘 사람이라면 이야기가 다르다. 지금부터 나오는 내용에는 진정한 성과를 달성하고자 하는 진정한 트레이더들을 위한 현실적인 지혜가 담겨 있다.

우리의 대화를 즐겨주시기 바란다.

마이클 코벨

1장

빌 드라이스

- Bill Dreiss -

초기 추세추종 시스템을 고안하다

빌 드라이스는 전기공학 학위를 받고 MIT를 졸업한 후 하버드 경영대학원에 들어갔다. 거기서 그는 베이즈의 결정 이론bayesian decision theory, 사전에 주어진 정보를 토대로 확률적으로 의사결정을 하는 방법에 대한 이론-옮긴이과 운영 연구operations research, 시스템이나 조직의 운영 방식을 개선하기 위한 연구-옮긴이에 매료되었다. 하버드 경영대학원을 졸업한 후에는 캘리포니아에 있는 싱크탱크에서 일했다. 컴퓨터 모형화를 통해 전략전 및 전술전을 연구하는 곳이었다. 그곳에서 그는 최신 모형화 기술을 접하게 되었다. 싱크탱크에서 했던 일에 대해 그는 이렇게 말했다.

"우리는 공군과 계약을 맺고 미사일 발사 전략이나 유럽에서의 지상전 같은 것들에 대한 다양한 전술을 분석했습니다. 대부분의 작업은 수학을 전공한 젊은 엔지니어들이 수행했습니다."

☑ 마이클의 노트

나는 수익률 집계 서비스를 통해 빌 드라이스라는 이름을 접했다. 하지만 직접 이야기를 나눈 적은 없었다. 다리를 놔준 건 〈톱 트레이더스 언플러그드Top Traders Unplugged〉의 닐스 카스트룹 라슨Niels Kaastrup-Larsen이었다. 인생은 이런 식이다. 모든 게 우연이다. 몇 다리만 건너면 다들 연결되어 있으니 대비하면서 살아라. 하지만 내가 속한 추세추종 세계에서는 한 다리만 건너면 된다.

마이클 코벨(이하 마이클): 당신도 그렇게 부르는지 모르겠지만 당신의 영웅인 브누아 만델브로트Benoit Mandelbrot에 대한 철학적 논의로 이야기를 시작하고 싶군요. 그는 2008년에 효율적 시장 이론의 지지자들을 비판했습니다. 그들이 2008년에 일어난 일을 마치 신의 행위인 것처럼 묻어놓고 잊어버리려 한다는 것이었죠. 당신도 이 비판에 공감할 거라고 믿습니다. 만델브로트가 이런 발언을 한 취지를 말씀해주시겠습니까?

빌 드라이스(이하 빌): 그가 말하려던 것은 통계적 관점에서 보면 시장은 랜덤워크random walk, 주가의 변화는 과거의 변화와 무관하게 이뤄진다는 가설을 말함-옮긴이를 하지 않는다는 것입니다. 시장에는 편향이 존재합니다. 이 편향은 수학적 방식으로 소위 팻 테일fat tail, 확률 분포를 이루는 양극단의 발생 빈도가 높아지는 것-옮긴이이라는 양상을 지속적으로 초래합니다. 이는 시장의 내재적 속성입니다. 예외적이거나 정상적인 영역을 벗어난 게 아닙니다.

시장은 지속적으로 팻 테일로 이어지는 경향이 있습니다.

나는 만델브로트 밑에서 일할 때 프랙털 차원fractal dimension, 프랙털 구조의 복잡성을 나타내는 척도-옮긴이에 대한 그의 이론을 여러 시장에 적용했습니다. 또한 모든 시장을 분석하여 근본적으로 지속성이 있음을 말해주는 프랙털 차원인지 확인했습니다. 그 결과, 정도의 차이는 있지만 실제로 그렇다는 사실을 알게 되었습니다. 그래서 만델브로트의 추측을 뒷받침하는 나름의 과학적 논거를 만들었습니다. 그가 말하려는 바는 효율적 시장을 들먹이며 시장이 무작위적이라고 말하는 사람들이 틀렸다는 겁니다.

그 이유는 대부분 이 정상급 경제학자들이 스스로 시장 수익률을 넘어서지 못했기 때문이라는 겁니다. 그래서 다른 누구도 그럴 수 없어야 한다고 판단한 거죠. 그 결과 시장은 순전히 무작위적이라는 생각을 떠올린 겁니다.

주목할 만한 점은 프랙털 기하학에 대한 만델브로트의 첫 논문이 목화 선물시장을 다루었다는 겁니다. 1974년에 출간되어 인기를 끈 《주가의 무작위성The Random Nature of Stock-Market》이라는 책이 있습니다. 만델브로트는 당시에도 시장에 대한 랜덤워크 이론에 반박했습니다. 하지만 지금도 랜덤워크는 학계의 관점에 내재되어 있는 것으로 보입니다.

랜덤워크는 사실이 아니라는 게 이후로 오랫동안 분석뿐 아니라 경험을 통해 증명되었습니다. 반면 시장에 실제로 팻 테일이 존재한다는 생각은 상당히 많이 받아들여졌습니다. 시장 참여자들 사이에서는 더욱 그렇습니다.

그 생각이 추세추종의 토대를 제공합니다. 거기에 따르면 추세는 임의 분포를 전제로 하는 경우에 기대할 수 있는 것보다 더 오래 지속됩니다. 내가 쓰는 특정한 방법론이 프랙털 기하학에 기반한 것은 맞습니다. 하지만 시장의 지속성은 모든 타당한 추세추종 시스템을 운용할 수 있게 해줍니다.

랜덤워크가 사실이 아니라는 것은 오래전에 증명되었습니다.

마이클: 잠시 학계라는 말에 초점을 맞춰보겠습니다. 당신이 MIT와 하버드대학을 나왔다는 점을 고려하면 학문적 성향이 강할 거라고 생각하기 쉽습니다. 하지만 당신은 보다 실용적인 측면에 기우는 것 같습니다. 당신은 경력 초반에 운용 연구와 국방 하청사업에 종사하다가 방향을 바꿔서 사업가로 성공했습니다.

트레이딩을 할 때 어떤 생각을 했나요? 당신은 수십 년 동안 많은 돈을 벌었습니다. 하지만 널리 알려지는 건 학계 사람들이었죠. 잘못된 메시지가 퍼졌어요. 당신이나 다른 추세추종 트레이더들이 완전히 무시당했다는 말은 아닙니다. 하지만 당신이 하는 일은 오랫동안 거의 알려지지 않았어요. 실전에서 학자들의 말과 완전히 다른 사실을 접했을 때 어떤 생각을 했나요?

빌: 내가 많이 배웠다고 말씀하셨지만 공부는 적당한 때 그만두었습니다. 경영대학원을 졸업한 후에 캘리포니아에 있는 싱크탱크에

서 일했죠. 우리는 첨단 모형화를 통해 구조 분석과 미사일 표적 설정 작업을 했습니다. 냉전이 고조되던 시기였어요. 많은 작업이 제1원칙가장 기본이 되는 원칙-옮긴이을 토대로 문제를 바라보는 일을 수반했습니다. 즉 기존의 도구를 취하지 않고 다양한 기법을 다른 방향으로 활용했습니다. 덕분에 훨씬 더 독립적인 방식으로 생각할 수 있었죠.

내가 초기에 발견한 사실 중 하나는 과학적 합의가 존재하지만 그 근거가 부족한 주제가 많다는 것이었습니다. 요점은 학계가 과도하게 공부를 한다는 겁니다. 그들은 물리학에서 모형을 배운 다음 그걸 시장에 적용하려고 합니다. 하지만 그런 모형은 적절하지 않아요. 그들이 시장을 분석할 때 보다 근본적인 차원에서 시작한다면 나를 포함한 다른 트레이더들과 같은 결론에 이를 겁니다.

마이클: 다른 경로를 탐구할 자유가 당신에게 이점을 안기는 것 같네요.

빌: 맞아요. 사실 나는 그런 자유를 최대화하기 위한 삶을 살았어요. 어떤 측면에서는 매우 제한적인 구조에 대해 독립적으로 생각할 많은 기회를 가졌죠. 대다수 학자는 논문 마감 시한과 다른 업무의 압박 때문에 창의적 사고를 할 시간이 많지 않아요. 나는 그런 제도적 환경에 속해 있지 않아서 이득을 봤죠.

다른 CTACommodity Trading Advisor, 상품투자자문가: 주식, 원자재, 외환 등 다양한 시장의 선물에 투자하는 헤지펀드-옮긴이들과 이야기해보면 나와 공통점이 많습니다. 다른 CTA

들도 투자와 아무 관련 없는 물리학이나 다른 다양한 주제에 관심이 있어요. 그들은 그것에 대해 교과서에 없는 독창적 생각을 갖고 있어요. 하지만 그들은 저급하지 않아요. 많이 배웠고, 똑똑한 사람들이니까요. 학계로부터 어느 정도 분리된 다른 세상도 있어요.

마이클: 초기의 추세추종 시스템을 고안하기 전에 그것에 대해 처음 읽었던 자료가 뭔가요? 또는 추세추종의 선구자로 볼 만한 사람이 있나요? 리처드 돈키언Richard Donchian이 그런 사람일까요?

빌: 싱크탱크에서 일할 때 나의 상사는 은퇴한 공군 대령이었습니다. 그는 우연히 돈키언의 글을 읽고 그의 생각에 관심을 가졌어요. 나는 공군 네트워크에 접속할 수 있었는데, 거기서 기술적 분석의 바이블인 로버트 에드워즈Robert Edwards와 존 매기John Magee의 글을 읽었습니다. 어느 정도 도움이 되는 내용이었어요. 그들이 사용하는 대부분의 패턴이 정보를 제공했습니다. 하지만 내게 중요했던 건 추세선이나 지지선 및 저항선 같은 것들이었어요. 나는 이런 기술적 트레이딩을 자동화하는 시스템을 설계하기 시작했어요. 그게 내가 만든 첫 번째 시스템이었죠. 1991년부터 만든 두 번째 시스템은 만델브로트의 보다 정교한 데이터 분석법에 기반한 것이었어요. 하지만 대체로는 추세선, 지지선 및 저항선 측면에서 첫 모형과 같은 기능을 담고 있었어요.

시스템이 더 나은 이유는 신뢰성이 더 높기 때문입니다.

마이클: 초기 단계에 대한 이야기를 계속해도 될까요? 호기심이 생기네요. 나는 돈키언을 언급했고, 당신은 에드워즈와 매기를 언급했어요. 즉 두 가지 다른 접근법이 나왔어요. 언제 처음 돈키언의 이론을 이해했습니까? 그걸 스스로 분석해서 전부 이해한 건가요?

빌: 아뇨. 내 기억이 맞다면 돈키언의 이론은 이동평균선 교차를 다룹니다. 아주 기본적인 거죠. 초기에는 단순한 시스템으로도 잘 통했어요. 아무도 활용하지 않았으니까요. 당시에는 그런 스타일의 트레이딩을 하기 힘든 주관적 트레이더discretionary trader들과 경쟁했어요. 거의 모든 시스템은 평균적인 수준의 주관적 트레이더를 이길 수 있었죠. 하지만 갈수록 많은 사람이 이 일에 뛰어들면서 상황이 변했습니다. 그래도 이 일은 예전과 거의 비슷해요. 시스템을 설계한 다음 그냥 따르는 일이니까요.

마이클: 당신의 초기 철학에 대해 더 이야기해보죠. 나는 오늘 인터뷰를 준비하면서 당신이 고립되어 있었다는 생각이 들었어요. 어디로 가고 싶은지 혼자 알아낸다는 의미에서 말이죠. 당신은 약간의 정보와 다른 사람들에게서 얻은 약간의 데이터 포인트도표나 그래프 따위의 그래픽 좌표에서 하나의 점을 표시하는 정보를 갖고 있었어요. 당신은 서로 협력하는 팀에 속해 있지 않았어요. 빌 던Bill Dunn이나 존 헨리John W. Henry, 에드 세이코타Ed Seykota에게 전화해서 물어보지도 않았어요. 혼자 알아서 한 거죠.

빌: 맞아요. 그 사람들도 혼자 알아서 했죠. 우리는 모두 같은 현상을 발견하고 있었어요. 나는 에드 세이코타와 마틴 버긴Martin Bergin이 같은 발견을 했다는 걸, 달리 말하면 돈키언이 발견한 사실을 확인했다는 걸 알아요. 일반적으로 시장의 측면에서 시스템이 주관적 트레이더들 또는 대다수 트레이더를 이긴다는 사실 말이에요.

가장 어려운 일은 시스템을 고수하는 겁니다.

대니얼 카너먼Daniel Kahneman은 《생각에 관한 생각》에서 이 문제를 폭넓게 설명했어요. 그는 단순한 시스템과 임상의들을 비교했죠. 시스템이 더 나은 이유는 더 똑똑하기 때문이 아니라 신뢰성이 더 높기 때문입니다. 시스템은 트레이딩에 방해가 되는 수많은 심리적 편향이나 다른 편향에 영향을 받지 않아요. 우리는 특정한 심리적 편향을 갖고 태어납니다. 이런 편향들을 극복하는 건 어려운 일이에요.

물론 시스템 트레이더로서 가장 어려운 일은 시스템을 고수하는 겁니다. 시장을 주시하다 보면 '다른 방향으로 갈 것 같은데'라는 생각이 들거든요. 당신이 언급한 모든 트레이더와 추세추종에 성공한 모든 트레이더가 이해하는 가장 중요한 부분은 시장이 어디로 갈 것 같다고 생각하든지 간에 시스템을 고수하는 겁니다.

마이클: 당신은 수십 년 동안 추세추종 매매를 했습니다. 그래서 처음 《생각에 관한 생각》을 읽었을 때 한편으로 '이건 나와 다른 동료 트레이더들이 오래전부터 알던 거잖아'라는 생각이 들지 않던가요?

빌: 맞아요. 하지만 같은 맥락에서 대니얼 카너먼은 우리가 추세 추종 매매를 하던 비슷한 시기에 자신의 연구를 했어요. 분야가 다르기는 했지만요. 우리는 그를 몰랐고, 아마 그도 우리를 몰랐을 겁니다. 그리고 우리가 그보다 앞섰던 건 아닙니다. 우리는 단지 그 지식을 시장에 적용하고 있었을 뿐입니다. 우리는 1970년대부터 그가 임상 부문에 적용한 첫 알고리즘을 적용하고 있었습니다. 이건 그저 우리가 다른 분야에서 활동했기 때문이라고 생각합니다.

마이클: 이 대화를 시작한 지점으로 돌아가볼까 합니다. 당신의 전문가적 면모를 보고 싶거든요. 당신이 의사, 변호사, 젊은 MBA를 비롯한 온갖 사람들이 가득한 자리에 있고, 그들은 당신을 모른다고 가정해봅시다.

그들은 "와, 2008년에 투자를 잘하셨네요"라고 말할 겁니다. 하지만 영화 〈빅 쇼트〉에서 보면 투자를 잘한 사람은 다른 방식으로 투자했어요. 가격이 움직이는 모든 시장에 들어갔죠. 사람들은 그해에 당신이 올린 실적을 들으면 대개는 '〈빅 쇼트〉의 그 사람처럼 했군'이라거나 'S&P 500에 숏 포지션을 취한 모양이군'이라고 생각할 겁니다. 그들은 모든 시장에서 가격이 움직이기 때문에 좋은 실적을 올렸다는 총체적 관점이 없어요. 어떻게 그해에 아주 좋은 실적을 올릴 수 있었나요?

빌: 음, 어떤 결정도 개입하지 않았어요. 그게 내가 투자하던 방

식이었어요. 바꾼 건 하나도 없었어요. 그해는 추세추종을 하던 모든 CTA에게 대단히 성공적인 한 해였어요. 단지 시장에서 강한 추세가 나왔기 때문이에요. 추세추종 전략을 따른 사람은 누구나 그 점을 활용할 수 있었어요.

나와 〈빅 쇼트〉에 나오는 전문가들이 다른 점이 있어요. 그들은 실제로 문제를 파고들어서 실상을 파악했고, 거기에 대응하기 위한 구체적인 계획을 세웠어요. 나는 그냥 운이 좋았을 뿐입니다. 시장 상황이 나의 매매 방식에 유리했던 덕분입니다. 방식을 바꾼 건 하나도 없었어요. 나는 폭락을 예측하지 못했습니다. 그냥 폭락이 일어났고, 마침 내가 좋은 때에 좋은 자리에 있었을 뿐입니다.

마이클 : 당신의 전략은 기본적으로 시장이 주는 것을 취하도록 구축되었군요.

빌 : 맞아요. 거기에도 역시 지속성이 개입합니다. 시장은 지속성을 드러냅니다. 바로 그 점 때문에 추세추종자들이 돈을 벌죠.

마이클: 서핑을 좋아하는 걸로 압니다. 얼마나 했나요?

빌: 대학을 졸업하고 나서 서핑에 빠졌어요. 내가 상품commodity 매매에 들어선 이유 중 하나가 원하는 데서 일하고 생활할 수 있기 때문이었어요. 서핑을 중심으로 삶을 설계할 수 있었죠. 나이가 들면서

몇 년 전부터 조금씩 덜하게 되었지만요. 그래도 서핑은 오랫동안 나의 생활, 내가 사는 곳, 내가 시간을 보내는 방식을 좌우하고 있습니다.

마이클: 지금처럼 자신의 삶을 설계하지 못하는 사람들이 많은 시기에 곱씹어볼 만한 고무적인 말이네요. 요즘 사람들은 소셜 미디어에서 그런 생각들에 대해 이야기하고 온갖 아이디어를 나눠요. 팀 페리스Tim Ferris는 당신이 말한 내용과 관련된 책도 썼어요. 하지만 당신은 오래전부터 그렇게 살고 있었군요. 그런 방식으로 자유롭게 살아야겠다는 생각을 심어준 사람이 있었나요? 아니면 '트레이딩이 멋있는 것 같아. 그리고 나는 서핑을 좋아해. 그러니까 이 둘을 연결해 보자. 지금부터 그렇게 살 거야'라고 생각했나요?

빌: 시간이 지나면서 차츰 그런 생각을 하게 되었어요. 한 번에 들었던 생각이 아니에요. 회사에서 일할 때 '상사의 자리는 어떻지? 그 사람처럼 되고 싶어? 일주일에 60시간, 80시간씩 일하고 싶어? 돈을 더 벌어서 차도 사고 큰 집도 사고 싶어? 상사의 상사는 어떻지? 그 사람처럼 되고 싶어?'라는 생각이 들었어요. 내가 찾은 답은 '아냐. 난 여유 있게 살고 싶어. 하고 싶은 일을 할 수 있는 신체적, 정신적 능력이 있을 때 은퇴하고 싶어. 노후는 그때가 되면 걱정할 거야'라는 거였어요.

마이클: 서핑에 대한 태도 중에서 투자와 연결지었거나, 서핑이라

는 행위에서 철학적으로 바라보는 부분이 있나요?

빌 : 서핑의 이면에는 전적으로 사회학적 측면이 있어요. 그건 일종의 방랑자적 태도예요. 자유롭게 파도를 찾아서 여행을 다니는 것 말이죠. 파도는 질투심이 많아요. 파도가 올 때 그 자리에 있어야 하거든요. 스키와는 달라요. 산에 가면 눈이 있고, 스키를 탈 수 있어요. 하지만 파도는 예측할 수 없을 때 와요. 좋은 파도가 올 때 거기에 있어야 해요. 그게 서핑의 속성이에요.

많은 사람이 그런 식으로 살았어요. 그들은 상품 트레이더가 아니라 택시기사나 의사였어요. 그래서 대개 원하는 때에 원하는 일을 할 수 있을 만큼 자신의 삶을 관리할 수 있었어요. 나는 그런 세계에서 삶의 대부분을 살았어요.

다른 이점은 상품이나 서핑뿐 아니라 다른 많은 것을 깊이 생각하고, 상상력이나 다른 분야에 대한 탐구를 자유롭게 할 수 있었다는 겁니다. 또한 반문화counterculture와 그에 따른 일탈을 추구하는 폭넓은 운동도 있었습니다. 하지만 나는 이탈하지 않았어요. 대신 미래를 계획하고 부를 쌓는 것보다 현재에 더 집중했어요.

마이클 : 궁금해서 그러는데 같이 서핑하던 동료들 중에 당신이 하는 일에 관심을 가진 사람이 있었나요?

빌 : 트레이더 말고는 누구도 트레이더로 사는 게 어떤지 몰라요.

그들은 내가 무슨 일을 하는지 알고 있었어요. 내가 시장에 투자해서 돈을 벌고, 많은 시간을 들이지 않으며, 컴퓨터 프로그램을 돌린다는 걸 말이죠. 일부는 공부를 많이 하고 지적 수준이 높아서 내가 하는 일을 대강 알고 있었어요. 하지만 나와 같이 서핑하던 사람들은 다른 직업을 갖고 있었어요. 그들은 모두 파도가 올 때 시간을 낼 수 있는 삶의 방식을 만들었어요. 내가 보기에 나는 그렇게 특이한 사람이 아니에요. 단지 파도를 탈 수 있는 방법을 찾았을 뿐이죠. 다른 사람들은 각자의 방식이 있었어요. 초기에는 그렇게 하는 사람이 많지 않았어요. 그들은 모든 단계를 착실히 거쳐서 경력을 쌓았죠. 하지만 나는 그 버스에서 내렸다고 말할 수 있겠네요.

트레이더 말고는 누구도 트레이더로 사는 게 어떤지 몰라요.

마이클: 가령 21살 때도 지금처럼 항상 평정심을 유지했나요? 언제나 실용적이고 생각이 깊었습니까?

빌: 내가 평정심을 유지했다고 말할 수는 없어요. 많이 미쳐 있었거든요.

마이클: 추세추종으로 돌아가 보죠. 과거 돈키언이 관련 연구를 했고, 당신은 에드워즈와 매기의 이론을 공부했어요. 그리고 당시 다른 사람들이 향하던 방향으로 이끌렸죠. 내 생각에 당신은 돈키언

의 방향으로 가서 상당히 단순한 접근법을 취할 수도 있었어요. 하지만 〈톱 트레이더스〉의 닐스와 인터뷰하면서 당신은 당신의 접근법이 전형적인 가격 동향 추세추종 시스템보다 약간 더 복잡하다고 밝혔어요. 당신은 같은 곳이라도 당신만의 고유한 길로 거기에 이르는 것 같아요.

빌 : 나는 전통적인 기술적 분석의 기하학적 측면에 매료되었어요. 원래 구상은 기술적 분석에서 가치 있는 부분들을 가져와서 판단에 기초하지 않는 시스템을 만드는 것이었습니다. 다시 말해 주관적 토대에서 추세선 같은 걸 그리면 수많은 여지가 생겨요. 어디에 추세선을 그릴지 결정하기 위해 판단에 의존하는 거죠. 그러면 내가 피하려는 비일관성에 이르게 됩니다. 내가 한 일은 상당히 단순해 보이는 규칙들을 가져와서 시스템, 그러니까 컴퓨터 프로그램으로 바꾼 것이 전부예요.

마이클 : 에드워즈와 매기가 당신처럼 컴퓨터를 활용한 체계적인 접근법 없이 그 일을 했다고 생각하나요?

빌 : 처음에는 컴퓨터 없이 시스템을 만들었어요. 1976년에 내가 PC를 보유한 최초의 사람들 중 한 명이었으니까요. 대부분의 개발과 테스트는 CRB 지수원자재 관련 지수나 차트 북chart book 같은 것들을 이용해 수동으로 이루어졌어요. 컴퓨터가 없어도 시스템을 돌릴 수 있어요.

다만 컴퓨터처럼 생각해야 해요. 다시 말해서 같은 작업을 반복해야 해요. 전략을 컴퓨터화하는 건 그냥 해당 논리와 절차, 프로그래밍을 코드로 바꾸는 일이에요.

마이클: 프랙털 파동 알고리즘fractal wave algorithm은 돌파 가격 행동 트레이딩 시스템과 상당히 다른 접근법이지만 비슷한 목표를 추구합니다. 즉 시장이 주는 것을 취하고 추세의 핵심을 파악하려고 시도합니다. 잘 모르는 사람들에게 프랙털 파동 알고리즘을 어떻게 설명하시겠습니까?

빌: 프랙털 파동 알고리즘은 중첩된 패턴, 즉 패턴 안에 패턴이 있고, 다시 그 패턴 안에 패턴이 있는 프랙털 기하학의 전제들에 기반합니다. 가장 기본적 패턴은 지그재그 패턴입니다. 가격은 올랐다가 내리고, 다시 오릅니다. 이를 기반으로 삼아 점차 높은 수준의 세부 요소를 통합하는 시스템을 개발할 수 있습니다. 시스템의 성과는 팻 테일을 지닌 분포에 대한 이면의 이론에 기반합니다. 프랙털 파동 알고리즘을 중심으로 이런 시스템을 설계하는 것은 매력적인 일이었습니다. 다만 명백히 필수적인 것은 아니었습니다.

마이클: 당신에게는 그 시스템이 맞았군요. 방법을 찾아낸 거네요.

빌: 친구와 같이 작업했어요. 프랙털 파동 알고리즘의 이면에 있

는 논리를 고안한 건 친구였습니다. 우리는 처음에 당시 인기를 끌던 엘리어트 파동을 자동화하려고 시도했습니다. 하지만 불가능하다는 걸 깨달았어요. 엘리어트 파동은 파동의 위치를 판단할 때 재량에 너무 많이 의존하거든요. 우리가 거기서 얻은 건 보다 단순한 알고리즘으로서 다우 이론Dow Theory과 더 비슷한 것이었습니다. 일련의 더 높은 고점과 저점, 더 낮은 고점을 파악했죠. 그다음에 이런 것들이 더 높은 고점과 저점으로 이루어진 더 큰 패턴을 만들고, 이 패턴을 토대로 더 높은 고점과 더 낮은 저점의 더 큰 패턴이 만들어집니다.

프랙털 파동 알고리즘은 근본적으로 다우 이론을 자동화한 겁니다. 다우 이론은 진입 주문과 손절 주문을 어디에 설정할지 등을 판단하는 토대를 제공하죠. 프랙털 파동은 구조를 제공하지만 말 그대로 시스템은 아닙니다. 그보다는 실제로 어느 지점에서 매매할지에 대해 다양한 선택지를 제공하는 구조입니다.

마이클: 주봉이 기준인가요?

빌: 첫 시스템은 일봉 기준이었습니다. 하지만 몇 년이 지나서 프랙털 파동 알고리즘을 탐구하기 시작했을 때는 효율성이 떨어졌어요. 처음에 가진 생각은 장기 지표의 방향대로 단기 시스템에 따라 매매하는 것이었어요. 그러다가 그냥 장기 지표를 따라 매매하는 게 낫다는 걸 알게 되었죠. 다시 말해서 추세의 일부만 취하는 게 아니라 최대한 많은 부분을 취하려고 했어요. 그러면 당연히 약간 더 많

은 리스크에 노출됩니다. 대신 여러 시장에서 매매하면 리스크가 완화됩니다. 나는 약 40개 시장에서 매매해요. 그래서 주간 차트를 토대로 매매하는 쪽이 덜 힘들어요. 또한 그 편이 실제 시장의 펀더멘털과 더 잘 맞는 것 같아요. 결국 우리가 상품시장에서 하는 일은 현물시장에 기반하니까요.

나는 나 자신이 펀더멘털을 믿는 트레이더라고 생각합니다. 하지만 펀더멘털에 기반하여 매매하지는 않아요. 나는 생각을 토대로 매매합니다. 가령 구리 가격이 오르면 사람들은 새 광산을 파기 시작합니다. 그러면 공급 과잉으로 이어지죠. 특정 원자재와 관련하여 이런 주기가 생기고, 때로 몇 년 동안 전개됩니다. 장기적으로 매매하면 이런 장기적 주기와 더 잘 맞게 됩니다. 이것이 기본적으로 내가 도착한 지점입니다. 부분적으로는 편리하기 때문이기도 하지만, 그게 시장과 더 잘 맞고 많은 잡음을 피할 수 있는 것 같았어요.

마이클: 방금 말한 내용은 분명 추세추종 트레이더라고 자칭하는 사람들에게 공감을 얻어야 합니다. 하지만 그들에게 어떤 시간 기준을 가장 좋아하는지 물어보면 5분이라고 말해요.

빌: 그들은 다른 세상에 살고 있어요. 내 친구 중에도 고빈도high-frequency 트레이더가 있어요. 그래서 그들이 어떤 방식으로 매매하는지 잘 알아요. 역학, 이론, 시장의 행동 등 고빈도 트레이딩의 모든 것은 장기 트레이딩과 달라요.

마이클: 당신에게 영감을 얻어서 트레이딩을 시도해보고 싶다면 고빈도 트레이딩을 따라 하기보다 당신의 트레이딩 방식을 따라 하는 게 훨씬 타당할 거라고 생각해요.

빌: 오랫동안 버틴 사람들을 보면 대부분 장기 트레이딩을 하는 경향이 있어요. 고빈도 트레이딩은 어려운 게임이고, 그래서 성공하는 사람이 많지 않아요. 처음부터 고빈도 트레이딩을 해온 내 친구의 말에 따르면 초기에는 아주 쉬웠대요. 누구도 하는 사람이 없었으니까요. 내가 시스템 트레이딩을 시작할 때도 그랬어요. 평균적인 트레이더보다 유리했죠. 폭넓게 활용되지 않는 기술을 갖고 있었으니까요.

요즘은 고빈도 트레이딩이 어려워졌고, 그걸 하는 사람들 대부분은 트레이더보다 시장조성자market maker, 호가 제공을 통해 유동성을 높이고 거래를 성사시키는 중개자-옮긴이인 것 같아요. 내가 지금 트레이딩에 뛰어든다고 해도 고빈도 트레이딩은 전혀 고려하지 않을 겁니다.

마이클: 사람들이 처음 이 세계에 들어설 때 단기 트레이딩이 옳은 방향이라고 생각하는 이유가 있을 겁니다. 나는 당신과 같은 입장입니다. 5분은 너무 짧아요. 아마 모니터에서 눈을 떼지 못할 겁니다. 스트레스를 많이 받을 거예요. 그런 일은 하고 싶지 않아요.

빌: 좋은 지적입니다. 가령 내가 트레이딩을 배울 무렵에 에드워드 소프Edward Thorpe의 《딜러를 이겨라》가 인기를 끌었어요. 거기에 나오

는 내용은 명백히 일종의 트레이딩 시스템이었어요. 하지만 '밤낮으로 담배연기 자욱한 카지노에 앉아서 이런 걸 하고 싶지는 않아'라는 생각이 들더군요.

나는 최소한의 노력으로 최대한의 수익을 올릴 수 있는 방법론으로 자연히 이끌렸어요. 당시에는 수수료가 엄청났어요. 체결오차slippage에 따른 비용이 컸습니다. 장기 트레이딩으로 완화하기에는 시장에 구조적 장애물이 많았습니다. 단기 트레이딩은 비용이 너무 많이 들었고요.

요즘은 상황이 조금 달라요. 그래도 여전히 잡음에 대처해야 합니다. 또한 다시 말하지만 많은 주의를 기울여야 하고, 상당한 성능의 컴퓨터를 갖춰야 하며, 거래소 가까운 곳에 있어야 합니다. 그런 온갖 조건이 필요해요. 말 그대로 내가 사는 세계와는 다른 세계예요.

마이클 : 개인적 심리에 대해 이야기해보죠. 당신은 앞서 서핑과 다른 삶의 방식에 대해 말했습니다. 뉴욕이나 시카고에서 그 모든 '플레이어'와 섞여 살고 싶지 않다고 말이죠. 당신은 당신만의 방식으로 살아가는 방법을 알아냈어요. 그리고 그 방식은 잘 통했어요. 어떻게 집단사고에 매몰되지 말아야 한다는 걸 본능적으로 알았나요?

빌 : 당시에 95% 정도의 트레이더들은 손실을 본다는 사실이 잘 알려져 있었습니다. 그래서 대다수 사람이 하는 대로 하면 당연히 성공하지 못할 거라고 생각했습니다. 원자재 관련 뉴스를 읽을 때 그

논리에 빨려 들어가지 않도록 거리를 두기 위해 노력했습니다. 어차피 그런 뉴스는 언제나 뒤늦게 나옵니다. 또한 나는 거래장에 매일 나와서 모두에게 큰 소리로 외치는 트레이더가 되고 싶지 않았어요. 보다 느긋하게 살고 싶었어요.

마이클: 당신이 최초의 CTA였나요?

빌: 초창기 CTA 중 한 명이었어요. 동부 해안 지역에는 코모디티스 코퍼레이션Commodities Corporation, 헤지펀드 사관학교을 중심으로 뭉친 그룹이 있었어요. 그들은 어느 정도 독립적이었고 돈키언의 선도를 따랐습니다. 반면 샌프란시스코에 있던 우리 그룹은 기반이 느슨했어요. 그렇게 많이 소통하지 않았지만, 소수의 사람이 CTA 사업에 뛰어들었어요.

나는 CTA가 상품선물거래위원회CFTC의 규제를 받기 전에, 아니 상품선물거래위원회가 생기기 전부터 CTA 사업을 했습니다. 나는 대체로 독립적이지만 서로 대화를 통해 발견을 했던 서부 지역의 초기 그룹에 속해 있었어요. 그 그룹에는 수학을 공부한 항공우주산업 종사자들이 많았어요. 그들은 그 점에 매료되었죠. 누가 먼저 했는지 말하기는 어려워요.

마이클: 처음 추세추종이라는 아이디어를 접하고 평생 하고 싶은 일만 할 수 있을 만큼 많은 돈을 벌 기회가 있다는 걸 알았을 때 어떤 기분이 들었나요?

빌: 내게 가장 중요했던 건 너무 열심히 일하지 않아도 생계를 유지할 수 있고, 서핑과 지적 자유를 즐길 시간을 가지는 것이었어요. 돈이 초점이 아니었어요. 크게 신경 쓰지 않았거든요. 지금도 그래요. 나는 수입을 최대한 늘리는 것보다 여유시간을 최대한 늘리는 데 더 관심이 있어요.

마이클: 초기의 생각으로 좀 더 거슬러 올라가 보죠. 얼마 전에 심리학자인 앨리슨 고프닉Alison Gopnik과 대화를 나눈 적이 있습니다. 그는 아기들의 베이즈식 사고에 대한 책을 썼어요. 그 내용은 아기들이 어떤 걸 보고 따라 하면서 배우고, 그 느낌이 좋으면 쭉 그 방향으로 간다는 겁니다. 당신도 초기에 베이즈 결정 이론을 배경으로 삼았던 걸로 알고 있습니다. 베이즈식 사고는 학교에서 정식으로 배우는 건 아니지만 제대로 이해하기 시작하면 완벽하게 타당하죠.

빌: 내가 활용한 베이즈 결정 이론은 기술적이고 정교한 방법론이었어요. 적어도 비즈니스 분야에서는 폭넓은 용도를 찾을 수 없었습니다. 당신 말이 맞아요. 그건 세계와 확률 이론을 바라보는 방식에 더 가까워요. 지금까지 평생 나와 함께한 사고의 큰 줄기죠. 나는 처음부터 확률이 존재론적인 것이 아니라 인식론적인 것이라고 믿었습니다. 이 믿음은 확률에 대한 나의 관점에 영향을 미쳤습니다. 하지만 이건 투자에 대한 나의 생각과는 관련이 없어요. 단지 내가 따로 갖고 있는 관심사일 뿐입니다.

마이클: 트레이딩을 할 때 항상 당신의 시스템인 프랙털 파동 알고리즘이 여러 시장에 균일하게 적용될 거라고 생각했나요?

빌: 맞아요. 최초의 시스템은 프랙털 파동 알고리즘이 아니었습니다. 하지만 같은 맥락에서 추세선과 지지선 및 저항선처럼 에드워즈와 매기가 제시한 기본적인 패턴을 수반했습니다. 보편성에 대한 생각은 프랙털 파동 알고리즘에서 나왔습니다. 이 알고리즘은 데이터를 분해하는 방식으로 모든 데이터 스트림data stream에 적용되었으니까요. 실제로 인도 시장과 일본 시장 같은 다른 시장에도 적용해본 적이 있습니다.

매매를 한 건 아니고 테스트만 한 거죠. 그래도 모든 시장에 대체로 잘 통했어요. 당연히 다른 시장보다 잘 통하는 시장도 있습니다. 시장마다 역사가 다르니까요. 하지만 당신이 내게 어떤 시장을 제시하면서 "테스트 없이 이 시장에서 매매해보겠습니까?"라고 말한다면 "좋아요. 같은 시스템으로 한번 해보죠"라고 말할 겁니다. 다른 시장에서 그랬던 것처럼 통할 거라고 자신합니다.

마이클: 큰 수익이 난 해와 큰 손실이 난 해에는 각각 어떤 감정을 느끼나요? 두 경우 모두 같은 감정을 느끼나요, 아니면 내적으로 달라지는 게 있나요?

빌: 완전히 감정적 거리를 두는 건 어려워요. 상승장보다 하락장

이 어느 정도는 더 편하게 느껴져요.

마이클: 확인차 물어보는 건데, 돈을 벌 때보다 잃을 때가 더 기분이 좋다는 건가요?

빌: 네. 그럴 때 나는 추세가 어디로 갈지, 어떻게 끝날지에 대한 생각을 갖고 있어요. 반면 돈을 벌 때는 상한선이 없어요. 돈을 잃을 때보다 벌 때 불확실성이 더 큽니다. 불확실성에 감정적으로 반응하게 된다는 의미에서 때로는 돈을 잃을 때 약간 더 마음이 편해요. 휩소whipsaw, 톱니처럼 가격이 출렁이는 현상-옮긴이에 당했거나, 계속 치고 빠지는 거래 때문에 발목이 잡혔기 때문인데 그다지 짜릿한 상황은 아니에요. 이런 상황은 인내심을 시험합니다. 시장은 대부분의 기간 동안 고점 대비 하락 상태에 있거든요. 오직 비교적 짧은 기간에만 큰돈을 벌 수 있는 움직임을 보입니다.

마이클: 나는 당신의 동료인 많은 트레이더와 이야기를 나누었습니다. 그들 중 다수는 당신이 투자를 시작할 때부터 활동했죠. 하지만 당신은 아주 다른 방식으로 여기까지 왔습니다. 장기적으로 다른 CTA들과 당신의 실적을 비교하면 밀접한 관련성이 있나요?

빌: 나의 실적은 CTA 투자 실적의 지표로 활용할 수 있어요. 물론 그건 추세추종 전략의 실적이기도 하죠. 우리가 똑똑해서 돈을

우리가 똑똑해서 돈을 버는 게 아니에요.

우리가 돈을 버는 이유는 시장이 기회를 주고,

우리에게 시스템을 따를 규율이 있기 때문입니다.

버는 게 아니에요. 우리가 돈을 버는 이유는 시장이 기회를 주고, 우리에게는 시스템을 따를 규율이 있기 때문입니다. 물론 모든 시스템이 통하지는 않을 겁니다. 나는 한 시스템을 다른 시스템보다 더 좋게 또는 더 나쁘게 만드는 요인이 뭔지 알아내지 못했습니다. 하지만 오랫동안 살아남은 사람들은 하나의 시간 기준과 기본적 전략을 계속 파고들었습니다. 사람들을 걸러내는 건 다윈식 과정이에요. 가령, 운용형 선물managed futures: 주로 CTA에서 쓰는 전략으로서 주식, 원자재, 외환 등 다양한 시장의 선물을 중심으로 포트폴리오를 구성하는 것—옮긴이에 투자되는 자금은 대부분 추세추종 시스템을 따릅니다. 다른 방법론은 경쟁에서 살아남지 못했기 때문이죠.

추세추종자들이 누구의 돈을 가져가는지 궁금할 겁니다. 다시 말하지만 핵심은 펀더멘털로 귀결됩니다. 우리는 생산자 또는 소비자에게 보험을 팝니다. 그들은 제품을 필요로 하고, 기꺼이 수익을 실현하려고 합니다. 이는 고전적인 차익거래 게임으로 귀결됩니다. 우리는 기꺼이 리스크를 감수하며, 원치 않는 사람에게서 그 부담을 덜어줍니다. 모든 게 아주 단순해요. 이런 방식은 지금까지 긴 세월 동안 진화 과정을 거쳤어요. 그래서 지금은 상당히 안정되었다고 생각해요.

마이클: 나는 1990년대에 처음 추세추종에 대해 찾을 수 있는 모든 자료를 조사했어요. 그때 가장 흥미로웠던 점 중 하나는 추세추종 부문에서 최고의 트레이더들이 100% 시스템을 따른다는 것이었어요. 하지만 상품선물거래위원회에 보고된 여러 자료를 훑어보면 항상 "95%는 시스템에 따라, 5%는 재량에 따라 매매합니다"라고 나와

95%의 트레이더가 돈을 잃고, 그들은 대개 재량에 따라 매매해요.

있었어요. 추세추종 트레이더들 중 5%나 10%가 모두 재량을 따른다고 말한 거죠. 나는 '믿을 수 없어. 이건 누군가에게 소구하려는 마케팅이야'라고 생각했어요. 시스템을 따르는 추세추종 트레이더라면 시스템을 믿어야 해요. 그런데도 그들은 5%는 모두 재량을 따른다고 말했어요. 당신은 항상 100% 시스템을 따랐는지 궁금하네요.

빌: 내가 아는 사람들은 모두 100% 시스템을 따릅니다. 5%는 재량을 따른다는 건 마케팅의 일환일 수 있어요. 내게 최고의 깨달음은 시스템을 고수하고, 시스템이 하라는 대로 해야 한다는 겁니다.

마이클: 초기에 재량에 따라 매매한 적이 있나요? 그 방식이 시스템에 추가적인 가치를 더할 수 있을지 생각했던 적이 있나요?

빌: 없습니다. 한 번이라도 관심을 가졌던 적이 있는지 모르겠어요. 나는 95%의 트레이더가 돈을 잃는다는 걸 잘 알고 있었어요. 그들이 대개 재량에 따라 매매한다는 것도 명백했고요. 나는 나 자신의 능력에 자신이 없어요. 조금은 테스트해봤을지 모르겠어요. 하지만 나는 주관적 트레이더로서 성공하는 데 필요한 심리적 자질이나 정보를 갖지 못했어요.

마이클: 워런 버핏의 길에는 흥미가 생기지 않던가요?

빌: 사실 워런 버핏은 나처럼 투자해요. 일관성을 지킨다는 거죠. 그는 오랫동안 자신의 투자법을 고수했어요. 그는 장기 추세추종자예요. 소위 주관적 트레이더의 특징 중 하나는 행동을 취해야 하고, 시장에 계속 있고 싶어 한다는 거예요. 그들은 이런 심리적 욕구를 충족하려고 해요. 이는 비합리적이에요. 시스템 트레이딩은 장기적 트레이딩의 한 방법이에요. 그리고 시장을 대상으로 하는 최고의 트레이딩은 지수 펀드에 돈을 넣고 그냥 두는 겁니다.

마이클: 앞서 초기 단계에 대한 이야기를 조금 했습니다. 학교에 가고, 첫 직장을 얻고, 공군에서 컴퓨터를 접한 것 외에 당신의 매매 방식을 개발하는 데 영향을 끼친 사람이 있나요?

빌: 싱크탱크에서 같이 일했던 사람들은 모형화에 접근하는 고유한 방식을 갖고 있었어요. 우리는 최첨단에 있었습니다. 그때는 냉전이 고조되던 1960년대 말, 1970년대 초였어요. 그래서 새로운 모형화 기술로 많은 자금이 유입되었고, 그런 기술을 적용하는 첫 단계가 진행되고 있었죠. 우리는 수많은 독창적인 연구를 했고, 그중 다수는 일급 기밀이었어요. 다양한 현상을 모형화하기 위한 접근법은 한정되어 있는데, 상당수가 그 시대에 만들어졌어요.

얼마 전에 《월가의 물리학The Physics of Wall Street》이라는 책을 읽었습니다. 월가에 적용되는 물리학과 수학의 다양한 모형에 대해 이야기하는 책이었어요. 우리는 1960년대에 그 모형들을 전부 다 알고 있었어요. 그중 다수는 부활했죠. 가령 딥 러닝deep learning은 신경망 같은 거예요. 수십 년 동안 존재했던 모형의 연장선이죠. 다른 모형들의 경우도 그래요.

이런 모형들을 만든 게 경력이 되었어요. 사람들은 다양한 유형의 모형화를 전문적으로 다뤄요. 하지만 우리는 그보다 훨씬 포괄적이었어요. 우리는 과제에 맞춰 모형을 선택했어요. 모형에 맞춰서 과제를 선택하지 않았죠. 우리는 그걸 모형 쇼핑이라고 불렀어요. 요즘 사람들이 하는 게 그거예요. 그들은 특정한 유형의 모형을 적용하는 법을 배운 다음에 이렇게 말해요. "좋아. 이 모형을 상품 매매에 적용하겠어." 이건 구체적인 문제에 맞춰서 적절한 모형을 선택하는 것과는 달라요.

모형화 측면에서 내가 지금 하는 일은 대부분 오랫동안 바뀌지 않았어요. 아마 우리는 이제 두 번째 AI 겨울로 접어들 겁니다. AI를 둘러싼 호들갑은 1980년대에 시작되었어요. 그때는 모두 기계가 세상을 장악할 거라고 생각했죠. 이제 우리는 AI에 대해 호들갑을 떨고 있어요. 컴퓨터의 성능은 대폭 향상되었어요. 하지만 데이터 마이닝data mining, 대량의 데이터에서 유용한 정보를 추출하는 것은 생각이 아니에요. 인간은 컴퓨터가 갖지 못한 창의성을 가졌어요. 그 점은 당분간 바뀌지 않을 겁니다. AI가 어떤 일을 하는지 알고 싶으면 인터넷에 들어가 보면 됩니다. 당신이 이전에 구매한 것과 관련된 온갖 광고가 뜰 거예요. 그게 지성인가요?

마이클: 좋아하는 게스트 중 게임 이론으로 노벨상을 받은 로버트 아우만Robert Aumann이 있어요. 나는 90세의 이스라엘 게임 이론가와 대화하는 게 조금 두려웠어요. 하지만 그는 상호확증 파괴 같은 개념을 너무나 잘 설명했어요. "보세요. 우리는 40년 동안 폭격기를 대기 상태로 하늘에 띄워놓았어요. 그렇게 평화를 유지했죠"라는 식으로요. 그건 깨달음의 순간이었습니다. '와, 일반인은 이해할 수 없는 모든 계산을 머릿속에 담아놓고 있어'라는 생각이 들더군요. 그럼에도 그는 그걸 누구라도 이해할 수 있는 방식으로 단순화했어요.

빌: 맞아요. 우리는 정교한 모형화 작업을 했어요. 하지만 마찬가지로 실제 핵전쟁에서 대부분의 모형화는 통하지 않을 것이고, 혼란이 야기될 것임을 알았어요. 게임의 속도를 맞춰야 했어요. 상대가 게임의 속도를 맞추고 있었으니까요. 그게 나의 기본적인 인식이었어요. 그렇게 하지 않으면 안 되는 상황이라는 것 말이죠. 대중에게는 비생산적으로 보이는 것들이 당시 상황에서는 실제로 필요했어요.

마이클: 인터뷰를 마무리하면서 미래를 내다보고 싶습니다. 약 5년마다 언론에서 즐겨 다루는 주제 중 하나가 추세추종은 죽었다는 거예요. 그들은 '추세추종의 시대는 갔다', '추세추종은 끝났다', '모두 돈을 잃고 있다', '다시는 통하지 않을 것이다'라고 떠들어요. 그러다

가 어떤 일이 일어나요. 이런 패턴이 반복되고 있어요. 당신은 수십 년 동안 이 업계에 있었습니다. 미래를 내다본다면 이후 50년 동안 추세추종 전략은 어떻게 될 것이라고 보나요?

빌: 아마 세부적인 측면에서는 변화가 있을 겁니다.

마이클: 가령 어떤 시장에서 매매하느냐, 같은 것들이요?

빌: 모르겠어요. 당연히 새로운 시장이 활성화되면 오래된 시장은 활력을 잃을 겁니다. 하지만 기본적인 추세추종 전략은 인간 심리와 경제 활동의 근본적 속성을 토대로 삼아요. 시장이 존재하는 한 추세추종 전략도 존재할 겁니다. 추세추종 전략에 타당성을 부여하는 이면의 메커니즘도 지속될 겁니다. 내가 사용하는 시스템은 지금까지 30년 동안 사실상 바뀌지 않았어요. 여기저기 조금 조정하기는 했죠. 하지만 요점은 그게 계속 통한다는 겁니다. 그 이유는 시스템 자체가 아니라 기존의 경제 환경 때문이에요.

이렇게 설명해보죠. 지금 시장의 행동을 살펴보면 50년 전에 보지 못했던 건 없어요. 실제로 나는 설탕과 코코아 가격이 미쳐 날뛰고, 목화 가격이 2주 연속 상한가를 치다가 2주 연속 하한가로 가는 걸 목격했어요. 지금 놀라운 일들이 1970년대에는 그다지 놀랍지 않았어요. 하지만 대체로 시장은 항상 하던

대체로 시장은 하던 대로 행동합니다.

대로 행동합니다.

마이클: 당신은 미래를 내다보면서 '추세추종 전략은 계속 존재할 거야. 다만 마진에 변화가 있을 거야'라고 생각하는 것 같군요. 그럼 40%의 수익과 60%의 손실 같은 기조도 유지될까요? 그런 철학적 토대도 여전히 추세추종의 일부로 남을까요? 우리에게는 다음 대형 추세가 무엇일지 예측할 수 있는 능력이 없잖아요.

사람들이 시장에서 트레이딩을 할 때 잘못된 일을 하도록 만들어져 있어요.

빌: 일반적인 매개변수 중 일부는 계속 지속될 겁니다. 거기서 최적의 지점이 생깁니다. 시장이 트레이더들로부터 최대한의 고통을 추출한다면, 그 고통을 활용하는 모든 전략은 계속 돈을 벌 거라고 말할 수 있습니다. 그러니까 다시 심리의 문제로 돌아가는 거죠. 사람들 대부분은 시장에서 트레이딩을 할 때 잘못된 일을 하도록 만들어져 있고, 그 점은 바뀌지 않을 겁니다.

마이클: 언젠가는 은퇴할 생각인가요?

빌: 지금 사실상 은퇴한 상태입니다.

마이클: 트레이딩은 계속하나요?

빌: 프랍 트레이딩proprietary trading, 금융회사가 자체 자본으로 하는 트레이딩-옮긴이만 하고 있어요. 힘들게 트레이딩을 할 생각은 없어요. 이미 전미선물협회와 상품선물거래위원회에서 탈퇴했어요. 고객을 위한 트레이딩은 안 해요. 내 돈으로만 하죠.

마이클: 그것도 언젠가는 그만둘 건가요?

빌: 아마도요. 그때가 거의 가까워지고 있어요. 작게 투자해도 매일 신경을 써야 하니까요.

마이클: 한편으로는 아직도 트레이딩을 사랑하는 마음이 있겠죠?

빌: 갈수록 애정이 줄고 있어요. 돈은 충분히 있어요. 그냥 지수 펀드에 넣어두고 잊어버린 채로 살고 있습니다.

마이클: 지금까지 다양한 영역을 같이 지나왔습니다. 특색 있는 이야기를 해주셔서 감사합니다. 일부러 단선적인 진행을 피했어요.

빌: 고맙습니다. 나의 이야기를 전부 다시 하는 게 거북했지만 생각보다 훨씬 즐거웠습니다.

2장

해럴드 드 보어

- Harold De Boer -

분산 추세 프로그램의 설계자

해럴드 드 보어는 트랜스트렌드Transtrend의 전무이사이자 분산 추세 프로그램diversified trend program의 설계자로서 연구개발, 포트폴리오 관리, 트레이딩을 책임지고 있다. 드렌테Drenthe의 농장에서 나고 자란 그는 어린 시절부터 수학과 세상을 연결하는 일에 흥미를 가졌다. 그는 학업의 막바지에 나중에 트랜스트렌드로 이어질 프로젝트를 추진했다. 당시 그는 확률분포의 극첨도leptokurtosis, 중앙값이 높고 꼬리가 길은 분포 또는 팻 테일라는 개념에 매료되었다. 이 주제는 그의 경력 전체를 관통하는 자극제가 되었다.

☑ 마이클의 노트

왜 그렇게 오래 걸렸는지 모르겠지만 몇 년을 기다린 후에야 해럴드가 마침내 인터뷰에 응해주었다. 다음은 네덜란드로부터 들려온 흥미진진한 이야기다.

마이클 코벨(이하 마이클): 당신은 시장에 대한 흥미로운 접근법을 갖고 있어요. 농부의 상식과 수학의 조합이라는 표현이 적절할 텐데요. 동시에 이면의 펀더멘털에도 절대 눈을 떼지 않아요. 사람들은 '그게 무슨 전략이야?'라고 생각할지 모르지만 그게 추세추종 전략이죠. 당신은 1980년대부터 매달 꾸준히 실적을 낸 업계의 전설 중 한 명입니다. 트랜스트렌드는 현재 40억 달러가 넘는 자금을 운용하고 있으며, 분명 추세추종 부문의 선도 업체 중 하나입니다. 나는 당신이 추세추종에 대해 쓴 다음의 글을 좋아합니다.

> ―― *우리의 투자 전략을 이끄는 지침은 여러 아이디어를 좇아다니는 사람들이 남긴 발자국이다. 즉 그들이 시장에서 설정한 가격이다. 그것은 모두 아이디어일 뿐이다. 그래서 아무도 그것을 매수하지 않고, 사용하지 않고, 지지하지 않는다면 시장에는 아무런 영향이 없을 것이다. 하지만 사람들이 아이디어를 좇아다닐 때마다 세상은 변화한다. 우리의 세계는 아이디어를 좇아다니는 사람들이 만들어간다.*

추세추종을 아주 잘 설명한 글입니다. 어떻게 이런 생각을 하게 되었나요?

해럴드 드 보어(이하 해럴드): 추세추종의 이면에 있는 생각을 설명해 달라는 요청을 받고 쓴 글입니다. 나는 기술적이지 않은 용어로 설명하는 걸 좋아해요. 추세추종의 이면에 있는 근본적인 생각은 이렇습니다. 경제학자를 비롯하여 많은 사람은 세상이 균형 상태로 회귀하는 경향이 있다고 믿습니다. 가격은 일시적으로 높을 수 있지만, 다시 내려오죠. 또한 일시적으로 낮을 수 있지만 다시 올라갑니다. 일정한 상태로 돌아가는 거죠.

하지만 세상을 보면 일정한 상태였던 적이 없습니다. 언제나 일시적으로만 일정했을 뿐이죠. 과거의 거대한 변화들을 보세요. 가령 100년 전까지 네덜란드 사람들은 도로로 여행하지 않았습니다. 수로로 다녔죠. 그런데 투자자들이 "도로가 생길 것이고, 사람들은 시간이 갈수록 말과 마차 그리고 나중에는 자동차, 심지어 기차를 이용할 거야. 하지만 결국 배를 타고 다니는 균형 상태로 돌아갈 거야"라고 말한다면 어떨까요? 물론 이 말은 틀렸어요. 그건 정상적인 변화입니다. 그런 변화, 거대한 변화는 지속적으로 일어납니다. 그게 시장에서 형성되는 추세의 이면에 있는 주된 동인입니다.

지난 몇 년 동안 사람들이 휘발유차에서 전기차로 옮겨가는 큰 변화가 있었습니다. 전기차에는 일반 차량보다 3배나 많은 구리가 들어갑니다. 이 점은 시장에 큰 파급효과를 미칩니다. 이전보다 구리 수요가 늘어날 것이고, 다른 모든 금속에 대한 수요가 늘어날 것이라는 뜻입니다. 그런 추세는 돌이킬 수 없습니다. 새로운 변화예요. 어쩌면 50년 후에는 사람들이 더 이상 전기차를 타지 않고 완전히 다른 걸 탈지도 모르죠. 분명한 건 20년 전에 우리가 타던 차로 돌아가지는 않을 겁니다. 그건 일정한 변화예요.

우리의 투자 전략을 이끄는 지침은

여러 아이디어를 쫓아다니는

사람들이 남긴 발자국입니다.

마이클: 당신이 하는 일을 일반인도 이해할 수 있도록 피부에 와 닿는 방식으로 설명하는 게 마음에 들어요. 업계의 다른 사람들은 이면의 통계, 학문적인 측면에 대해 이야기하죠. 오해하지 마세요. 그들은 학문적, 통계적 역량을 갖추고 있어요. 통계에 기반한 정교한 전략들을 갖고 있죠. 다만 당신은 철학적인 측면에서 봤을 때 일상의 용어로 설명하는 걸 편하게 느끼는 것 같네요.

거대한 변화는 지속적으로 일어납니다. 그게 시장에서 형성되는 추세의 이면에 있는 주된 동인입니다.

해럴드: 그 부분에 대해서는 통계를 전공할 때 나를 이끌어준 수학과 교수님에게 감사드려야 합니다. 업계 경력이 있는 교수님이었죠. 그는 문제를 접하면 통계를 통해 해결하는 방법을 알려 주었어요. 통계가 없을 때는 새로 만들었죠. 나는 이와 같은 경험을 통해 네덜란드에서 통계학 박사이자 교수가 되었습니다.

나의 철학은 먼저 현실 세계를 살피고 기법을 적용한다는 거예요. 사람들은 종종 현실 세계의 상황이 아니라 기법에서 출발하죠. 그러나 단선적 관계를 가정해도 무방한 시장은 많지 않아요. 상관관계를 찾고 있다면 이미 실수를 저지른 겁니다. 계산은 얼마든지 할 수 있죠. 하지만 문제는 흔히 사용되는 피어슨Pearson 상관 분석 같은 단선적인 방식으로 상관성을 측정하는 거예요. 이는 이미 모든 관계가 단선적이라고 가정하는 거죠. 그렇게 가정할 근거가 전혀 없는데도 말이에요. 근본적인 선택이 중요합니다.

우리는 종종 우리가 하는 게 기술적 분석인지, 아니면 기본적 분석인지에 대해 토론합니다. 시작은 기본적 분석이에요. 먼저 자료를 조사하고 어떤 기법을 활용할 수 있을지를 판단한 다음 기술적인 부분으로 넘어가죠. 다른 사람들이 하는 방식과는 조금 달라요. 전통적인 접근법은 기술적 분석을 한 다음 기본적 분석을 하니까요.

마이클: 통계학 교수 이야기를 하셨는데요. 시간을 거슬러 올라가 젖소 농장에 있던 시절로 돌아가 보죠. 지금의 당신과 그때의 당신 사이에는 어떤 연결점이 있나요? 어린 시절은 지금의 당신에게 어떤 영향을 미쳤나요?

해럴드: 연결점이 많아요. 낙농업에도 많은 변화가 일어났거든요. 가령 네덜란드는 오랫동안 젖소 사육 부문에서 세계를 선도했어요. 그러다가 1950년대와 1960년대에 미국을 비롯한 다른 나라들이 네덜란드에서 젖소와 송아지를 수입해서 사육하기 시작했어요. 네덜란드는 계속 자신들의 젖소가 세계 제일이라고 생각했죠. 그래서 젖소의 외모나 다른 관련 없는 문제만 신경 썼어요. 반면 미국과 다른 나라들은 우유를 더 효율적으로 생산하고 병에 덜 걸리도록 젖소를 개량했어요. 1970년대와 1980년대가 되자 네덜란드의 낙농업자들은 '우리가 실수했군' 하며 깨달았어요. 그리고 우리 아버지를 비롯한 낙농업자들은 종자 개량을 위해 미국산 수소의 정액을 활용하기 시

작했죠. 이는 유전학과 그 이면의 통계를 신선한 시각으로 바라봐야만 가능했던 변화였죠. 나의 통계학적 배경은 젖소 사육 방식의 변화를 정당화하는 시각을 갖는 데서 시작되었습니다.

마이클: 수학적 배경을 현실 세계에 적용하는 일이 가족 농장에서부터 이루어졌군요?

해럴드: 나는 젖소와 송아지, 소의 색, 모든 유전자에 적용되는 양상을 보면서 통계를 배웠어요. 그다음에는 학교에서 교과서로 통계학을 배웠고, 우리 농장의 사례가 들어맞는다는 걸 알았어요. 분명한 건 처음 통계를 배운 곳은 농장이었죠.

마이클: 젊은 세대들에게 "잠깐만, 대학에서는 경쟁하는 데 필요한 공부를 할 수 없어. 그러니까 농장으로 가"라고 말하는 건가요?

해럴드: 굳이 농장으로 가지 않아도 됩니다. 어디인지는 관계없어요. 세상을 둘러보세요. 나는 젖소들로 둘러싸인 농장에서 자랐지만, 철도회사 같은 곳에서도 얼마든지 비슷한 경험을 할 수 있어요. 먼저 세상을 둘러보고 어떤 일이 생기는지, 거기에는 어떤 구조가 존재하는지, 어떤 변화가 이루어지고 있는지를 보세요. 우리 회사의 홈페이지에는 50년 전에 찍은 사진은 50년 전 것임을 알아볼 수 있다는 내용의 글이 있어요. 그 사진을 다시 찍을 수 있는 시간은 결코 오지

않아요. 할리우드나 역사를 재현할 수 있는 곳이 아니라면 말이죠. 세상은 끊임없이 변화합니다.

마이클: 수학적 배경은 당신에게 현실 세계를 바라보는 관점을 부여했고, 농장에서 자란 어린 시절은 상품시장으로 이끌었군요. 언제 처음 전환이 이루어졌나요? 우리는 1980년대에 대해 이야기하고 있습니다. '좋아, 트레이딩을 할 거야'라고 생각한 순간은 언제였나요? '추세를 형성하는 이 동향은 아주 흥미로워'라고 생각한 결정적인 순간이 분명히 있었을 겁니다. 그 이야기를 들려주세요.

해럴드: 교수님은 내게 학위를 마치려면 현실 세계의 문제를 찾아야 한다고 말했어요. 인터넷과 이메일이 나오기 전이어서 나는 수많은 기업에 편지를 보내 내가 흥미롭게 공부할 만한 게 있는지 일일이 물어봐야 했어요. 그 결과, 나는 두 개의 사례를 얻었죠. 하나는 우유회사의 사례였고, 다른 하나는 농업 상품을 거래하는 회사의 사례였어요. 나는 이렇게 생각했어요. '나중에는 우유회사에서 일하게 될 거야. 그러니까 지금은 트레이딩 회사의 사례를 살펴보자. 내가 전혀 모르는 분야라서 좋은 경험이 될 거야.' 그래서 트레이딩 회사를 선택했어요.

상품선물시장을 이용하는 전통적인 상품거래 회사로, 그들은 투자사들의 활동이 갈수록 늘어난다는 사실을 알아차렸어요. 놀랍게도 이 투자사들은 상품을 인도받기는커녕 시장에서 아무 일도 하지 않았음에도 돈을 벌었죠. 기존의 상품거래 회사들은 말했어요. "만약 이 사람들이 우리 시장에서 돈을 벌 수 있다면, 우리는 더 기술적으로 그렇게 할 수 있을 거야." 그렇게 프로젝트가 시작되었어요. 나는 학업을 마치기 위해 프로젝트에 참여했는데, 해보니까 재미있었어요.

우리는 온갖 일을 했어요. 내가 처음 맡은 조사 과제는 소고기 또는 요즘 말하는 비육우의 고기와 곡물 및 두유, 옥수수 같은 사료의 관계를 살피는 것이었어요. 해당 시장들 사이의 관계는 매우 흥미로웠죠.

우리는 이를 토대로 일종의 차익거래 연구를 실행하는 방안을 살폈지만 추가 검토 끝에 보다 기본적, 준기본적 또는 준기술적 기반에서 하는 게 흥미로울 거라고 판단했어요. 다만 거기에는 리스크가 따랐어요. 틀리면 값비싼 대가를 치러야 하니까요. 물론 이는 일반적으로 차익거래 전략이 지닌 큰 단점이죠. 한편, 우리는 온갖 종류의 분석들을 하고, 글로 정리한 전략들을 시험했어요. 또한 추세선 같은 전통적인 기술적 수단도 시험했어요.

분석 결과 추세추종 전략이 흥미로웠어요. 동시에 수많은 시장에서 거래할 수 있었고, 이는 상당한 분산화가 가능하다는 걸 뜻했죠. 차익거래의 경우 틀리면 할 수 있는 거라고는 결정을 미루는 것뿐이에요. 시장이 따라올 거라고 생각하니까요. 추세추종은 반대예요. 틀리면 포지션에서 빠져나오거나 독자적인 길을 가요. 추세추종은 여러 시장 사이의 관계가 근본적으로 바뀔 수 있다는 생각과도 훨씬 잘 맞아요. 차익거래는 이 점을 고려하기가 훨씬 어렵죠.

먼저 현실 세계를 살피고, 기법을 고른 다음 체계적으로 적용합니다.

노르웨이의 한 트레이더가 큰 손실을 입은 사례에서 문제를 확인할 수 있어요. 그는 유럽에서 배출권 가격이 크게 변동했을 때 독일 전기와 노르웨이 전기 사이의 스프레드 때문에 큰 손실을 입었어요. 기후변화 같은 사안은 차익거래 전략을 크게 저해할 수 있어요. 하지만 추세추종 전략은 전혀 문제가 되지 않아요. 현재(2018년) 배출권 가격이 여러 시장에서 최고의 추세 중 하나를 형성하고 있다는 점은 흥미로워요. 우리는 이런 상이한 철학과 시장을 대하는 방식을 분석하여 추세추종이 좋다는 사실을 확인했어요.

추세추종의 주된 장점은 분산화하기 아주 좋다는 겁니다. 다만 한 가지 문제를 해결해야 했어요. 내가 몸담은 회사는 상품시장에서만 거래하기로 했거든요. 그때가 1987년 직후였다는 사실을 감안해야 해요. 그해는 주식에 투자하기 좋은 시기가 아니었습니다. 그래서 회사는 "절대 금융시장에는 들어가지 않겠어"라고 결정했지만, 우리는 "추세추종 전략을 따르면 모든 금융시장에서 거래할 수 있어요. 분산화 인증만 뒷받침할 수 있다면 말이에요"라고 말했어요. 우리는 많은 전통적인 헤지펀드와 어떤 차별점을 가지는지를 설명해야 했어요. 많은 전통적인 헤지펀드는 대개 금융이 배경이었고, 같은 전략을 상품에도 적용할 수 있다는 사실을 깨닫지 못했어요. 우리의 경험은 시장이 어떻게 작동하는지에 대해 완전히 다른 시각을 가져다줬습니다. 상품시장에서는 시간 구조와 오래된 작물/새로운 작물 같은 것들이 중요해요.

마이클 : 그 부분에 대해 더 이야기해보죠. 처음에는 상품시장에서만 거래했다고 하셨는데, 언제 추세추종 전략을 다른 시장에도 적용할 수 있다는 생각이 들었나요? 아니면 그 기법들이 전 세계의 모든 시장에서 통한다는 사실을 처음부터 알고 있었나요?

해럴드 : 당시에는 우리의 기법을 모든 시장에 적용할 수 있을 거라고 생각하지 못했어요. 지금보다 시장이 적었으니까요. 깨달은 건 주식지수가 나온 지 얼마 되지 않은 때였어요. 주식지수 선물이 처음 거래된 게 1982년으로, S&P 500 지수 선물이 최초였을 겁니다. 주식시장 선물이 많지 않았어요. 당연히 업종지수 선물과 개별 종목 선물은 아예 존재하지 않았어요. 다만 외환시장과 채권시장에서는 거래가 이루어졌어요. 이 시장들은 우리의 기법에 이상적으로 잘 맞았죠. 나중에 우리는 주식지수 선물과 개별 종목 선물뿐 아니라, 배출권과 이전에는 존재하지 않았던 새로운 시장에서도 같은 일을 할 수 있다는 걸 깨달았어요.

새로운 시장에서 계속 활동하는 게 중요했어요. 1998년 무렵에 우리는 나스닥 선물을 거래하기로 결정했고, 당시 우리의 가장 큰 고객은 "그렇게 작은 시장에서 매매하려고요?"라고 말했어요. 우리는 "지금은 작지만 나중에

가격 추세는 바람이 대기에 내재되어 있는 것처럼 시장에 내재되어 있다.

는 커질 겁니다"라고 말했어요. 지금은 누구도 나스닥 선물시장이 작다고 말하지 않아요. 하지만 당시에는 새로운 시장이어서 계속 유지될지에 대한 의문이 있었어요. 결과적으로는 지금까지 유지되었지만 말이죠.

마이클: 1980년대와 1990년대 초반의 사건들을 지나 이제 2018년이 되었네요. 지금은 500개가 넘는 시장에서 매매하시는 걸로 알아요.

해럴드: 네, 하지만 그건 중요하지 않아요. 500개가 넘는 시장이 있어도 실제 추세의 수는 그보다 적으니까요. 지금은 에너지 부문에 추세가 형성되어 있고, '난방유, 휘발유, 석유'를 각각 매매한다고 말할 수 있어요. 하지만 어제 같은 경우는 이 상품들이 전부 하락했어요. 우리는 많은 시장에서 매매할수록 더 좋다고 말해왔어요. 그리고 여전히 분산화가 필요하죠. 하지만 진정한 분산화는 시장의 수가 아니라 포지션을 잡을 수 있는 추세의 수로 측정된다는 사실을 깨달아야 해요.

마이클: 추세에 대해 당신이 한 또 다른 좋은 말이 있어요. "가격 추세는 바람이 대기에 내재되어 있는 것처럼 시장에 내재되어 있다." 이 말은 추세와 움직임에 대해 생각하게 만든다는 점에서 마음에 들어요.

요인에 대한 당신의 의견을 물어보려고 합니다. 학계는 이 부문에서 돌파구를 열기 위해 노력하고 있지만 당신이 성장한 토대와는 철학적으로 멀어지고 있어요. 당신이 회사를 통해 한 일은 "이런 거대한 추세들이 존재해. 그것들은 타당한 이유로 생겨났어. 우리는 왜 그것들이 생겼는지 살필 수 있어"라고 침착한 태도로 말하는 것이었어요.

요인에 대한 당신의 시각은 무엇인가요? 염두에 둬야 할 점이 있다면 학계는 모멘텀에 대한 요인이 있고, 가치에 대한 요인이 있다고 주장했어요. 그리고 그것들을 분리하고 백테스트back test로 찾아낼 수 있으며, 거기에 1,000억 달러를 투입할 수 있다고 주장했어요.

해럴드 : 요인들이 있죠. 하지만 당신이 언급한 것들은 관련이 없어요. 관련 있는 요인들은 오펙OPEC이 유가나 석유회사의 주가 또는 노르웨이 크로네에 영향을 미치는 일을 하는지 같은 것들이에요. 오펙은 하나의 요인이에요. 중앙은행의 정책도, 정부에 의한 환경오염도 유관한 요인이죠. 이런 것들은 학문적 요인과는 다른 현실적인 요인들이에요. 투자에 대해 설명할 때는 "모멘텀이나 가치 같은 것 때문이 아니라 이런저런 이유로 구리를 매수할 거야"라고 해야 합니다.

물론 많은 투자자가 이런 요인을 추종하면 단기적인 영향이 생기겠지만, 시장과 맞는 가격 움직임은 생기지 않을 겁니다. 투자자들이 어떤 학문적인 이유로 구리를 더 많이 사들인다고 해서 소비자들이 구리를 더 많이 사용하게 되거나 구리 생산량이 줄어들지는 않을 테니까요. 핵심은 미래의 전환이 아니라 현실 세계의 시장입니다. 현실에 작용하지 않는 요인은 무의미합니다. 의미 있는 요인은 지금 일어나는 일입니다.

마이클: 30여 년 동안 시장에서 활동한 사람으로서 새로운 브랜딩이 나타나는 걸 보면 웃음이 나오나요? 갑자기 모두가 요인에 대해 이야기하는 분위기가 우습게 느껴지지 않나요?

해럴드: 그래요. 하지만 브랜딩은 그 자체로 시장에 파급효과를 미치는 요인이 될 수 있다는 점을 잊어서는 안 됩니다. 특히 요즘은 시장이 단기적으로 이끌리지 말아야 할 요인에 이끌린다는 사실을 이해해야 합니다. 가격은 시장에서 일어나는 일들에 의해 움직이기보다는 투자 자금에 의한 힘으로 나아갈 수 있습니다. 사람들은 종종 적극적 투자 스타일 또는 펀더멘털 스타일이 돈을 더 벌 거라고 생각하죠. 수동적 투자자가 많으니까요. 하지만 그건 사실이 아닙니다. 왜냐하면 너무 강한 수동적 흐름의 힘에 적극적 펀더멘털 투자자가 그 힘을 견뎌내면서 시장을 잘못된 방향으로 몰고 가기도 하기 때문입니다. 조만간 옳은 방향으로 가겠지만 적극적 투자자들은 그 과정을 견디기가 쉽지 않아요. 이는 문제가 될 수 있어요. 적극적 트레이더들이 시장에 큰 파급효과를 미치지 못하는 것은 경제 전반에는 바람직하지 않거든요.

마이클: 펀더멘털 측면의 여러 요인이 유용한 이유를 설명해주셨

는데요. 휴리스틱heuristic, 경험에 따른 판단-옮긴이에 따라 의사결정을 내린 순간들이 있었나요?

해럴드: 그래야만 해요. 우리는 펀더멘털 스타일을 시험하는 게 아니니까요. 우리는 "펀더멘털 측면에서 보면 지금 코코아 가격이 너무 낮으니까 매수할 거야"라고 말하지 않아요. 우리는 상승 추세가 나오면 매수해요. 다만 우리는 시장이 오랫동안 너무 낮은 상태를 유지할 때 상승 추세가 나올 수 있다는 걸 알고 있습니다. 2018년에 코코아 시장에서 그런 일이 일어났죠.

이 모든 건 시장이 어느 정도까지 작동하는지와 관련이 있어요. 그 부분에서 시장 참여자들이 중요한 역할을 합니다. 갈수록 많은 참여자가 시장과 맞지 않는 방식으로 행동하면 큰 파급효과를 초래하게 됩니다. 가령 펀더멘털 측면에서 테슬라는 오랫동안 수익을 내지 못했는데도 주가가 크게 올랐습니다. 이유는 간단합니다. 투자자들이 테슬라 주식을 매수하고, 다시 추가로 매수했기 때문입니다. 테슬라가 지수에서 차지하는 비중이 커지면 수동적 투자자들은 더 많이 매수해야 합니다. 궁극적으로 이런 일들을 멈추기는 어렵습니다. 테슬라는 마침내 수익을 냈지만 그 점은 중요하지 않습니다.

주가 상승을 이끄는 가장 중요한 요인은 여러 지수에서 점차 비중을 늘리는 겁니다. 그 결과, 주가는 계속 오르게 됩니다. 주가를 이끄는 힘이 매우 강할 때는 개별 종목이나 시장을 상대로 공매도를 할 수 없습니다. 잘못된 방향으로 가고 있다고 믿는다 할지라도 말이죠.

실제로 일어나고 있다면 시장에 파급효과를 미칠 겁니다.

예를 들어 브렉시트Brexit를 보세요. 그게 좋은 생각인지 나쁜 생각인지는 문제가 되지 않아요. 실제로 일어났으며, 시장에 파급효과를 미칠 겁니다. 시장이 그 생각을 지지하는 사람들에게 이끌린다는 점을 고려해야 해요. 사람들이 대통령이든 브렉시트든 어떤 대상에 믿음을 갖고 투표한다면, 그들의 말이 사실인지는 문제가 되지 않아요. 사람들이 지지하는지 여부가 핵심이에요. 그러면 시장에서 추세가 형성되고, 전체적으로 성장에 파급효과를 미치게 됩니다.

마이클 : 브렉시트에 대한 이야기를 이어가 보죠. 맞아요. 당신은 개인적 의견을 가질 수 있습니다. 하지만 그 의견은 당신이 매매할 펀드에 대한 의사결정에 반영되지 않아요.

해럴드: 네, 그래도 나름의 역할을 합니다. 우리는 그것이 어떤 효과를 미치고, 우리의 시스템이 어떻게 작동하는지 살핍니다. 상관성 메시지correlation message 등에 따라 고려되지 않을 요소들이 있는지, 우리가 일하는 방식에 맞지 않는 장소나 사건이 있는지 같은 것을 말이죠. 그건 우리가 올바른 시장에서 매매하고 있는지처럼 간단한 문제일 수도 있어요.

특정한 사건이나 상황은 추세를 형성할 수 있다는 사실을 알아야 합니다. 또한 우리가 관찰한 것이 이면의 생각과 맞는지도 평가해야 합니다. 브렉시트 국민 투표가 바로 그런 사례예요. 여러 측면에서 우리가 한 일은 우리가 기대한 것과 우리의 시스템이 그러한 일에 대응하는 것이었어요. 하지만 몇 가지 예상치 못한 일과 우리가 더 잘 다룰 수 있었던 요소들을 만났죠. 우리는 이 경험을 토대로 변동성이 심한 환경에서 사업을 운용하는 방식에 일부 변화를 줬어요. 덕분에 우리는 트럼프의 당선이 확정되었을 때 이득을 봤죠. 그날 밤, 온갖 시장에서 변덕스러운 움직임들이 나왔거든요. 우리가 사업을 운용하는 방식에 일부 변화를 준 덕분에 더 많은 이익을 얻을 수 있었던 거죠.

마이클: 추세에 대한 이야기를 끝내기 전에 당신이 쓴 글을 인용하고 싶군요. 짧지만 아주 좋은 글이에요. 그 내용을 설명할 시간을 드리고 같이 분석해보겠습니다.

> *추세, 특히 DTP*트랜스트렌드의 프로그램 *같은 추세추종 프로그램에 가장 많은 수익을 안기는 추세는 여러 측면에서 건초 더미에 붙는 불과 비슷하다. 일단 불이 붙으면 끄기 어려운 경우가 많다. 가격 추세도 마찬가지다. 하지만 마찬가지로 중요한 사실은 보통 건초 더미에 갑자기 불이 붙지는 않는다는 것이다. 대개는 자체 발열*self-heating*이 먼저 일어난다. 이는 발효를 통해 건초 더미의 중심에서 시작되어 점차 온도가 오르는 현상으로서 결국 갑작스런 연소로 이어진다.*

나도 이런 글을 쓰고 싶어요. 훔치고 싶지만 그럴 수 없어요. 모두가 당신이 쓴 글이라는 걸 아니까요.

해럴드: 2012년 2분기에 일어나는 일을 보고 썼던 글이군요. 추세추종 전략이 잘 통할 거라고 기대할 만한 시기였어요. 신흥시장 주식에서 투매가 시작되어 다른 시장으로 번져갔죠. 이는 대개 추세추종 전략으로 좋은 수익을 낼 수 있을 만한 움직임이었어요. 우리는 약간의 돈을 벌었어요. 하지만 '이걸로는 충분하지 않아. 이런 환경에서는 더 잘했어야 해'라는 생각이 들었어요. 그래서 그 시기가 이전과 무엇이 다른지 파악하려고 노력했어요.

우리는 1990년대 말에 러시아에서 일어난 상황까지 거슬러 올라갔어요. 당시 유가는 전 세계 석유산업과 관련된 분명한 이유 때문에 장기간 하락하고 있었어요. 이는 러시아에 큰 문제였어요. 러시아 경제는 석유에 의존하니까요. 그때까지 유럽과 미국 그리고 기타 지역의 대다수 투자자는 러시아에서 일어나는 일에 주목하지 않았어요. 그러다가 갑자기 러시아에서 발생한 위기가 동시에 모든 시장에 파급효과를 미쳤어요. 일단 불이 붙어서 연소가 시작되면 다른 수많은 시장에 파급효과를 미칩니다. 영향을 받지 말아야 할 시장까지 말이죠.

추세는 여러 측면에서 건초 더미에 붙는 불과 비슷합니다.

이런 움직임은 일부 추세를 크게 되돌릴 수 있어요. 미국 주식시장도 러시아 위기 때문에 하락할 수 있었습니다. 우리는 대개 이런 상황에서 공매도로 수익을 내지 못해요. 미국에서 일어나는 일이 아니니까요. 수익을 낼 곳은 사건의 원천이에요. 돈을 벌려면 사건이 일어나는 곳에 자리를 잡아야 해요.

예를 들어 2018년 초에 터키현 튀르키예 리라가 장기간 하락하고 있었어요. 그건 다른 곳에서 일어나는 일과 아무 관련 없는 터키 국내 문제일 뿐이었죠. 그러다가 갑자기 어느 날 아침에 〈파이낸셜 타임스〉가 터키의 상황으로 인해 유럽 은행들이 문제를 겪을지 모른다는 기사를 실었어요. 이 기사는 전 세계 주식시장과 무엇보다 남미를 비롯한 신흥시장 통화의 투매를 촉발했어요. 터키 문제는 전혀 새로운 게 아니었어요. 하지만 하나의 기사가 다른 모든 시장으로 불길이 번지게 만들었어요. 그 당시 우리는 남아프리카공화국 랜드rand에 여러 포지션을 잡고 있다가 손실을 봤어요. 터키 사태로 랜드의 가치가 계속 하락했거든요. 하지만 그런 상황에서 이득을 보려면 터키를 상대로 공매도를 해야 했어요. 터키 리라에도 대규모 숏 포지션을 잡고 있었거든요. 거기서 불길이 시작되었고, 지금도 계속 번지고 있어요.

그 근본적인 깨달음은 우리가 이루고 있는 많은 변화의 토대가 되었어요. 그 목적은 고수익을 올릴 확률을 최적화하는 프로그램을 선택하는 것이었죠. 그러면 다음에 큰불을 일으킬 모든 건초 더미에 상당한 포지션을 확보할 수 있습니다. 불길에 영향을 받는 건초 더미가 아니라 불길을 일으키는 건초 더미에 들어가야 해요. 전자는 잘못된 쪽에 있게 될 가능성이 크니까요.

마이클: 가격이 점차 상승하거나 하락하기 시작하는 것을 '자체 발열'이라고 표현하는 게 마음에 드네요. 그건 많은 정보를 가진 내부자들이 움직이는 걸 말하죠. 일반인은 약간의 상승 또는 하락 움직임을 봐도 쉽게 판단하지 못해요. 반면 당신이 활용하는 가격 기반 접근법은 판단으로 이어지죠.

해럴드: 그렇게 하는 게 적절하니까요. 그렇게 하지 않으면 첫발을 잘못 내딛게 돼요. 첫발을 잘못 내디디면 돈을 잃어요. 이건 세상의 폭넓은 변화와 관련이 있어요. 15여 년 전까지만 해도 원유 트레이더들은 석유에 대해 모든 것을 알지는 못했어요. 그래도 석유와 관련된 모든 것을 읽었죠. 캐나다 채권을 거래하는 사람들은 캐나다, 캐나다 정치, 캐나다의 통화정책을 잘 알았어요. 우리의 이전 모회사처럼 대두를 거래하는 사람들은 대두에 대해 모든 것을 알았지만, 캐나다의 통화정책 같은 것에는 관심이 없었죠. 이처럼 전문성을 갖춘 사람들이 많았지만, 정보는 특정 집단 내부에 머물렀어요. 신용위기가 발생하기 전까지는 그런 상태가 유지되었어요. 2007년에 채권시장에서 시작된 신용위기는 이듬해에 주식시장까지 번졌죠.

지금은 정보가 인터넷과 소셜 미디어를 통해 두려움 속에 퍼져나갑니다. 그에 따라 더 많은 사람에게 더 많은 정보가 동시에 주어지게 되었어요. 흔히 '사람들은 더 많은 정보를 얻으면 더 나은 결정을 내릴 수 있어'라고 생각하죠. 하지만 실제로 일어난 일은 모두가 동시에 같은 정보에 노출되는 것이었어요. 2018년 초에 며칠 동안 많은 사람이 터키만 바라봤어요. 그다음 주에는 다른 곳을 바라보면서 이전의 문제를 잊어버렸죠. 원유를 거래하는 사람들은 터키를 너무 많이 바라보면 안 됩니다. 원유시장에서 일어나는 일에 계속 초점을 맞춰야 해요. 그게 그들의 사업과 더 관련 있으니까요.

모두가 동시에 같은 것을 바라보면 지역적인 자기 발열은 눈에 덜 띄게 됩니다. 옥수수 거래에 집중해야 하는 사람들이 다른 요인들에 한눈을 팔게 되니까요. 옥수수 거래와 관련 있는 요인들은 문제가 일어나기 전에는 시장으로 들어오지 않아요. 2012년에 그런 일이 일어났어요. 갑자기 가뭄이 발생했죠. 하지만 가뭄은 하루아침에 생기지 않아요. 서서히 진행되죠. 잘 돌아가는 시장은 가뭄이 진행되고 있다는 걸 아는 사람이 존재해요. 그 결과 옥수수 가격이 오를 것이라고 생각하죠. 하지만 그때 사람들이 언론에 나오는 이야기에 정신이 팔려서 이런 추세를 파악하지 못한다고 해봐요. 당연히 옥수수 시장은 제대로 형성되지 않을 거예요. 이는 지난 몇 년 동안 추세추종을 더 어렵게 만든 여러 요소 중 하나예요. 그걸 더 낫게 만들려면 많은 수정을 해야 해요.

마이클: 당신은 벤치마크에 대한 압박을 받지 않고 일하는 것 같아요. 어떻게 그렇게 되었나요? 지금까지 이야기를 통해 토대에 철학이 있다는 건 알 수 있었어요. 하지만 투자자들은 종종 비합리적이잖아요. 내 생각에는 당신이 투자자들을 잘 훈련시킨 것 같아요. 오랫동안 실적을 낸 게 큰 도움이 되었겠죠. 그래도 어떻게 당신 자신과 당신의 회사가 벤치마크로부터 자유롭도록 만들었나요? 벤치마

크는 심리적 타격을 입힐 수 있잖아요. 그렇죠?

해럴드: 우리는 CTA로서 벤치마크에 근접하려는 벤치마크 주식 투자자들과 관련한 문제가 적습니다. 벤치마킹이 부정적인 파급효과를 미쳤다고는 말하지 않겠습니다. 하지만 1980년대에는 크게 성공한 미국의 CTA들조차 일부는 광범위한 투자기관들에게 알려지지 않았어요. 그래서 투자를 받지 못했죠. 그러다가 1990년대와 특히 2000년대 초반에 주식시장에서 투매가 일어났어요. 그때 기관투자자들은 추세추종 전략이 괜찮을 수 있다는 사실을 깨달았죠.

그다음에 일어난 일은 추세추종이 하나의 투자 스타일로 간주되기 시작한 겁니다. 그 전에는 수많은 트레이더가 비슷한 일을 하며, 모두 좋은 수익을 낸다는 정도로만 인식되었죠. 투자자들은 존 헨리나 템플Temple 같은 이름을 보고 돈을 넣는 게 아니라 추세추종에 투자하기로 결정한 다음에 사람을 선택했어요. 궁극적으로는 그렇게 해서 사정이 더 나아진 건 아니에요. 투자 매니저들 사이에는 근본적인 차이가 있고, 투자자들이 그 차이를 아는 게 중요하니까요.

추세추종이 1980년대와 1990년대에 성공을 거둔 이유는 모든 투자 매니저가 비슷한 일을 하는 한편, 다른 일들도 많이 했기 때문입니다. 그 차이 때문에 그들은 전체적으로 강해졌어요. 자연에서는 대개 그렇죠. 너무 유사한 개들을 키우면 번식하는 데는 좋지 않아요. CTA 업계에서도 같은 일이 일어났어요. 그래서 추세를 추종하라는 투자자의 요구에 영향을 받지 않고 자신의 관점에서 지속적으로 최선의 판단을 하는 게 중요해졌죠.

우리가 성공한 이유는 투자자들이 기대하는 일을 해서가 아니라 우리 스스로 옳다고 생각하는 일을 했기 때문입니다. 우리가 추세추종을 처음 연구하던 때로 돌아가 보면, 추세추종에서 세 가지 중요한 요소를 언급한 글이 있어요. 1) 항상 시장에 있어야 하고, 2) 항상 같은 규모로 매매해야 하며, 3) 항상 주식을 활용해야 한다는 것이었어요. 하지만 우리가 직접 조사한 결과는 반대였어요. 항상 시장에 있지 말아야 하고, 항상 같은 규모로 매매하지 말아야 하며, 절대 주식을 활용하지 말아야 했어요. 우리는 토대로 간주되던 세 가지 요소를 제외하고 추세추종에 대한 모든 것을 받아들였어요.

한 번은 동료와 함께 이탈리아에서 열린 콘퍼런스에 참석한 적이 있어요. 우리는 점심을 먹으러 가는 길에 앞서 걸어가던 예비 투자자들이 하는 얘기를 들었어요. 그중 한 명이 말했죠. "우리 뒤에 오는 사람들 말이야, 트랜스트렌드에서 왔다는데 거기 잘해." 그러자 다른 한 명도 "맞아, 잘해"라고 바로 동의했어요. 하지만 이들은 결과적으로 우리에게 투자하지 않기로 했어요. 그 이유는 뒤에 이어진 대화 내용 때문이었죠. "그런데 거기는 주식을 활용하지 않아. 그건 안 좋아." 첫 번째 사람의 말에 두 번째 사람도 "맞아, 그건 안 좋아"라고 맞장구를 치더군요.

근래에 추세추종자가 해야 하는 일과 하지 말아야 하는 일에 대해 많은 이야기가 나왔어요. 외부 투자자문들이 박스에 체크하면서 "이걸 하나요? 이걸 하나요? 이걸 하나요?"라고 묻죠. 그러면 투자 매니저들은 반드시 최선이라고는 할 수 없는 결정을 하게 됩니다.

박스 체크 방식은 추세추종 CTA가 주식을 활용해야 하며, 그렇지 않으면 투자하지 않겠다고 말합니다. 이런 방식으로 선택되는 것은 업계 전체로 볼 때 바람직하지 않아요. 지난 몇 년 동안 나는 CTA들이 보다 다양해지는 변화를 목격했습니다. 내 생각에 그건 중요한 변화예요. CTA는 시장을 공부해야 하고, 돈을 벌기 위해 최선을 다해야 합니다. 하지만 주식이나 교차 전략, 모멘텀을 사용해야 한다거나, 이런 식으로 정의된 최대손실금Value at Risk, VaR을 활용해야 한다는 규칙은 없어요. 그런 건 전혀 없어요.

마이클: 1980년대 말부터 줄곧 시스템을 따랐나요?

해럴드: 네. 우리가 수행한 프로젝트에서 어떤 것들은 보다 펀더멘털 측면에 기반을 두고 있었어요. 그래서 초기 매매는 상당한 규모로 이루어졌지만, 요즘 상품시장에서 이 정도는 거래 가능한 수준이라고 말할 거예요. 나의 첫 조사는 돼지의 발육과 1998년에 발생한 가뭄이 돼지의 수와 옥수수 생산량에 미치는 파급효과를 파악하는 것이었어요. 그때 어떤 가격 변동을 기대할 수 있었을까요? 우리는 핵심적인 돼지 상품에 롱 포지션을 잡기로 결정했고, 100만 달러를 벌었어요. 덕분에 장기 조사에 필요한 자금을 확보할 수 있었죠. 우리는 나중에 모든 면에서 시스템을 따랐지만 언제나 근원적인 시장을 염두에 두었어요.

마이클: 당신이 말한 모든 것을 지지한다는 점을 강조하고 싶어요. 당신은 일이 어떻게 돌아가는지 파악하는 토대를 만든 다음 현실적인 요인들을 활용하여 추세추종 접근법을 적용합니다. 하지만 어떤 사람들은 당신이 시스템을 따른다는 사실을 모를 수 있어요. 그래서 또 다른 문제가 생기죠. 당신은 확고한 의견을 가졌지만 최종적으로는 시스템을 정리하고, 코드로 바꾸고, 거기에 따라 실행해요.

해럴드: 맞아요. 나는 우리의 절차가 그냥 몇 가지 규칙을 읽고 적용하는 게 아니라는 걸 분명히 하고 싶어요. 우리는 시장을 공부하고, 이를 바탕으로 기법을 선택하고, 체계적으로 적용하죠. 그건 기법에서 출발하는 것과 달라요.

마이클: 지난 몇 년 동안 변화가 있었던 것 같습니다만, 오랫동안 학자들이나 노벨상 수상자들은 당신에게 이렇게 말했어요. "시장은 효율적이어서 당신이 하는 방식은 통하지 않아요. 그런데도 당신은 30년 넘도록 머리를 긁적이고 있네요." 하지만 나는 당신이 머리를 긁적이고 있다고 생각하지 않아요. 당신은 당신이 취한 방향에 만족할 겁니다. 당신은 당신이 경력을 쌓는 내내 학계와 월스트리트 사람들이 효율적 시장에 대해 말하는 걸 지켜보는 게 분명 흥미로웠을 거예요.

해럴드: 나는 학자들과 완전히 다른 방향으로 나아갔어요. 심지

어 그들 중 다수는 더 이상 학자라고 불리지 않을 겁니다. 이론적 결과만 담고 있는 논문의 수가 얼마나 되는지 보세요. 가령 20년 전에 그런 논문을 발표하고자 했다면 가격 파급효과를 1%로 잡아야 할지, 1.5%로 잡아야 할지에 대해 논의했을 겁니다. 그 결론은 언제나 "돈을 벌 수 있을 것으로 보이지만 비용과 시장 파급효과를 고려하지 않으면 실질적인 결과가 나오지 않는다"라는 것이었어요. 요즘은 시장은 효율적이지만 유동성이 풍부하기 때문에 시장 파급효과를 고려할 필요가 없다는 논문들이 늘어나고 있어요.

나는 그 이면의 학문적 논증을 이해할 수 없어요. 사람들이 시장에서 거래하는 데 따른 파급효과 때문이 아니라면 어떻게 시장이 움직이고 가격이 움직입니까? 투자자의 역할은 자신들이 시장 파급효과를 일으키지만 시장에서 수익을 얻는 것은 자신들이 아니며, 시장 자체는 자동적으로 특정한 방향으로 나아갈 것이라는 사실을 인식하는 겁니다. 모든 참가자는 시장을 조성하며, 모든 움직임은 시장 파급효과를 창출해요.

시장 파급효과가 자동적으로 이루어진다는 학문적 주장은 성립되지 않아요. 시장은 사람들이 거기서 하는 일에 의해 움직인다는 사실을 부정하니까요. 애플 같은 주식을 보세요. 사람들은 수많은 사람이 아이폰을 사면 애플 주가가 오른다고 생각합니다. 그렇지 않아요. 애플이 엄청나게 많은 아이폰을 팔

사람들이 시장에서 거래하는 데 따른 파급효과 때문이 아니라면 어떻게 시장이 움직입니까?

아도 그 주식을 사는 사람이 없으면 주가는 오르지 않습니다. 주가는 사람들이 주식을 사고, 이전 가격보다 더 높은 가격을 기꺼이 지불해야만 오릅니다. 우리가 애플 주식을 사는 이유는 더 많은 아이폰이 팔릴 것이라고 기대하기 때문입니다. 하지만 만약 그들이 이 요소를 잊는다면, 주가는 전혀 움직이지 않거나 다른 방향으로 움직일 겁니다. 시장 파급효과는 시장을 움직이는 유일한 힘입니다. 우리는 투자 커뮤니티로서 그 점을 고려해야 합니다. 절대 근원적인 시장을 간과하지 말아야 한다는 사실을 인식해야 합니다.

마이클: 당신은 추세추종 분야에서 장수하고 있습니다. 이때 사람들이 확인할 수 있는 실제 실적이 있다는 게 분명 어느 정도 도움이 될 겁니다. 물론 과거는 과거일 뿐이고, 앞으로 어떤 일이 일어날지는 알 수 없습니다. 하지만 장기 실적을 토대로 약간의 추정은 가능하죠. 수많은 학자가 온갖 논문을 앞세워 곧장 펀드 운용에 뛰어들고, 미래에 최선은 아닐 수 있는 기법을 내세워 많은 자산을 모으는 모습을 보는 건 약간은 흥미로울 겁니다.

해럴드: 최근에 상품시장에서의 책임 있는 투자에 대한 프레젠테이션을 했습니다. 많은 투자 수익은 상품 선물에 대한 롱 포지션에서만 나옵니다. 어떤 사람들은 상품 선물에 롱 포지션을 잡았을 때 일종의 리스크 프리미엄risk premium, 무위험자산과 위험자산의 수익률 차이-옮긴이이 생기는 이유에 대해 반학문적인 주장을 합니다. 하지만 완전히 틀렸습니다.

대개는 숏 포지션을 잡은 사람이 아니라 롱 포지션을 잡은 사람이 매일 리스크 프리미엄을 지불합니다. 거기에는 근본적인 이유가 있어요. 그래서 "롱 포지션으로만 상품 투자를 할 수 있으며, 이런 방식으로 하면 리스크 프리미엄을 얻습니다"라고 말하는 반학문적인 주장을 언급하는 경우가 많아요.

상품에 투자하고 싶어 하는 모든 사람에게 적용되는 한 가지 기본적인 규칙이 있습니다. 만약 어떤 투자자가 당신에게 왜 자신의 전략이 통하는지를 말하고 주장claims을 언급한다면, 당신은 그가 주장을 읽지 않았다고 생각할 겁니다. 만약 그가 주장을 읽었다고 한다면 당신은 그가 그것을 이해하지 못했다고 확신할 겁니다. 그는 분명 그 전략으로 돈을 벌지 못할 겁니다. 주장을 언급하는지를 보세요. 그것이 나쁜 투자 매니저를 알아보는 최선의 방법입니다.

나는 '보유비용cost of carry' 모형을 주장의 내용으로 설명하는 투자 매니저를 만난 적이 있습니다. 이는 상품을 보관하다가 나중에 매도할 수 있다는 생각에 기반합니다. 현재 선물과 미래 선물의 가격 차이가 보유비용입니다. 다시 말해, 해당 상품을 보관하는 비용을 말합니다. 그 투자 매니저는 소에게 사료를 먹이는 일에 빗대서 그것을 설명했습니다. 사료를 먹일 때 소는 3개월령에서 6개월령 사이여야 합니다. 하지만 소에게 들어가는 비용은 1년간 보관한다는 거죠. 문제는 1년 후에도 소가 3개월령에서 6개월령 사이가 될 수 있느냐는 겁니다. 어림도 없죠. 이와 비슷한 예시로 나이를 먹지 않고 1년을 살 수 있다고 믿고 싶어 하는 사람들은 분명 있습니다. 당연히 전적으로 불가능한 일이죠. 이런 이론을 사용하고 전혀 연관되지 않은 일에 적용하는 것은 학문적 이론 활용의 나쁜 예일 겁니다.

마이클: 경력 전반에 걸쳐서 로테르담 또는 네덜란드에 기반을 둔데 따른 장점을 인식했나요?

해럴드: 장점이 있기도 하고 없기도 합니다. 예비 투자자에게는 너무 멀리 떨어진 게 장애물이 될 수 있어요. 예비 투자자는 런던까지 가서 며칠 동안 여러 투자 매니저를 만나는 경우가 많아요. 그들은 네덜란드에 있는 우리나 스웨덴 또는 파리에 있는 우리의 동료들을 방문하지 않아요. 더 멀리 있기 때문이죠. 물론 그럼에도 방문하는 사람들이 있습니다. 그들은 열의가 강해요. 덕분에 우리는 진지하지 않은 예비 투자자들을 상대로 시간을 낭비할 필요가 없죠. 그래서 어떻게 보느냐에 따라 장점이 될 수도 있고 단점이 될 수도 있어요.

또 다른 차이는 우리의 직원들이에요. 우리는 근처의 다른 회사에 입사할 사람들을 두고 경쟁하지 않아요. 우리 직원들은 우리와 일하기로 선택했어요. 이들은 다른 일을 하고 싶다면 아예 금융 업종에서 일하지 않을 거라고 했어요. 이 지역 학생들 그리고 넓게는 네덜란드 학생들 중에 CTA나 헤지펀드에서 일하고 싶어 하는 사람은 선택지가 많지 않아요. 그게 우리에게는 이점이죠. 도움이 되는 다른 점도 있어요. 우리는 다른 CTA들과 다르기 때문에 우리만의 생각을 갖는 일을 더 잘해요. 런던에서는 수많은 사람이 이 CTA에서도 일하고 저 CTA에서도 일해요. 그래서 여러 CTA 안에 비슷한 생각들이 있어요. 하지만 우리는 무인도에서 완전히 독립적인 방식으로 살아가는 것과 같아요.

마이클: 온갖 악영향에 물드는 걸 원치 않는 거군요.

해럴드: 원하고 원하지 않고의 문제가 아니에요. 핵심은 다른 모습을 보이는 것이고, 독자적으로 활동하는 데는 다른 장소가 도움이 됩니다.

마이클: 나는 당신의 많은 동료와 이야기를 나눌 기회를 가졌습니다. 아마 우리는 모르지만 둘 다 친구로 지내는 사람도 있을 거예요. 나중에 로테르담에 갈 테니 같이 점심을 먹어요. 암스테르담에 간 지가 한참 되었네요.

해럴드: 조심하세요. 암스테르담과 로테르담은 친하지 않아요.

마이클: 안 친해요?

해럴드: 네.

마이클: 암스테르담과는 엮이고 싶지 않아요? 로테르담에 선이 그어져 있고, 그쪽 사람들은 못 넘어오나요?

해럴드: 암스테르담 축구팀이 로테르담에서 원정 경기를 하면 암스테르담 팬들은 로테르담으로 오지도 못해요.

3장

제리 파커

- Jerry Parker -

첫 터틀이자 가장 성공한 트레이더

제리 파커는 1988년에 체서피크 캐피털 코퍼레이션Chesapeake Capital Corporation을 창립했다. 체서피크는 전 세계의 개인투자자 및 기관투자자에게 투자와 포트폴리오 관리 서비스를 제공한다. 제리는 1983년에 터틀 프로그램에 참여하면서 투자 경력을 시작했다. 터틀 프로그램은 시카고의 성공한 포트폴리오 매니저가 엄선한 인원을 대상으로 개발한 투자 훈련 프로그램이다. 이 프로그램은 거의 5년 동안 자기자본으로 투자하는 훈련을 거친 후 1988년에 종료되었다. 이후 제리는 체서피크를 만들어서 자금 운용 경력을 이어가기로 결정했다.

체서피크의 투자 포트폴리오는 롱 포지션이나 숏 포지션으로 편향되어 있지 않다. 그래서 상승장과 하락장 환경에서 모두 수익을 낼 수 있다. 체서피크는 전 세계 90여 개의 시장을 적극적으로 모니터링하면서 투자할 수 있는 잠재력을 갖고 있다. 그 범주는 커피, 원유, 금 같은 유형자산부터 독일 국채, 미국 주식지수, 해외 통화 같은 글로벌 금융 투자 상품까지 매우 폭넓다.

☑ 마이클의 노트

2012년에 처음 〈트렌드 팔로잉〉 팟캐스트를 시작할 때는 1,000회까지 방송할 줄은 상상도 하지 못했다.

나는 전 세계적으로 드문 사람 중 한 명이다. 지금까지 녹음된 나의 말들을 모아서 AI에 입력하면 가상의 나를 만들 수 있기 때문이다. 나의 모든 책과 오디오 콘텐츠를 모아서 블렌더에 던져 넣어보라. 그리고 AI에게 새로운 주제를 주면 영원히 방송할 수 있다.

나는 1,000회 방송의 게스트를 누구로 선정할지 고민하면서 나의 경력을 처음 촉발한 계기에 대해 생각했다. 그것은 1994년에 살로몬 브라더스Salomon Brothers에서 본 면접이었다. 나는 면접을 통과하지 못했다. 면접이 끝난 후 나는 보더스Borders 서점에 가서 〈파이낸셜 월드Financial World〉에 실린 '월가에서 가장 많은 보수를 받는 100인'이라는 제목의 기사를 읽었다. 그 소개문에 제리 파커에 대한 내용이 있었다. 거기에는 '제리는 버지니아 남부 출신으로 트래킹 시스템tracking system을 사용하는 법을 교육받았다'라고 적혀 있었다.

내게는 마법의 순간이었다. 나는 '누군지는 모르겠지만 제리 파커라는 사람이 배워서 할 수 있었다면 나도 못할 것 없잖아?'라고 생각했다. 당시 나는 MBA 과정을 막 마친 상태였다. 나는 재무상태표와 워런 버핏 그리고 관련된 많은 것을 알아야 한다고 생각했다. 마침 기사에 나온 제리 파커는 차로 90분 거리에 살고 있었다. 그래서 나는 차를 몰고 그의 사무실로 향했다.

그는 18개월 동안 나를 만나주지 않았다. 나는 '당신이 당장 나를 만나야 할 10가지 이유'라는 내용으로 팩스를 보냈다. 몇 분 후, 그의 비서가 전화를 걸어 "이날 30분 가능해요"라고 말했다.

나는 1995년 12월에 약속 장소로 갔다. 지난 40년에 걸쳐 전설적인 추세추종 트레이더이자, 첫 터틀 중 한 명으로 가장 크게 성공한 제리 파커를 처음 만나는 자리였다.

마이클 코벨(이하 마이클): 1983년에 2021년의 자신과 대화를 나눈다고 상상해보세요. 어떤 대화가 오갈까요?

제리 파커(이하 제리): 아마 "넌 시선을 너무 낮게 두고 있어"라는 게 핵심일 겁니다. 앞으로 어떤 일이 생길지는 결코 알 수 없어요. 특히 좋은 일들, 엄청나게 좋은 일들이 생기기 시작할 때는 더욱 그렇죠. 언제나 우리가 아는 것, 우리가 기대하는 것에 그냥 만족할 수도 있어요. 대체로 인생은 살기 좋아요. 특히 풍족하게 사는 미국인은 더욱 그렇죠. 우리가 어디에 있든, 우리가 행복할 때 인생은 살기 좋아요. 우리에게는 원대한 계획과 포부가 있어요. 지금까지 내가 살아온 시대의 특징은 세상이 진화하는 방식 때문에 기대를 뛰어넘기 쉬웠다는 겁니다.

마이클: 아마 당신은 1983년에 추세추종에 대해 약간의 감을 잡았을 겁니다. 그러다가 1984년 초에 당신에게 아주 큰 변화가 일어나죠. 그때를 돌아보면서 '정말 다사다난했어'라고 생각한 적이 있나요?

제리: 첫날부터 나를 비롯한 우리 모두가 대단한 기회를 얻었고, 그게 얼마나 놀라운 일인지 분명하게 알았어요. 터틀스에서 우리가 얻은 가장 큰 소득은 (아마도 투자를 잘해서 큰돈을 벌었을) 천재적인 트레이더들에게 배웠다는 것입니다. 우리는 출발 시점부터 최고에게서 배웠어요. 앞으로 무엇을 배울 것이고, 그 배움이 우리를 어디로 데

려갈지에 대해 큰 기대를 품었죠.

승리의 일부는 게임에 뛰어들고 싶은 욕구에서 나옵니다.

실제로 갑자기 1년에 100%, 200%의 수익을 올리기 시작했어요. 다만 거기서 그만두고 자기 사업을 시작하는 것, 운용형 선물 산업이 확대되면서 CTA들이 많은 자산을 운용하게 된 것은 모두 새로운 일이었죠.

마이클: 당신이 이런 종류의 질문에 겸손한 태도를 보인다는 걸 알고 있지만 그럼에도 말씀드리죠. 터틀스 출신들을 대상으로 지구력 대회를 열면 당신이 우승할 것 같아요.

제리: 승리의 일부는 게임에 뛰어들고 싶은 욕구에서 나옵니다. 충분한 돈을 번 후라도 말이죠. 두 번째는 원칙을 고수하는 겁니다. 그 부문에서는 내가 분명히 1등을 할 자격이 있어요. 추세추종 원칙들을 고수하니까요. 내가 근래에 배운 교훈 중 하나는 나의 멘토들은 추세추종보다 시스템 트레이딩에 더 관심이 있었다는 겁니다. 나는 1990년대 말에 더 장기적으로 매매하고 참조기간look back period, 과거 데이터에 특정한 매개변수를 적용하기 위해 설정한 기간-옮긴이을 늘리면서 경험을 쌓았어요. 그동안 거의 변화를 주지 않고 같은 전략을 고수했습니다. 조사를 통해 변화를 주고 나면 나중에 "좋은 변화가 아니었어. 다시 되돌려야 해. 고점 대비 하락을 방지하기 위한 추가 장치나 불필요한 것들을 더해서는 안 돼"라고 말하게 되거든요.

고점 대비 하락을 없애고 싶기는 하죠. 하지만 그냥 원칙을 고수하면서 추세추종의 렌즈를 통해 세상을 바라봐야 한다는 겁니다. 나는 심지어 일부 터틀에게 "개별 종목 대 지수 트레이딩을 시작해볼까?"라고 묻기도 했어요. 그러면 그들은 "좋은 생각이야. 일부 펀더멘털 측면의 요소뿐만 아니라 주식을 검토하는 방식도 더할 수 있을 테니까 말이야"라고 말했어요. 하지만 나는 "아냐, 절대 그러지 않을 거야"라고 대꾸했어요. 나는 1983년 12월에 배운 기반 원칙들을 절대 포기하지 않았어요.

마이클: 소규모 집단의 사람들이 천재적 트레이더들에게 가르침을 받았어요. 전설적인 이야기죠. 하지만 어떤 사람들은 부당하게 어떤 틀에 끼워 맞춰졌을지도 몰라요. 당신의 동료들 중 몇 명을 만날 기회가 있었는데 그들 중 다수는 상당히 감정적이었어요. 당신이 추세추종을 말하는 방식에서 흥미로운 점은 초연하다는 거예요. 사람들은 리처드 데니스Richard Dennis와 윌리엄 에크하르트William Eckhardt가 가르친 대로 실행할 수 있어요. 하지만 그들은 혼자가 되면 당신이 방금 말한 감정적 부분, 견뎌내는 부분을 이해하지 못할지도 몰라요.

제리: 이 주제는 분명 깊이 파고들 여지가 있어요. 그래도 간단하게 설명할 수 있어요. 내게는 20대와 30대 아이들이 있는데, 가령 그들이 트레이딩을 하고 싶어 한다고 칩시다. 그들은 수학에 뛰어나지 않을 수도 있고, 다른 일에 정신이 팔려 있을 수도 있어요. 그래도

"여기서 매수해. 이 돌파 지점에서 매수하고, 저 돌파 지점에서 매도해"라고 가르칠 수 있어요. 어느 정도는 수학적 측면을 전혀 이해하지 못해도 아마 잘 살아갈 수 있을 겁니다. 깊이 파고들지 않아도 돼요. 너무 깊이 파고들지 않는 측면에서 보면 아침에 매매를 하고 나가서 놀면 그 방식을 바꾸고 싶은 생각이 크게 들지 않을지도 몰라요.

내게 트레이딩은 큰 깊이가 있어요. 그래서 추세추종의 원칙들이 지니는 의미를 파헤쳤죠. 특히 그 원칙들을 적용하거나 적용하지 않을 기회를 접하게 되면 더욱 그랬어요. 나는 추세추종을 연마하면서 평생을 보내는 게 시간을 사용하는 완벽하게 좋은 방식이라고 생각해요. 다른 CTA들은 "이제 추세추종을 확실히 이해했어. 여기에 평균회귀, 패턴 인식, 캐리 트레이드carry trade, 통화의 금리 차이를 이용한 투자 방식–옮긴이 그리고 온갖 다른 것들을 더할 거야. 나는 이동평균을 계산하는 법도 알아. 그러니까 공부는 끝났어"라고 말했어요. 이에 대해 나는 '딱히 그렇지 않아'라고 생각했죠. 추세추종을 깊이 파고들면 적어도 무엇이 통하고 통하지 않는지에 대해 많은 걸 배울 수 있어요.

마이클: 2020년 1월부터 2021년 8월 그리고 2022년까지는 추세추종을 하기에 아주 좋은 기간이었어요. 그 전까지 오랫동안 많은 사람이 추세추종은 죽었다고 말했죠. 심지어 우리 둘 다 존경하는 뛰어난 추세추종 트레이더들도 추세추종에 문제가

이 놀라운 추세가 이어지는 동안 우리가 해야 할 일은 아무것도 하지 않는 겁니다.

있다고 말했어요. 하지만 당신은 하던 일에 계속 집중했어요. 사방으로 뛰어다니면서 "내가 그렇게 될 거라고 말했잖아"라고 떠들고 다니진 않았지만, 당신은 그렇게 말한 거나 다름없어요.

제리: 외환, 상품, 곡물, 금속, 비금속, 비트코인, 원목 등 많은 시장에서 매우 좋은 움직임이 나왔어요. 그중 일부가 두드러졌죠. 운 좋게도 나의 포트폴리오에 테슬라가 있었어요. 지난 가을에 배운 큰 교훈은 우리 잘못이 아니었다는 거예요. 다만 애초에 추세추종을 선택한 게 우리 잘못일 수는 있다고 생각해요. 매매 건수 중 5%에서 모든 수익을 올리는 방식에 의존할 수는 없어요. 그리고 다양하게 분산화도 해야 하죠. 언제 상품이 통하지 않을지, 주식과 채권을 담아야 할지를 파악해야 해요. 추세추종과 분산화를 선택한 게 실수일 수도 있었어요. 하지만 나는 그렇다고 믿지 않았어요. 나는 근래의 데이터만이 아니라 모든 데이터를 살피고 규칙을 따르는 방식이 옳다고 믿었어요. 우리가 어떤 상황에 처했는지 파악하면서 외부적인 요소로 우리의 시스템에 부담을 주고, 우리의 성과와 실적을 오염시키는 게 아니라요.

그건 우리의 잘못이 아니었어요. 대형 아웃라이어outlier, 일반적 범주를 크게 벗어나는 극단적 사례–옮긴이 매매가 없었으니까요. 우리는 잘못한 게 없었어요. 앞서 말한 대로 애초에 추세추종을 선택하지 말았어야 했다는 걸 제외하면 말이죠. 이제 우리는 놀라운 성과를 낸 매매가 돈을 벌어준다는 사실을 알고 겸손해졌어요. 이런 추세가 이어지는 동안 우리가 해야 할 일은 아무것도 하지 않는 겁니다. 2020년 10월과 11월에 돌파가 나왔죠. 시장이 급등하기 시작했어요. 어떤 목표 지점이나 수익 목표를 정하지 않고 그냥 되돌림retracement과 다수가 아직도 도달하지 않은 지정가 주문 지점을 기다렸다면 좋은 수익을 낼 수 있었어요.

이 교훈은 아웃라이어를 위해서라면 영혼이든 뭐든 전부 팔라는 겁니다. 테슬라의 경우 초반에 많이 올라서 50ATR(실질가격 변동 폭)까지 갔다가 49로 되돌려진 다음, 지금은 400까지 올랐어요. 참조기간에 따라 50일 저점이나 75일 저점을 살폈다면 분명히 몇 번은 털고 나왔을 겁니다. 그래도 괜찮기는 해요. 하지만 더 긴 기간을 적용하는 경우, 그 고통스런 고점 대비 하락은 수백 배의 ATR 수익을 더 올리기 위해 지불해야 하는 대가입니다. 그것을 하려면 배짱이 필요해요. 전화기를 들거나 노트북을 열어서 수익을 실현하지 않으려면 말이죠.

마이클: 두 멘토인 리처드 데니스와 윌리엄 에크하르트에 대해 이야기한 부분으로 돌아가 보죠. 당신은 그들을 추세추종 트레이더라기보다는 시스템 트레이더로 분류했어요. 나는 당신을 시스템을 따르는 추세추종 트레이더로 분류합니다. 그렇지 않나요?

제리: 맞아요.

마이클: 그들이 추세추종 트레이더가 아니라 시스템 트레이더라

고 한 말의 의미를 설명해주실 수 있나요?

제리: 어느 때에, 그러니까 1990년대 말에 우리가 터틀스에서 활용한 단기 추세추종 방식이 잘 통하지 않았어요. 이후로도 그랬고요.

그때 내가 했던 단순한 생각은 '20일 저점이 통하지 않으면 120일 저점은 어떨까?'라는 것이었어요. 그리고 단기 변동 때문에 큰 추세에서 밀려나지 않도록 참조기간을 계속 늘리는 거죠. 그렇게 하는 데 따른 비용은 큰 추세가 나왔을 때 지정가 주문 지점이 멀리 있어서 더 큰 고점 대비 하락을 겪는다는 겁니다. 그건 아주 쉬워요.

하지만 "그건 좋은 위험보상 교환처럼 보이지 않아. 난 차라리 더 짧은 기간을 살필 거야. 참조기간은 2주나 3주로 유지할 거야"라고 말하는 사람에게는 받아들일 수 없는 일입니다. 그런 사람들의 일반적인 아웃라이어는 20ATR이에요. 반면 나의 일반적인 아웃라이어는 100ATR이 넘어요. 그들이 더 열심히 따르는 것은 터틀스에서 가르치는 추세추종과는 달라요. 그래도 시스템과 규칙에 기반하고, 백테스트 같은 걸 하죠.

저는 처음부터 리처드 데니스와 윌리엄 에크하르트가 추세추종과 매개변수 그리고 그들이 우리를 가르치는 방식에 대해 회의적이라는 걸 알았어요. 그들은 "이건 장기적으로 통하지 않을 수도 있어"라고 말했죠. 그때 나는 '여기서 뭘 하고 있는 거지?'라고 생각했습니다. 터틀 수업이 끝나기도 전에 추세추종이 얼마나 오래 갈지 비관하는 분위기가 있었어요.

다른 사람들에게는 매우 유혹적인 매개변수 세트로부터 벗어나려고 노력하는 건 바람직한 태도예요. 나는 아주 장기적인 기준을 정하고 수익이 난 투자에 대해서는 엄청나게 큰 고점 대비 하락도 감수하는 방식으로 모든 걸 정리했어요. 내가 했던 가정은 추세추종이 다른 많은 똑똑한 사람들을 끌어들이지 않을 거라는 것이었어요.

마이클: 왜 매개변수 세트가 바뀌는 데도 원칙은 유지되나요? 당시에도 그 똑똑하고 전설적인 트레이더들이 추세추종에 대해 회의적이었다는 게 흥미롭네요. 학생이었던 당신은 "이 장기적 설정에는 뭔가가 있는 것 같아"라고 말했죠. 지금은 그로부터 수십 년이 지나 여러 세대가 바뀌었어요. 그래도 누군가가 제리 파커 전략을 활용해도 괜찮을까요?

제리: 당연하죠. 지난 몇 년 동안 일어난 일들 중 하나는 추세추종이 하나의 진입 규칙, 하나의 돌파 진입, 돌파 탈출, 손절매를 수반하는 소위 고전적인 추세추종에서 달라지기 시작했다는 겁니다. 신호와 관련해서는 그것보다 크게 나아지기 힘들어요. 어쩌면 진입 측면에서 한 가지 다른 것을 더할 수는 있을지 모르죠.

추세추종은 '수익을 계속 불려라'에서 '샤프지수Sharpe ratio, 위험조정 수익률 지표-옮긴이가 어떻게 되지?'와 '일간, 주간, 월간 수익률을 신경 써야 해'로 바뀌기 시작했어요. 수익률 변동에 신경 쓰면 수익을 계속 키우기 어려워요. 리스크에 대비하고 작은 손실을 감수하는 건 겉으로는 아주 좋아 보여요. 그걸 자금 관리라고 하죠. 그리고 미친 듯이 분산화를 해요. 롱 포지션이나 숏 포지션을 잡은 다음 작은 손실을 감수해요. 그동안 바뀐 건 수익이 난 투자의 변동성에 주의를 기울여야 한다는 거예요.

수익이 난 투자에서 고점 대비 하락이 나오면 손실로 재정의되곤 했어요. 어떻게 그렇게 되는 걸까요? 적어도 나는 그 생각에 반대합니다. 그걸 받아들이면서 수익을 계속 불린다는 철학적 관점을 올바로 유지할 수 있는 방법은 없어요. 수익이 난 투자에서는 수백 베이시스포인트를 잃을 수 있어요. 반면에 손실이 난 투자에서는 최대 25~50베이시스포인트만 잃어요. 그게 거의 모두에게 영향을 미친 큰 변화였어요. 샤프지수에 기반한 목표 설정에 굴복하기를 거부한 나 같은 소수의 사람을 제외하고는 말이죠.

마이클: 당신은 과거에 추세추종에 '다른 것'을 결합하는 유럽의 CTA들에 대해 이야기한 적이 있어요. 내 생각에 당신이 말하려던 건 수많은 거물 트레이더가 많은 걸 추가했지만 그중 일부는 제대로 통하지 않았다는 것 같아요.

제리: 거기에는 최소 두 가지 종류가 있어요. 하나는 앞서 말한 패턴 인식, 캐리 트레이드, 단기, 평균회귀, AI, 기계학습 같은 것들을 통해 추세추종 포트폴리오를 개선한다는 생각이에요. 아마 운용형 선물은 모태펀드가 순수한 추세에만 자산을 배분하기에는 충분하지

않은 소수의 헤지펀드 범주 중 하나일 겁니다. 자산을 얻으려면 전략 포트폴리오를 직접 만들어야 해요. 나는 한 번도 거기에 관심을 가진 적이 없지만, 그래도 그게 가장 덜 공격적인 부분이라고 생각해요.

더 기분 나쁜 건 모태펀드가 샤프지수에 주의를 기울여 그 목표를 설정하는 겁니다. 추세추종은 샤프지수가 들어설 자리가 없는 영역이에요. 상방 리스크니, 하방 리스크니 하는 건 말도 안 돼요. 수익을 계속 불려야 해요. 리스크는 투자에서 손실이 나는 것이고, 거래당 어느 정도 위험에 노출하느냐에 달려 있어요.

크게 성공한 유럽의 CTA에서 일하는 사람들은 사업 규모를 키워서 운용자산을 끌어모으는 일을 잘해요. 그들은 다른 사람의 돈을 관리하면서 큰돈을 벌려면 사람들이 감당할 수 있을 정도로만 추세추종 전략을 취한 다음, 마케팅 요소를 추가해야 한다는 걸 파악한 것 같아요. 그래서 "큰 변동성을 감수해야 하는 전통적인 추세추종 CTA들에게 계속 돈을 맡길 건가요? 우리는 당신을 위해 그 모든 걸 약간 더 구미가 당기고 과학적인 기법으로 관리해줄 수 있어요. 우리 회사에는 시장을 바라보는 전통적인 방식과 달리 샤프지수와 수익 변동성에 집중하는 박사들이 있어요"라고 말합니다. 물론 "우리에게 자산을 맡기면 다른 방식으로 운용할게요"라고 말하는 건 좋은 사업 기회를 제공해요.

나는 잠재고객을 만나면 우리가 목표를 설정하지 않는 소수의 CTA 중 하나로서 그냥 수익을 계속 불리고, 단일 종목 같은 것들을 매매하기 때문에 포트폴리오에 양쪽을 다 넣어야 한다고 말해요. 하지만 일부 다른 CTA들은 터틀스를 폄하하고, 약간 더 과학적인 투자 방식의 유산을 구축하고 싶은 마음을 억누를 수 없나 봅니다. 나는 쑥스러워서 나의 투자 방식이 과학적이라고 말하지 못할 것 같아요. 설령 그렇게 불릴 자격이 있다고 해도 말이죠. 그래도 터틀스와 단순한 투자 방식에 대한 비난이 내게 의욕을 불어넣어 줬다고 생각해요. 지금 보세요. 우리는 우리의 투자 방식을 새로운 차원으로 끌어올리고 있어요. 나는 장기적으로 어떤 것도 고전적인 접근법보다 더 크게 성공할 수 없을 것임을 알아요.

비최적 전략이 좋은 성과를 올리는 시기가 있어요.

마이클 : 투자자들이 쭉정이를 가려내면서 이런 기본적 원칙을 정의하고 이해하기는 힘들어요. 번지르르한 마케팅의 허상을 간파하고 진정한 철학을 파악하는 건 쉽지 않습니다. 그러나 그래야 예외가 아닌 본질을 볼 수 있어요. 당신이 앞서 말한 5%의 아웃라이어 투자에 대한 말을 제대로 이해해야 해요. 하지만 너무나 많은 사람이 자신이 새로운 걸 가졌다고 떠들어대는 상황에서는 그렇게 하기 힘들기 때문이죠.

제리 : 잘못된 일을 하고 비최적suboptimal 전략을 따라도 좋은 성과를 올릴 수 있는 시기가 있어요. 특히 짧은 추세들이 나올 때는 더욱 그렇죠. 내 기억으로는 지금까지 면화가 급등해서 15ATR이나 20ATR까지 갔다가 수익을 전부 되돌린 경우가 많아요. 그다음 주에 폭락

이 나왔거든요. 이럴 때 내가 보기에 좋지 않은 전략을 따라서 수익을 취했다면 그게 더 나은 전략처럼 보일 수 있죠. 고객들은 심약해요. 그런 전략에 돈을 넣고 싶어 해요. 그들이 원하는 걸 얻을 수 있고, 부정적인 면을 최소화한다고 설득하면 그들은 완전히 넘어가고 말아요. 누구도 "브로콜리를 더 먹어"라는 말을 듣고 싶어 하지 않아요. 그게 다른 CTA들이 더 나은 성과를 낼 때 우리가 내내 하던 말이에요.

누구도 "브로콜리를 더 먹어"라는 말을 듣고 싶어 하지 않아요.

나는 절대 리처드 데니스와 윌리엄 에크하르트가 우리에게 훨씬 우월한 시스템과 철학을 주었다고 사람들을 설득하지 않을 겁니다. 그래도 그건 분명한 사실이에요. 우리는 거기서 출발했어요. 자신을 위한 트레이딩 말이에요. 몇 명의 고객을 둘 수는 있지만 고객들은 언제나 잘못된 일을 하도록 부추겨요. 그들은 이해하지 못해요. 우리가 하는 일의 전반적인 토대는 실행하기 어렵고 반직관적이라는 겁니다. 수익을 계속 불리고 변동성을 받아들이는 일은 어려워요. 세상에 도사린 게 무엇이든 당신을 자랑하고 당신의 트레이딩 전략을 칭찬하지 않을 것임을 인식해야 해요. 하지만 그 전략이 가장 많은 돈을 벌 것이고, 가장 강건할 겁니다.

다른 사람들은 마케팅 부서가 있어서 많은 자산을 끌어모으는 투자사 출신이었어요. 그들은 일반적으로 리서치나 추세추종, 이동평균선 교차 같은 것들에 최소한의 관심만 기울이고 끝냈어요. 그들이 생각하는 건 '어떻게 조직을 꾸리지? 어떻게 하면 사람들이 우리에게 돈을 많이 맡기게 만들까?'였어요. 그래서 대형 조직들이 자산을 훨씬 잘 끌어모으는 겁니다. 그게 주된 목표니까요.

마이클: 당신의 트위터 피드를 봤어요. 거기에 다른 사람의 말을 인용한 게 있었어요. "대형 파산은 대개 극히 똑똑한 사람들이 자신들의 위험한 이야기를 다른 사람들이 믿게 만드는 데서 기인한다. 자신들이 정확하게 예측할 수 있고, 자신들의 예측이 맞을 것이므로 레버리지를 사용한다는 이야기 말이다." 이에 대한 의견을 들려주세요. 덧붙여 현재2021년 여름 많은 시장, 특히 미국 주식시장이 상승한 상황에서 조만간 거품이 터질 수 있다는 것에 대한 당신의 생각도 흥미롭습니다. 사람들은 정확하게 당신이 묘사한 대로 하고 있고, 레버리지는 강세장 속에 숨겨져요.

제리: 좋은 말이에요. 어떤 사람들에게 추세추종이 너무나 어려운 이유의 핵심을 찌르고 있어요. 그 이유는 자꾸 다른 것을 추가하려 하기 때문이에요. 추세추종을 대단하게 만드는 것은 하나의 진입 규칙, 하나의 탈출 규칙, 하나의 손절매 지점으로 끝이라는 겁니다. 나는 이렇게 말해요. "미안하지만 현재 포지션에서 당신을 불편하게 만들 약간의 고점 대비 하락이 나올 겁니다."

지금 다른 CTA들은 고점 대비 하락을 '현재 포지션 손실'이라고 불러요. 그들은 박사학위를 가진 똑똑한 사람들입니다. 그들에게 "할 일은 끝났어. 이제 가서 마케팅 같은 걸 해"라고 말하면 그들은 이렇

추세추종의 전반적인 토대는

그게 실행하기 어렵다는 겁니다.

게 대꾸해요. "아니, 끝내고 싶지 않아요. 개선은 항상 가능해요. 변동성이 심한 기간을 없애야 해요. 그 부분이 두드러지니까요." 똑똑한 사람들은 "할 만큼 했어. 이것보다 더 나아질 수는 없어"라고는 말하지 않아요.

지금 최악의 문제는 백테스트예요. 나는 매매 통계, 평균 수익, 평균 손실, 수익 매매 비중, 수익/손실 비율 같은 데이터를 보는 걸 좋아해요. 사람들은 주식 수익률 곡선 백테스트와 사랑에 빠지는 경향이 있어요. 그래서 1970년대와 1980년대까지 거슬러 올라가 어떻게 시장이 오르내리는지 살피죠. 그리고 거기서 몇 가지 핵심 단서를 얻어요. 하지만 나는 거기에 어떤 단서가 있다고 생각하지 않아요. 과거에 일어난 리스크를 포착해서 앞으로 더 나빠질 거라고 확신하는 경우를 제외하고 말이죠.

일부 투자사는 리서치, 변화, 진화를 크게 강조해요. 고객들은 그런 말을 듣는 걸 좋아하거든요. 하지만 진정한 추세추종은 바꾸지 않는 거예요. 문제는 우리가 언제나 더 많은 샘플을 찾는다는 겁니다. 1980년대와 1990년대 이후로 세상은 많이 변했어요. 그런데 여전히 과거의 데이터를 활용해도 괜찮을까요?

시간이 지나도 진화하지 않고 변화하지 않는 건 사람들을 불안하게 만들어요. 수많은 산업에서는 "우리가 리서치를 하는 걸 보세요. 우리가 진화하고 변화하는 걸 보세요"라는 게 주된 구호예요. 하지만 그건 추세추종과 상반됩니다.

마이클: 고전적인 추세추종은 바뀌지 않는 전형적인 인간의 본성을 활용해요. 그렇지 않나요?

제리: 그렇게 생각하지 않아요. 핵심은 지난 모든 기간을 돌아보면서 아웃라이어 사례들과 변동성을 확인해도 그냥 받아들이는 겁니다. 많은 사람에게는 컴퓨터가 "매매당 50베이시스포인트의 리스크를 감수한다면 이 매개변수를 적용해 가장 많은 돈을 벌 수 있다"라고 말하는 건 충분하지 않아요. 부진한 일간, 월간 실적 중 일부를 없애야 하거든요. 안 그러면 고객들이 전화를 해서 불평할 테니까요. 나는 마음속 깊은 곳에서는 그게 고객들만큼 트레이더들도 신경 쓰이게 만든다고 생각해요. 그들은 실제로 변동성 목표를 설정하고, 특별한 규칙을 만들고, 특별한 이익을 올리는 게 자신들이 해야 하고 원하는 일이라고 믿어요.

마이클: 당신이 이전에 한 말들을 들은 사람들은 '상당히 엄격한 사람이네'라고 생각할 겁니다. 당신은 건강, 체력, 체중을 신경 쓰고, 그렇게 한 지 오래되었다는 걸 알아요. 제리 파커의 신조가 무엇인지 궁금하네요. 젊었을 때에도 체력에 대해 같은 생각을 갖지는 않았을 테니까요.

제리: 훈련이라는 말이 떠오르네요. 그게 비법이에요. 우리는 모두 훈련할 수 있어요. 모든 분야에서 훈련할 수 있죠. 살을 빼야겠다

고 결심하던 때가 생각나네요. 40살 때였어요. 그때까지 평생 살이 빠졌던 적이 없어요. 그래서 아무런 기대를 하지 않았죠. 그래도 매일 조금씩 나아가다 보니까 더 나아지고 있다는 걸 깨달았어요. 그렇게 훈련하고, 학습하다 보면 불가능하다고 생각했던 일들을 해내는 방법을 알게 됩니다. 그게 규율이죠. 나는 트레이딩이나 다이어트, 운동 같은 것에서 성과가 보이기 시작하면 강도를 높여요. 극한까지 가죠.

나는 모든 걸 가능하면 극한까지 끌어올리고 싶어요. 핵심 원칙에 도달하고, 적정한 수준보다 더 멀리, 더 깊이 나아가는 사람이 되고 싶어요. 내가 한계를 최대한 멀리 밀어붙일 수 있는지 보고 싶어요. 다이어트를 처음 시작할 때는 그냥 2킬로그램만 빼자고 생각했어요. 그러다가 성과가 나왔고, 갈수록 흥분하게 되었죠. 나는 그렇게 "좋아, 고등학교 때 체중으로 돌아가야 해"라고 마음먹어요. 원칙을 실행하는 데 성공하고, 통하는 것과 통하지 않는 것을 이해하기 시작하면 과거에는 상상도 하지 못했던 극한까지 자신을 몰아붙일 수 있어요.

나는 그걸 잘해요. 트레이딩이나 다이어트, 운동 같은 것에 빠르게 몰두합니다. 그러다 보면 기본을 이해하게 되고, 시간이 지남에 따라 배우는 게 늘어나요. 그리고 다른 사람들의 말을 들으면 '이건 들어보지 못했던 거야. 나의 철학에는 맞지 않는 것 같아. 그래도 이것에 대해 생각해보고 탐구할 대상에 올려두겠어. 그러다가 나중에 제외하든가 계획에 반영할 거야'라고 생각하죠. 나는 사람들이 트레이딩이나 다이어트, 운동 또는 관심 있는 모든 분야에 대해 내게 하는 말을 매우 열린 마음으로 들어요. 요즘은 그런 일이 드물어요.

신문 1면에 나의 규칙들을 실어도 아무도 따르지 않을 거야.

리처드는 여러 번 "신문 1면에 나의 규칙들을 실어도 아무도 따르지 않을 거야"라고 말했어요. 따르기에는 너무 어렵다고 말이죠. 작은 손실에 40% 승률로 수익을 계속 불리는 것 같은 것들요. 오히려 지금 신문 1면에 나의 규칙을 실으면 모두가 비판할 겁니다. "너무 단순해. 당신은 지금 무슨 말을 하고 있는 건지 몰라. 나는 대학에서 이걸 공부했고, 당신은 샤프지수를 활용하지 않아"라고요. 멘토와 많이 배운 나이 많은 사람들을 바라보는 새로운 방식은 그들에게 반박하는 겁니다. 나는 좋은 논쟁을 즐겨요. 트위터에서 항상 논쟁을 일으키고, 누군가가 나의 관점을 비판하게 만들려고 애씁니다. 그러면 나도 배울 수 있고, 대응 방법을 연마할 수 있으니까요.

마이클: 수련과 경험에 대한 이야기가 흥미롭네요. 당신은 운동에 대해 아무것도 모르는 상태로 40세에 살을 빼기 시작했어요. 그러자 어떤 마법적인 동기부여가 이루어졌어요. 몸소 변화를 체험하기 시작했으니까요. 그건 사람들과 나누기 어려운 경험이에요. 직접 경험해야 이뤄지는 마법이니까요. 갑자기 변화가 일어나는 거예요. 그러면 기분이 아주 좋죠. 믿음이 생겨요. 하지만 그걸 다른 사람들과 공유하기는 어려워요. 그렇지 않나요?

제리 : 어렵죠. 나는 언젠가 사람들을 불러서 "당신이 한 일을 적어보세요. 어떤 것을 했죠?"라고 말했어요. 트레이딩에 대해서도 그렇게 할 수 있었죠. 그래서 한번 적어보라고 했는데, 목록을 보면서 고개를 저을 수밖에 없었어요. 처음부터 읽을 만하지 않았어요.

저는 당신이 작은 단계를 밟아나가면서 스스로 알아내기를 바랍니다. 나는 지독하게 경쟁적인 성향이 있어요. 이전에는 절대 가능하지 않다고 여긴 성과를 보면 그 성향을 알 수 있을 거예요.

터틀스의 경우도 그랬어요. 1억 달러를 달성하는 데 집착하던 기억이 나요. 내 친구들은 "도대체 왜 그래? 좀 차분하게 해"라고 말했어요. 그러면 나는 "아냐. 1억 달러, 1억 달러를 달성해야 해"라고 말했죠. 나는 엄청나게 경쟁심이 강했어요. 2등이 되면 행복하지 않습니다. 패배를 잘 받아들이지 못해요. 왜 그렇게 경쟁심이 강한지 모르겠어요.

터틀스에서 교육받던 초기에는 내가 아마 가장 절제력이 부족했을 거예요. 다행히 절제력 부족으로 보상은 거의 받지 못했죠. 매일 규칙이나 시스템을 따르지 않아서 꾸지람을 들었어요. 나는 규칙이나 시스템을 따르지 않는 것에 대한 단점을 바로 알았어요. 긍정적인 피드백을 받지 못했으니까요. 그래서 수년에 걸쳐 나 자신을 다잡으면서 절제력을 키웠어요. 하지만 솔직히 100% 또는 그에 가까운 수준으로 절제력을 발휘하지 못해서 테이블에 남겨둔 돈이 많다는 건 슬픈 이야기예요. 그 부분은 이야기할 필요가 없을 것 같아요.

마이클 : 앞서 암호화폐 이야기를 하셨죠. 추세추종 트레이더들은 "암호화폐는 또 다른 시장일 뿐이야. 얼마든지 매매할 수 있어"라고 주장할 겁니다. 언제 암호화폐에 대해 "나의 맛보기 시험을 통과했어. 뛰어들어야겠어"라고 결정했나요? 암호화폐 자체에 대한 평가도 부탁드립니다. 당신은 암호화폐 동조자일지 모르지만, 그건 추세추종 트레이딩과 아무 관련이 없으니까요.

제리 : 그 질문에 대한 대답은 모든 시장에 대해 항상 똑같습니다. 유동성과 분산화예요. 암호화폐는 상당히 분산되어 있지만, 누구도 이해하지 못해요. 그래서 규칙 기반 시스템으로부터의 이탈 가능성을 낮춥니다. 어떻게 보면 암호화폐는 추세추종자들에게 완벽한 시장이에요. 시스템을 따르는 것 말고는 뭘 해야 할지 알 수 없거든요.

어떻게 보면 암호화폐는 추세추종자들에게 완벽한 시장이에요.

비트코인 시장에서 일어난 일은 이거예요. 우리처럼 나이 많은 사람들은 새로운 아이디어를 지나치게 의심하다가 너무나 많은 손해를 봤고, 시류에 뒤처지지 않으려고 애썼어요. 하지만 코인베이스Coinbase에 계좌를 만드는 방법을 몰랐어요. 그러다가 갑자기 CME시카고상업거래소가 선물을 들고 나왔어요. 나는 선물을 거래할 줄 알아요. 지금도 내 계좌에 선물을 많이 보유하고 있어요. 하지만 나는 CME가 어디 있는지 알아야 이걸 거래할 수 있어요. 아마 현금 선물 스프레드가 요동친 이유는 모든 헤지펀드와 나 같은 나이 많은 사람들이 선물을 하는 데만 관심이 있었고, 코인베이스에 계좌를 개설할 줄 몰랐기 때문일 거예요.

나는 비트코인에 회의적이에요. 무분별한 투매가 나올 수 있어서 약간 위험해요. 그 점이 마음에 들지 않아요. 하지만 그렇다고 해서 내가 거래하는 다른 시장과 크게 다른 건 아니에요. 원목부터 심지어 일부 주식까지 모든 것에서 무분별한 투매가 나왔으니까요. 나는 이 일을 오래했고, 채권과 심지어 영국 파운드화에서도 미친 듯한 변동성이 나오는 걸 봤기 때문에 그런 의미에서는 비트코인이 별로 달라 보이지 않아요. 그래도 장기적으로는 어떤 일이 일어날지 궁금해요. 나는 언제나 포지션에서 탈출할 수 있을지에 관심이 있거든요.

1980년대 이후 또 다른 중대한 변화는 시장의 수가 늘었다는 겁니다. 지금 나의 포트폴리오는 아주 커서 다양한 시장에서 작은 리스크를 많이 감수할 수 있어요. 비트코인도 그중 하나예요. 아마 곧 이더리움도 포함될 것 같아요. 내 친구들은 이더리움은 다르고, 비트코인과 100% 상관성을 지니는 건 아니라고 말해요. 그래서 아마 이더리움도 추가할 것 같아요.

마이클: 비트코인은 뛰어난 트레이딩 기회일 수도 있고, 사기일 수도 있어요. 하지만 엄청난 돈이 들어왔고, 유동성이 있고, 가격이 오르내리고, 거래소에서 합법적으로 거래되고, 대중에게 일반적으로 받아들여지고 있죠.

제리: 어떤 일도 일어날 수 있어요. 나는 비트코인에 대한 글을 많이 읽고, 팟캐스트도 많이 들어요. 나는 그게 화폐가 아니라는 걸 알지만 그 점은 신경 쓰지 않아요. 비트코인은 정신 나간 정부에게는 아주 좋은 안전장치이고, 극단적인 상황에 있는 명목화폐예요. 또한 나름의 특성이 있어요. 금도 아니고 화폐도 아니거든요. 가치를 지닐 필요가 없어요.

나는 1970년대에 밀턴 프리드먼Milton Friedman, 통화주의monetarism, 경제활동에 영향을 미치는 수단으로서 통화정책의 중요성을 내세우는 주의–옮긴이, 돈 찍어내기와 함께 성장했어요. 내 생각에 이것들 모두는 더 이상 중요하지 않은 것 같아요. 반면에 정해진 양의 비트코인을 발행하는 알고리즘은 1970년대에 성장한 사람에게는 매력적이에요. 우리는 대규모 인플레이션을 초래하는 것은 돈을 계속 찍어내는 능력이라고 배웠거든요. 그래서 비트코인이 계속 살아남기를 바랍니다. 잘되었으면 좋겠어요. 비트코인이 보완적인 더 많은 다양한 암호화폐로 확장되기를 바랍니다. 우리는 통화, 상품, 주식, 채권에 이어 암호화폐라는 다섯 번째 자산을 가질 수 있어요. 20%를 암호화폐로 보유하는 건 재미있을 겁니다.

마이클: 극단적 시장에 대한 이야기가 나왔으니 말인데, 다시 당신의 트위터 피드에서 인용하고 싶은 글이 있어요. 이 글 역시 당신이 다른 사람의 글을 가져온 것으로 보입니다. 그 내용은 이렇습니다.

—— 시장에 거품이 낀 상태라도 당신의 포지션은 추세추종 탈출 지

점에 이를 때까지 롱 포지션이어야 한다. 그게 전부다. 그게 규칙이다. 누구도 시장이 무엇을 할지, 내일이나 다음 주, 다음 달, 내년에 가격이 어떻게 될지 모른다.

이건 사람들이 감당하기 힘든 주문이에요. 엄청나게 지능이 뛰어난 사람은 "XYZ 주식 등에서 거대한 거품이 발생한 상황이야"라고 판단할 수 있을지도 몰라요. 그들은 자신의 모든 지능을 활용하고 싶겠죠. 하지만 그런 일은 일어나지 않아요. 언제나 시간이 지난 후에야 거품과 거품 붕괴를 완벽하게 예측했다고 말하는 사람들이 있어요. 하지만 평생 단 한 번 일어날 거품을 예측하는 걸 중심으로 인생과 트레이딩 전략을 구축할 수는 없어요.

제리 : 그건 아주 드문 일이죠. 운이 좋았을 수도 있으니 발을 빼야 해요. 일부 유명한 사람들은 2007년부터 2009년 사이에 큰돈을 벌어서 나중에 헤지펀드를 시작했습니다. 하지만 그 뒤에 헤지펀드들은 돈을 잃었어요. 어쩌면 한 번의 큰 거래가 당신이 가진 모든 것일 수도 있어요.

나는 우리가 거품을 과대평가한다고 생각해요. 나의 두 친구인 모리츠 사이버트Moritz Seibert와 모리츠 하이든Moritz Heiden은 이런 말을 했어요. "나는 거품으로 모든 재산을 벌었어요. 그게 무슨 상관인가요? 시장이 적절한 수준보다 더 멀리 나아갔어요. 말도 안 되는 정도로 말이죠. 우리는 그 추세에 올라탔어요. 어쩌면 추세추종은 그런 방식으로 작동하는 것일지도 몰라요. 거기에는 아무 문제도 없어요."

내가 지금까지 배운 건 시장을 예측할 수 없다는 겁니다. 그뿐만 아니라 오늘의 시장은 내일의 시장과 아무 관련이 없어요. 시장이 금요일에 사상 최고점에서 마감하면서 큰돈을 번 적이 아주 많았어요. 그러면 주말이 너무나 즐거워요. 나 자신이 정말 대단하다고 느껴지죠. 수익에 취하는 거예요. 고점에서 마감한 시장들은 강한 기세를 보였어요. 물론 거기서부터 폭락이 시작되죠. 반대의 경우도 마찬가지예요.

어떤 패턴을 보면 너무나 명백하다고 생각하게 돼요. 그런데도 탈출하기 위해 100일 저점을 기다려야 한다는 게 믿을 수 없을 정도예요. '왜 그래야 하지?'라는 생각이 들어요. 친구들은 모두 수익을 올리고 있어요. 그러다가 갑자기 시장이 방향을 바꿔서 반등해요. 시장은 양방향으로 가기 마련이에요. 우리 모두는 인생에서 예측이 불가능하다는 걸 알아요. 어떤 상황에서는 그냥 전략을 따르기만 해도 수익을 낼 수 있어요. 그러면 전반적으로 수익이 나죠. 그게 올바른 일이 아니라면 컴퓨터가 말해줄 거예요. 이런 반전들이 충분히 나와서 계속 나아가면 신고점을 만들어요. 즉 내 교훈은 아침에 주문을 넣은 다음에는 마감 때까지 쳐다보지 말라는 거예요.

다른 사람들이 거품과 연장된 주식시장의 추세에 대해 쓴 글을 읽어보면 아주 웃겨요. 그들은 매우 초조한 반응을 보여요. 아주 오랫동안 그랬어요. 그만큼 오래 틀렸던 거예요. 나는 그냥 나만의 작은 공간에서 추세를 따라갈 뿐, 크게 주의를 기울이지 않아요.

오늘의 시장은 내일의 시장과 아무 관련이 없어요.

다른 사람들을 속상하게 만드는 건 '이 거품의 비밀을 풀어야 해'라는 생각이에요. 반면 나는 20대 때 '이 추세에 계속 올라타는 비법을 파악해야 해'라고 생각했어요. 그래서 내가 신경 써야 하는 건 아웃라이어들을 포착하는 것이지, 그들이 아웃라이어가 된 이유는 신경 쓰지 말아야 한다는 걸 깨달았죠. 내게 그건 시간 낭비였어요. 하지만 많은 사람에게는 아주 중요한 문제인 모양이에요.

나는 추세추종에 대해 배우기 전부터 기질적으로 추세추종자였던 것 같아요. 엄청나게 마법적인 경험을 할 수 있었던 비옥한 토양이었던 셈이죠. 나는 지금 60대이고, 기억력이 예전 같지 않습니다. 그래도 리처드와 윌리엄이 나와 터틀스에게 했던 말은 생생하게 기억해요.

마이클: 누구의 트윗을 가장 재미있게 보나요? 몇 명만 말해줄 수 있나요?

제리: '퀀트 2인조Two Quants'라고 불리는 모리츠 사이버트와 그의 친구인 모리츠 하이든의 트윗을 즐겨 읽습니다. 〈톱 트레이더스 언플러그드〉를 진행하는 닐스 카스트룹 라슨의 트윗도 즐겨 읽어요. 리처드 브레넌Richard Brennan의 트윗도 좋아요. 또한 모건 하우절Morgan Housel의 트윗을 많이 인용합니다. 전에 존 헨리의 회사에서 일한 마크 젭친스키Mark Rzepczynski나 롭 카버Rob Carver도 있어요. 클럽하우스Clubhouse에 나의

충성스런 트위터 팔로워들이 많아요. 그 사람들이 내게서 얻는 것만큼 나도 그 사람들한테서 많은 걸 얻습니다. 당신이 말한 대로 나는 뉴스나 사람들이 한 말에서 콘텐츠를 찾아요. 그걸 추세추종에 도움이 되는 내용으로 바꿔서 올려요.

과거로 돌아가면 하고 싶은 일이 한 가지 있어요. 바로 리처드 밑에서 더 오래 일하는 거예요. 그랬다면 터틀스가 아주 다른 경험을 했을 거라고 생각해요. 돌이켜 보면 우리가 받은 가르침은 너무나 중요한 것이었어요. 규칙 이상의 것을 배웠죠. 나는 거기에 대해 "여기 지침이 있으니 해병대가 돼"라는 나쁜 비유를 들곤 했어요. 그건 불가능해요. 지침은 필요하지만 훈련소를 거치지 않으면 해병대가 될 수 없어요. 리처드와 윌리엄에게 규칙들을 배우고, 4년 동안 훈련하는 시간은 중요했어요. 그러나 4년이나 5년, 10년을 더 배웠다면 훨씬 나았을 거예요. 터틀스의 유산은 트레이딩, 절제력, 사업 측면에서 훨씬 많은 혜택을 누렸을 거라고 생각해요. 그들과 더 오래 함께했다면 우리의 일을 훨씬 잘했을 겁니다.

규칙뿐 아니라 우리가 보낸 시간들도 우리의 성공에 필수적이었어요. 그들이 와서 우리에게 이야기해주는 게 한 달에 한 번도 안 되었어요. 그래도 그들이 우리를 뒷받침한다는 걸 알았죠. 1980년대와 1990년대에 그들과 함께 시장을 헤치고 나아간 건 분명 우리에게 큰 혜택이었어요.

마이클 : 당신은 터틀 경험을 토대로 시간의 시험을 이겨냈어요.

아마 당신과 같이 배운 사람 중에 리처드와 윌리엄의 지도를 받은 덕분에 잘하기는 했지만 자질이 부족했던 사람들이 분명 있을 겁니다. 당신이 가정한 대로 모두가 훨씬 오래 머물렀다면 시간이 더 필요했을 사람에게 도움이 되었을 거라고 생각하나요?

제리 : 네, 아마도요. 우리는 여러 시장을 거치면서 많은 거래, 추세, 손실을 경험했어요. 4년 동안 큰돈을 벌며 좋은 시간을 보냈죠. 어쩌면 그들과 한두 해 정도 손실을 보거나, 모두 사무실을 떠나 집에서 일하다가 분기에 한 번씩 모여서 진행 상황을 공유하는 식으로 환경을 약간 바꿨다면 좋았을지도 몰라요.

모두가 한 곳에 모여 있는 건 트레이딩에 항상 긍정적인 파급효과를 미치는 건 아니에요. 리처드는 집단적 창의성을 원했지만, 그렇게 해서 그다지 많은 창의성이나 새로운 아이디어를 얻었을 거라고 생각하지 않아요. 그래도 그들과 힘든 시기를 같이 지났다면 모두에게 도움이 되었을 겁니다.

참고사항: 리처드 데니스, 윌리엄 에크하르트, 터틀스에 대한 더 많은 내용은 나의 책, 《터틀 트레이딩》에서 찾을 수 있다.

4장

톰 바소

- Thomas Basso -

스트레스 없이 트레이딩 하는 방법

톰 바소는 은퇴한 미국의 헤지펀드 매니저다. 그는 트렌드스탯 캐피털 매니지먼트Trendstat Capital Management의 창립자이자 대표였으며, 《새로운 시장의 마법사들》에 처음 소개되었다. 그는 현재 트레이더 교육 사이트EnjoyTheRide.world를 운영하고 있다. 또한 그는 애리조나주 스코츠데일Scottsdale에 자리한 올웨더all-weather 전문투자사인 스탠드포인트 펀드Standpoint Funds의 이사회 의장이기도 하다. 그가 쓴 책으로는 《성공적인 트레이더는 포지션의 규모를 정한다: 그 이유와 방법Successful Traders Size Their Positions: Why and How?》과 《패닉 방지 투자: 시장의 마법사가 전하는 수익 투자의 교훈Panic-Proof Investing: Lessons in Profitable Investing from a Market Wizard》과 자비로 출판한 《좌절한 투자자The Frustrated Investor》가 있다.

☑ **마이클의 노트**

나는 지금 나의 책, 《추세추종 투자전략》을 들고 있다. 이 책은 톰과 나눈 많은 인터뷰에서 영감을 얻었다. 그와의 인터뷰는 나의 팟캐스트가 두각을 드러내도록 해주었다. 톰에 대한 책을 쓰고, 톰과 그의 모든 활동으로부터 영향과 영감을 받았으니 다시 인터뷰할 것임은 충분히 예상할 수 있다. 그리고 그 예상은 맞았다.

마이클 코벨(이하 마이클): 누군가가 "톰이 정치에 대해 말하는 걸 듣기 전까지는 그를 좋아했다"는 내용으로 올린 트윗을 봤어요. 그걸 보고 처음 든 생각은 '현대의 정치란 과연 무엇일까?'였어요. 한쪽은 열려 있고, 합리적이고, 논리적인 사고방식을 가졌고, 다른 쪽은 순전히 감정적인 것 같아요. 누군가는 이전에 당신을 좋아했지만 이제는 정치적 발언 때문에 당신이 싫어졌다고 말해요. 그런 말을 들으면 '공학적 사고방식을 가진 톰 바소한테 뭘 기대한 걸까? 껑충껑충 뛰면서 마구 고함이라도 지를 줄 알았나?'라는 생각이 들어요. 심지어 그건 정치적 질문도 아니었어요. 그보다는 당신이 살아가는 방식에 대한 것이었죠. 왜 어떤 사람들은 당신이 감정적일 것이라고 기대하는지 모르겠어요.

톰 바소(이하 톰): 코로나 팬데믹의 경우도 마찬가지예요. 나는 질병통제예방센터CDC로부터 데이터가 담긴 스프레드시트를 내려받고, 그들이 제시한 수치를 기반으로 생존률 같은 것에 대한 결론을 내려요. 다만 CDC의 수치는 사람들이 실제로 동반질환comorbidity으로 사망하는 양상에 대한 다른 연구들과 비교하면 약간 결함이 있다고 생각해요. 나는 그걸 트윗으로 설명했고, 이에 CNN을 보고 무서워서 제대로 생각도 하지 못하는 온갖 사람들이 몰려왔어요. 그들은 겁에 질려 있었어요. 하지만 나는 단지 데이터를 제시했을 뿐입니다.

마이클: 데이터가 상황을 분석하는 첫 번째 수단 아닌가요?

톰: 맞아요. 시장에서 시작해서 20년에 걸친 데이터를 구하고, 시뮬레이션 플랫폼으로 돌려보는 거죠. 그동안 어떤 편향도 갖지 않으려고 노력해요. 그저 '이 가격 추세가 어디로 가는지 알아내려고 할 뿐이야'라고 생각해요. 어디로도 향하지 않는 것처럼 보이는 데이터들이 많아요. 정보에서 잡음을 분리해야 해요. 그게 데이터와 관련된 문제예요. 수학적으로 보면, 내가 하는 일은 화학 엔지니어가 하는 일과 다르지 않아요. 반응을 통제하려고 하는데 열 교환기가 지나치게 냉각되면 온도 조절 장치는 "증기 밸브를 열어서 열 교환기로 더 많은 증기를 끌어들여 올바른 수치에 도달할 때까지 공정의 온도를 높인 다음 증기 밸브를 닫아. 그러면 모든 게 괜찮아질 거야"라고 말해요. 시장도 똑같아요. 일정한 지점에 도달하면 우리가 뭔가를 해야 해요. 그건 수학, 철학과 정확하게 똑같아요.

마이클: 그런 공학적 사고방식을 가졌다면 첫 번째 단계는 "이 데이터가 말하는 바는 무엇이지?"겠네요. 코로나를 예로 들자면 "누가 죽어가고 있지? 죽어가는 사람들 사이에 공통점이 있나?"가 되겠죠. 그 데이터는 많은 사람을 불편하게 만들 거예요. 하지만 데이터는 데이터일 뿐 불편할 게 없어요.

톰: 아무런 편향도 없어요. 그냥 데이터, 수치일 뿐입니다. 현실적으로 코로나의 영향을 가장 많이 받는 집단은 노년층이에요. 사실 노인들은 청년들보다 자연적인 원인으로 사망하는 경우가 더 많죠. 암 환자나 교통사고 환자가 코로나에 걸려서 사망하면 오로지 코로나에 따른 사망이라고 말할 수는 없어요. 동반질환에 해당하는 경우도 있죠. 이제 막 데이터가 나오기 시작했어요. 2021년이 끝나기 전에 미국의 총사망자 수를 분석할 겁니다. 대개 6개월에서 12개월 사이에 어떤 경위로 죽었는지 자세히 알 수 있을 거예요. 데이터에 대한 교차 검증도 이뤄지겠죠. 총사망자 수와 2021년 인구 그리고 팬데믹이 절정에 달한 2020년의 인구 차이를 비교해보면 흥미로울 거예요. 총사망자 수에 큰 차이는 없을 거라고 생각해요.

마이클: 우리가 사망자 수를 부풀렸다는 말인가요?

톰: 아마 라벨을 바꿨을 겁니다. 폐 관련 질병으로 인한 사망자 수는 내려가고 코로나로 인한 사망자 수는 올라갈 거예요.

시장에서 시작해서

20년에 걸친 데이터를 구하고,

시뮬레이션 플랫폼으로 돌려보는 거죠.

그동안 어떤 편향도 갖지 않으려고

노력해요.

하지만 총사망자 수는 크게 달라지지 않을 겁니다. 2020년 4월이나 5월의 뉴스를 보면 세상이 끝장날 것만 같았지만요.

모든 게 폐쇄될 때도 내 삶은 크게 바뀌지 않았습니다. 계속 컴퓨터 앞에 앉아 있었어요. 아내와 나는 요리를 좋아해요. 일주일에 한 번 식료품점에 갔다 와서 격리를 했어요. 큰일은 아니었어요. 트레이딩은 잘되었어요. 계속 바쁘게 움직여야 할 일들이 많았습니다. 나 자신과 이웃을 보호하기 위한 노력은 얼마든지 할 수 있었어요. 덕분에 데이터를 살필 시간이 많이 생겼죠.

데이터는 단지 감염을 막기 위해 거의 20조 달러에 달하는 미국 경제뿐 아니라 얼마일지도 모르는 세계 경제를 멈추는 조치를 뒷받침하지 않았어요. 어차피 예방 효과도 없는 것 같은데 말이에요. 멍청한 짓이죠. 건강한 사람 대다수는 코로나에 감염되어도 생존률이 99.7%나 돼요. 반드시 코로나에 감염된다는 법도 없고요. 왜 다들 살아남을 확률이 말도 안 되게 높은 질병 때문에 온 세상을 어지럽히는 걸까요? 수학적으로 보면 전혀 합리적이지 않습니다.

마이클: 이제 과거로 돌아가 보죠. 처음 당신이 우리 팟캐스트에 출연한 게 2012년이었을 겁니다. 이후로 트레이딩을 중단했다가 다시 시작했다고 말해도 되겠죠?

톰: 은퇴하고 1년 동안 트레이딩을 그만뒀어요. 고객, 정부, 감사, 변호사, 회계사를 상대하느라 1년에 10만 달러씩 쓸데없이 돈을 쓰

는 데 질렸거든요. 그냥 MMF에 돈을 넣어두고 느긋하게 쉬었어요.

지금의 아내인 브렌다Brenda는 내가 투자 매니저였다는 걸 알아요. 그래서 어느 날 내게 와서 "말하기 창피하지만 주식 중개인과 이런 걸 했어. 한번 봐줄래?"라고 말하더군요. 그녀는 30분 동안 사과한 후 한 장의 종이를 건넸어요. 나는 그걸 보고 "창피할 게 뭐 있어? 내 생각에는 평균보다 나아"라고 말했어요.

사실 듣기 좋으라고 했던 말이에요. 그녀는 투자를 잘했어요. 하지만 그녀는 부동산 전문가에 더 가까워요. 우리의 부동산 문제를 전담하죠. 그녀가 "여기, 여기, 여기 서명해"라고 말하면 나는 서명을 해요. 하지만 선물이나 ETF 같은 걸 매매하는 일은 내가 맡아요. 나는 그녀의 포트폴리오를 관리하고, 그녀는 나의 부동산을 관리해요. 지금까지는 아주 잘 굴러갔어요. 나는 그녀의 돈을 관리하기 위해 다시 트레이딩을 시작했어요. 그러다 보니 '그녀의 돈을 투자하는 김에 내 돈도 투자하는 게 낫겠어'라는 생각이 들었어요. 그래서 MMF에 넣어둔 돈을 전부 꺼내서 투자했어요. 이후로 가족들이 내게 투자와 관련된 질문을 했고, 그걸 계기로 페이스북도 시작했어요.

마이클: 그러니까 가족들 때문에 사람들과의 소통을 시작하게 된 거네요.

톰: 내가 가족들을 도운 이유는 페이스북 포스트로 올릴 수 있기 때문이에요. 그러면 나의 양아들도 볼 수 있고, 뉴욕에 있는 동생,

위스콘신에 있는 여동생, 애틀랜타에 있는 브렌다의 동서도 볼 수 있어요. 나중에는 업계에 있던 트레이더 출신 친구들이 그걸 보고 "아주 좋은데"라고 말했어요. 그러다 보니 갑자기 1,000명의 페이스북 친구가 생겼어요.

그다음에는 당신도 알 거라고 생각하는데, 추세추종자인 래리 텐타렐리Larry Tentarelli를 비롯한 사람들이 "트위터를 해야 해"라고 말했어요. 나는 "좋아, 해보지 뭐. 별거 아냐. 페이스북에 올린 글을 트위터로 복사하기만 하면 돼"라고 말했죠.

지금은 트위터 팔로워가 2만 7,000명이나 돼요. 어떤 일이 다른 일로 이어졌고, 당신이 나를 인터뷰한 게 빠르게 퍼졌죠. 아내와 나는 말라가Malaga의 수영장에 있다가 EnjoyTheRide.world를 만들기로 결정했어요. 그게 가장 효율적인 방식으로 세상에 정보를 전달하는 해결책이었습니다. 이 사이트도 인기를 끌었어요. 매달 수천 명이 방문합니다.

마이클: 당신은 그 모든 성공을 거두고, 그 모든 교훈을 배우면서 수십 년을 보냈어요. 이후로 은퇴의 길을 선택했는데, 교육자가 되겠다는 생각이 당신을 세상으로 불러낸 것 같군요. 덕분에 다시 머리를 쓸 일이 생겼어요. 당신은 그 과정을 좋아하는 것처럼 보여요.

톰: 흔한 말이지만 그게 사회에 보답하는 길이라고 생각합니다. 업계는 내게 잘해줬어요. 그동안 내게 조언과 도움을 준 사람들도 있

업계는 내게 잘해줬어요.

어요. 《시장의 마법사들》에서 래리 하이트Larry Hite를 소개하는 장은 수학적으로 나의 뇌와 공명했어요. 또한 오랫동안 트렌드스탯에서 활용한 변동성 관리 기법을 개발하는 데 도움을 주었어요. 지금도 여전히 활용하고 있고요. 사람들은 알든 모르든 그가 인터뷰에서 한 말들은 내게 도움을 주었어요. 그 내용을 읽다 보면 뇌에 바로 꽂혀요. 그래서 뭔가가 촉발되고, 나는 바로 행동에 나섭니다. 지금은 나 자신과 아내를 위해 4개의 계좌만 관리하고 있어요. 등록할 필요도 없어요. 감사도 받지 않아요. 법적 의무도 없고, 삶은 좋아요. 골프를 많이 치고 운동도 해요.

인터뷰를 앞두고 약 1시간 전에 노스캐롤라이나에 사는 한 남성에게 전화가 왔어요. 4, 5년 전부터 알던 사람인데, 페이스북으로 나의 근황을 확인했나 봐요. 그의 요청으로 줌 통화를 하게 되었어요. 그때는 도와주는 게 맞는 것 같아서 1시간을 들였어요. 그는 통화를 마칠 때, 아주 혼란스러웠는데 덕분에 뭘 해야 할지 분명하게 알았다면서 많이 고마워했어요. 그건 내게 힘든 일이 아니었어요. 누군가를 돕기 때문에 만족스럽기도 하고요. 급식소에서 노숙자들에게 배식을 하는 자원봉사를 할 수도 있죠. 하지만 이건 약간 더 고유한 나의 전문성을 살리는 일이에요.

마이클 : 사람들은 스스로 혼란을 자초해요. 차트에 온갖 지표를 넣죠. 나는 그걸 방 청소에 비유합니다. 방에 온갖 것들이 쌓여 있어

서 침대가 어디 있는지도 안 보일 지경이에요. 쓰레기를 치우고 단순화하는 게 첫 단계예요.

내가 말하고자 하는 바는 당신의 지식과 추세추종이 지닌 시대를 초월한 측면이에요. 젊은 사람들은 "그 사람은 나이가 많고 은퇴했어. 그가 아는 게 뭐야? 시장은 변했어. 새로운 시장도 있어. 암호화폐가 바로 그거야"라고 말할지도 몰라요. 그들이 모르는 사실은 인간은 변하지 않았다는 거죠. 경기장을 바꾸고, 새로운 시장을 더할 수는 있어요. 하지만 인간은 무리 지어 움직이면서 시장을 오르내리게 만들어요. 그렇기 때문에 당신의 지혜는 우리가 세상을 떠난 후에도 오랫동안 통할 겁니다.

인간은 무리 지어 움직이면서 시장을 오르내리게 만들어요.

톰: 전자통신 덕분에 과거보다 빨리 무리를 지어 움직일 수 있게 되었어요. 과거에는 〈월스트리트저널〉이 다음 날에 나올 때까지 기다려야 했어요. 그제야 어제 시장이 폭락했다는 사실을 알 수 있었죠. 사람들은 점심을 먹으면서 그 이야기를 했어요. 그리고 증권사 직원에게 전화를 걸죠. 보통은 며칠이 지난 후에요.

지금은 트위터에 시장이 1% 하락했다는 소식이 뜨면 바로 나의 인터랙티브 브로커interactive broker 계좌로 들어가요. 그리고 5분 안에 매도 신호가 뜨죠. 1973년, 1974년에는 S&P에서 1달러가 50센트로 떨어지는 약세장이 나오는 데 2년이 걸렸어요. 지금은 그런 심리에 이르는 기간이 6개월이 안 돼요. 변화가 더 빨리 일어나는 거죠. 하지만 희열에서 우울로, 거기서 다시 희열로 바뀌는 심리는 변하지 않았어요.

마이클: "여정을 즐겨라Enjoy the ride"라는 아주 멋진 말을 하셨죠. 불교적인 느낌이 나요. 겉으로 보면 단지 하나의 문장 같지만 경험이 쌓이면 인간 조건에 대한 깊은 통찰을 제공한다는 사실을 깨닫게 되거든요.

톰: "여정을 즐겨라"는 휩소에 당하는 것에 대한 논평을 마무리하는 과정에서 나왔어요. 그것도 트레이딩의 일부이니 여정을 즐기라는 뜻이었죠. 사람들이 좋아해주더군요. 지금은 나만의 것이 아니에요. 사람들은 "@basso_tom가 항상 말하는 대로 여정을 즐겨라"라며 트윗을 끝내요. 이제는 적어도 트레이딩 부문에서는 모두가 'ETR Enjoy The Ride의 약자—옮긴이'이 무슨 뜻인지 알아요. 놀라운 일이죠.

마이클: 한번 자세히 살펴볼까요? ETR은 언뜻 단순해 보이지만 복잡한 의미가 있어요.

톰: 그 뜻은 현재에 집중하고, 트레이딩의 과정을 즐기며, 결과에 순응하라는 거예요. 등락이 나올 것이고, 휩소를 겪을 것이며, 큰 흐름도 타게 될 겁니다.

희열에서 우울로, 거기서 다시 희열로 바뀌는 심리는 변하지 않았어요

지금까지 아주 오랫동안 원목에 투자했어요. 지금 보유하고 있는 1계약으로 올린 미실현 수익을 잠깐 훑어봐요. 나머지 계약은 다 처분했거든요. 수익이 엄청나요. '이건 미쳤어. 원목 시장이 이렇게 계속 갈까?'라는 생각이 들어요. 그럴 수도 있고, 아닐 수도 있죠. 모르겠어요. 평생 이 거래를 이어갈 수 있다면, 그것도 좋아요. 다만 이 자리에서 이 순간을 즐길 뿐이죠.

좋은 시기도 있고, 흉소도 있을 겁니다. 손실이 나기도 하고 수익이 나기도 해요. 그 모든 게 엄청난 가치를 지니는 건 아니에요. 단지 내가 지금 이 자리에서 당신과 즐겁게 대화를 나누도록 해주었다는 걸 제외하면 말이죠. 나는 《추세추종 투자전략》에서 어떤 일이 일어나는지 보는 것과 스탠드포인트에서 어떤 일이 일어나고 있는지 바라보는 것을 즐겨요. 나는 이사회 의장을 맡고 있는데, 내일 이사회 회의가 있어요. 이사회에 있는 두 노인, 나와 다른 한 사람은 스탠드포인트 사람들을 '아이들'이라고 불러요. 전부 우리보다 한참 어리거든요. 그들은 나를 양아버지라고 불러요. 우리는 좋은 시간을 보내죠. 그들은 투자를 아주 잘해요.

나는 또한 트레이딩 플랫폼을 만드는 사람에게 조언을 해주고 있어요. 시뮬레이션과 트레이딩이 가능하고 실제로 증권사에 주문도 넣을 수 있는 플랫폼이에요. 아주 재미있어요. 나는 도와주고, 그는 질문을 해요. 제작이 완료되면 그걸 쓰게 될 겁니다. 좋은 거래예요.

나를 위한 맞춤형 소프트웨어를 만들게 하는 것과 같아요.

마이클: ETR 이야기를 계속해보죠. 언뜻 단순한 말이지만 실제로는 복잡한 의미가 있으니까요. 그 말에는 통제력을 대하는 방법이 담겨 있어요. 우리는 매일 인생을 살아가는 방법에 대한 결정을 내려요. 하지만 "여정을 즐겨라"는 어느 정도 통제력을 포기하는 걸 의미해요. 트레이딩을 처음 하는 사람들 그리고 아마 보다 경험 많은 사람들도 대개 시스템을 보면서 결과를 통제할 수 있다고 믿어요. 매일 일어나는 일을 통제할 수 있다고 믿는 거죠. 사람들은 항상 내게 "매일 돈을 벌 수 있도록 꾸준하게 수익을 내려고 해요"라는 글을 보내요. 그러면 나는 "버니 메이도프Bernie Madoff, 역사상 최대 규모의 폰지 사기를 저지른 금융인–옮긴이처럼요?"라고 대꾸하죠. 당신은 어떻게 편안하게 통제력을 포기할 수 있었나요?

톰: 나는 1970년대에 처음 트레이딩을 시작했어요. 주식을 거래했죠. 그때 뉴욕증권거래소의 하루 거래금액은 수십억 달러였어요. 반면 나의 투자금액은 겨우 1만 달러 정도였어요. 그래서 내가 시장에서 하는 일은 결국 아무것도 아니라는 사실을 깨달았어요. 시장이 코끼리라면 나는 개미에 불과했죠.

나는 항상 그런 태도를 갖고 있었어요. 트렌드스탯을 운영할 때도 어떤 시장이든 아주 작은 비중만 차지하도록 신경 썼어요. 그래야 쉽게 드나들 수 있는 유동성을 확보하니까요. 시장이 하는 일을 통제할 수 있다고 생각한 적은 한 번도 없습니다. 시장에는 수많은 참여자가 있고, 수조 달러의 돈이 오가니까요. 항상 나는 단지 여정을 따라갈 뿐이라고 생각했어요. 여정을 즐기라는 말은 거기서 나왔어요.

항해와 관련된 유명한 말이 있어요. 바람의 방향은 통제할 수 없지만 돛의 방향은 조절할 수 있다는 말이죠. 나의 철학은 시장은 하려는 일을 한다는 거예요. 브렌다는 《추세추종 투자전략》의 소개글에 이 말을 넣었을 겁니다. 그녀에게 자주 말했거든요.

우리는 아침을 먹으면서 금융 프로그램을 봐요. 누군가가 나와서 이런저런 예측을 하죠. 그러면 아내는 "하지만 우리 남편은 시장은 하려는 일을 한다고 말해"라고 해요. 그게 시장에 대한 나의 철학입니다. 시장은 무엇이든 하려는 대로 해요. 내가 할 일은 여정을 따라가는 거예요. 그동안 리스크, 변동성, 마진 그리고 내가 통제할 수 있는 걸 관리하면서 과정을 즐기는 거죠.

자신이 하는 일을 싫어하면서 비참하게 인생을 살 이유가 없어요. 시장이 하고 싶은 대로 하도록 두는 게 나아요. 굳이 예측하려고 골머리를 썩일 필요가 없습니다. 그러다가는 몸에 많은 스트레스와 부담을 주게 됩니다. 그건 투자 과정에 도움이 되지 않아요.

바람의 방향은 통제할 수 없지만 돛의 방향은 조절할 수 있어요.

마이클: 약간의 돈이 있고, 인생에서 어느 정도 성공한 똑똑한 사람들이 매일 또는 매달 꾸준하게 돈을 벌 수 있다고 생각하나요?

톰: 나는 놀랄 만큼 수학적 능력이 뛰어난 똑똑한 사람들을 몇 명 만났어요. 천재라고 부를 만한 사람들이죠. 나도 화학 분야에서 뛰어난 일들을 했고, 그걸 시장에 적용한 똑똑한 사람일지도 몰라요. 하지만 내가 말하는 건 진짜로 머리가 좋은 사람들이에요. 하지만 그들은 쉽게 매매에 나서지 못해요. 왜냐하면 그들은 데이터를 보고 "이 데이터를 가지고 내가 생각할 수 있는 모든 다항 회귀polynomial regression 분석을 적용하면 시장이 하는 일과 정확하게 일치시킬 수 있어. 역사적 시뮬레이션을 통해 100% 정확하게 다음 주에 무엇을 할지 알게 될 거야. 그러면 떼돈을 벌 수 있어"라고 생각하거든요. 물론 그런 방법은 통하지 않아요. 결국 그들은 돈을 잃고 큰 충격을 받죠. 그리고 자신의 능력을 의심하기 시작해요.

그들은 풀 수 없는 이 퍼즐을 풀 수 있다고 생각하는 경향이 있어요. 시장은 항상 할 일을 합니다. 그리고 시장은 너무 복잡해요. 아이슬란드에 있는 화산이 일주일 동안 대서양 전체의 항공교통을 마비시켰어요. 이런 일은 경제에 영향을 미치고, 미국의 항공주와 모든 것에 영향을 미쳐요. 그 화산이 폭발할 줄 어떻게 알겠습니까? 어떤 알고리즘도 예측할 수 없지만 시장의 방향을 바꾸는 예기치 못한 사태들이 있어요. 시장이 하는 대로 하도록 내버려 둬야 해요. 시장은 올라가기도 하고, 내려가기도 하고, 때로는 횡보하기도 한다는 걸 깨달아야 합니다. 이 세 가지 시나리오에 대응할 수 있다면 성공할 수 있어요. 계속 그렇게 하면서 여정을 즐기면 돼요.

시장은 항상 할 일을 합니다.

마이클: 나는 20여 년 전에 처음 에드 세이코타를 만났어요. 그때 나는 그에 대한 숙제를 하다가 인터넷에서 그의 아들이 쓴 고등학교 수학 과제물을 우연히 봤어요. 그의 아들은 14살이나 15살 정도였을 거예요. 그런데 그 과제물은 10페이지에서 20페이지 길이로 내용이 충실했어요. 나로서는 무슨 이야기인지 알 수 없는 내용이었죠. 나는 그의 아들이 이렇게 수학을 잘한다면 에드 세이코타도 그럴 거라고 생각했어요. MIT 출신이니까요.

그 복잡한 수학을 이해하는 에드 세이코타는 유튜브에 휩소에 대한 뮤직비디오를 올리기도 했어요. 수학 천재인 그가 그런 면을 접어두고 시장 심리를 이해할 수 있다는 게 흥미로워요. 그는 당신처럼 여정을 즐기라고 말하면서 휩소에 대한 노래를 불러요. 그건 드문 일이죠. 당신이 말한 대로 탁월한 수학적 능력을 지닌 수많은 사람이 좌절감을 느끼는 시장이니까요.

톰: 나도 20대 때 그런 방향으로 갔어요. 수많은 모형화를 하면서 진지하게 4, 5년을 보냈죠. 그런 식으로 모든 걸 알아낼 수 있다고 생각했어요. 그러다가 어느 순간에 깨달았어요. 수익은 계속 불리고, 손실은 작게 줄이는 단순한 추세추종이 더 탄탄한 방법이라는 걸 말이죠. 지금까지 많은 트레이더에게 말한 대로 트레이더로서 완벽성과 신뢰도를 추구하는 것과 돈을 버는 건 달라요. 완벽해지려는 게 아니에요. 수익을 내는 게 목적이에요. 이 둘은 달라요. 사람들은 완벽한 것이 수익으로 이어질 거라고 생각하지만, 그렇지 않습니다.

완벽해지는 것과 돈을 버는 건 달라요.

가령 나도 약 3분의 2의 경우에는 틀려요. 3분의 1 정도만 맞죠. 그래도 괜찮아요. 항상 맞히는 것에는 관심이 없으니까요. 나는 수익을 내고 싶고, 트레이더로서 수익을 내려면 시간이 걸려요. 하지만 성숙해지다 보면 마침내 그게 장기적인 과정이고, 손실은 그 일부임을 깨닫게 되죠. 에드 세이코타는 "손실 없이 수익을 낸다는 건 날숨 없이 들숨을 쉬는 것과 같다"라고 말했어요. 손실과 수익은 모두 트레이딩이라는 흐름의 일부예요. 그 사실을 받아들이면 손실을 관리하면서 수익을 계속 늘릴 수 있어요.

마이클: 당신을 많이 인터뷰했지만 영상 인터뷰는 이번이 처음이에요. 당신은 차분한 목소리와 성품을 지녔어요. 마지막으로 화낸 게 언제였나요? 당신을 때로 ETR에서 벗어나게 만드는 건 무엇인가요?

톰: 그런 일은 드물어요. 가끔 골프 샷에 대해 적절한 전략을 고심하지 않았다고 나 자신에게 화를 내는 경우는 있어요. 브렌다와 나는 함께 멋진 생활방식을 꾸리고 있어요. 여름에는 숲속에 있는 별장에 가요. 해발 1,500미터 높이에 있는 곳이어서 아주 시원하죠. 겨울은 스코츠데일에서 보냅니다. 330일 동안 햇빛이 비치고, 도시권 안에 200개의 골프장이 있어요. 나는 골프광이에요. 두 곳 모두 천국에서 사는 것 같아요. 우리의 생활방식은 긴밀하게 짜여 있어요. 우리 둘은 식성도 비슷해요. 한 가지 예를 들자면 이상하게도 둘 다 양

파를 싫어해요.

마이클: 톰 바소는 양파를 싫어하고, 그게 그를 화나게 만든다는 거군요. 오늘 비밀을 알았네요.

톰: 나는 미국의 1인당 양파 소비량과 미국 달러의 구매력을 비교한 글을 발표한 적이 있어요. 지난 35년에서 40년 동안 미국의 양파 소비량은 해마다 늘었어요. 반면 미국 달러의 구매력은 계속 하락했어요. 나의 결론은 달러를 절약하려면 양파를 그만 먹어야 한다는 거였어요. 트레이딩 업계의 모든 사람이 그 글을 아주 재미있어했어요. 멋진 그래프도 들어가 있었거든요. 재미있는 점은 내가 양파를 싫어한다는 거였죠.

마이클: 나는 근래에 순수한 데이터가 무시당하는 것에 좌절감을 느껴왔습니다. 또한 데이터를 무시하거나, 데이터를 모호하게 만들거나, 데이터에 대해 거짓말을 하는 세력이 있어요. 숨은 의도를 갖고 방송하는 언론 매체들도 있고요. 내가 내린 결론은 그걸 전혀 통제할 수 없다는 거였어요. 더 이상 통제할 수 있는 사람이 있을지 모르겠습니다. 나는 미국에서 이런 유형의 정부가 앞으로도 계속될지에 대해 심각한 의구심을 갖고 있습니다. 지금은 흥미로운 시기예요.

톰: 맞아요. 나는 이 시대의 부정적인 측면에 시달리고 있는 것

같아요. 미국인의 삶의 질은 개선되지 않고 있어요. 그 점을 완벽하게 포착하는 경제학 용어가 있는데, 바로 효용이에요. 어떤 것을 얻기 위해 대가를 지불하는 걸 말하죠. 살아가려면 무언가를 얻기 위해 지불해야 하는 것들이 있어요. 가령 숲속에 있는 별장을 사면 시원한 곳에서 여름을 보낼 수 있어요. 나의 경우, 산에서 골프를 치고, 하이킹을 하고, 운동을 할 수 있는 것은 특별한 혜택이지만, 그 혜택을 누리려면 대가를 치러야 하죠.

이 모든 걸 다 더한 게 효용이에요. 효용이 플러스면 좋고, 마이너스면 좋지 않아요. 나는 나의 삶 전체, 은퇴, 트레이딩, 개인 사이트를 체계적으로 운영해요. 또한 시뮬레이션 패키지로 사람들을 돕죠. 이 모든 게 아주 재미있어요. 나는 생활방식에 확실한 효용을 부여해요. 안타깝게도 미국 정부 때문에 효용이 줄고 있기는 하지만 말이죠.

마이클: 오늘날 젊은이들을 보면 전혀 말이 안 되는 언론의 메시지와 정부 정책의 폭격을 받고 있어요. 하지만 그렇다고 회의적인 시각을 갖고 그런 그들을 비판할 근거도 없어요. 내 생각에는 모두가 나서서 말하는 걸 두려워하는 것 같아요.

데이터 이야기로 돌아가 보죠. 예를 들어 미국의 범죄와 같은 문제를 풀고 싶으면 데이터에서 출발해야 해요. "어디서 범죄가 일어나지? 누가 범죄를 저지르지? 언제 범죄가 일어나지? 어느 도시들이지?"라고 물어야 해요. 지금은 정치적 의도가 없다고 해도 이런 질문조차 할 수 없는 지경이 되었어요. 정치적 의도 때문에 기본적인 정보가 알려지기를 원치 않는 사람들이 있거든요. 당신과 내가 이야기하는 모든 정보, 그러니까 행위, 반응, 언론, 정부의 결정 같은 걸 모형으로 만들어보면 미래가 그다지 밝아 보이지 않아요.

톰: 맞아요. 걱정스럽죠. 슬프게도 효용이 줄고 있어요. 나는 스코츠데일의 콘도 단지에서 사는데 일부 조경이 마음에 들지 않았어요. 나는 조경과 가지치기에 대한 강의를 들었고, 세상 어디를 가든 항상 식물원을 방문해요. 그래서 "저 조경의 효용은 좋지 않아. 잘못된 식물을 두었기 때문에 더 나아질 수도 없어. 식물이 너무 많아. 내가 조경에 있어서는 다른 주민들보다 똑똑하다는 걸 관리위원회에 설득할 거야. 그들의 승인을 얻어서 콘도 단지 전체 구역에서 차지하고 있는 어울리지 않는 두 번째, 세 번째 식물을 선택해서 제거하고 다른 식물이 아름답게 자라게 만들 거야"라고 말했죠.

4일 후 나는 약 20명의 주민들로부터 칭찬을 받았어요. 관리위원회는 내게 전체 콘도 단지에 대한 조경을 맡기는 데 동의했어요. 나는 기꺼이 자원봉사를 할 겁니다. 은퇴 후에 할 수 있는 재미있는 프로젝트가 될 거예요. 어떤 일을 하냐고요? 약간의 노력을 기울여야겠죠. 그래도 개를 산책시킬 때 "세상에, 왜 저기다가 저걸 심은 거야?"라고 말하는 일은 없을 겁니다. 대신 아름다운 조경을 보며 "와, 여기 사는 게 너무 좋아"라고 말할 겁니다. 내가 나의 효용을 증가시킨 거죠.

마이클: 조경에 대해서는 똑똑해지겠다는 말이 흥미롭네요. 나는 그게 현대에 우리가 잃어버린 것이라고 생각해요. 당신은 이미 세상을 여행했고, 식물원들을 구경했고, 경험과 열정이 있다는 근거를 제공했어요. 당신은 아마 스코츠테일에서 조경을 담당하고 있을 25살짜리 청년보다는 더 많이 알고 있을 것입니다.

톰: 조경을 담당하던 전 관리위원들이 내가 식물을 많이 없앴다고 약간 화를 냈어요. 그들은 내가 작업을 시작한 지 이틀 후에 차를 타고 씩씩대며 찾아왔어요. 마침 현재 관리위원 중 한 명이 창밖으로 그들을 봤어요. 그는 한동안 그들을 지켜봤어요. 그들은 계속 떠들어댔어요. 그러다 식물을 보고 나서는 더 떠들어댔죠. 그들은 내가 뭘 했는지 몰랐지만, 그래도 멋져 보였겠죠. 하지만 그들은 항의할 생각이었기 때문에 내가 뭘 했는지 제대로 보지 않았어요. 결국 그들은 포기하고, 구역의 밖으로 다시 차를 타고 갔습니다.

마이클: 당신은 거의 모든 사안과 관련하여 미국의 상황을 설명했어요. 당신은 주요 사안에 대해 확실한 경험이 있어요. 하지만 경험이 부족한 사람들이 중요한 결정을 내리죠. 요즘은 정치적 입장과 무관하게 많은 경험을 가진 아주 많은 현명한 사람들이 권력 체계에서 밀려나 있어요.

톰: 맞아요. 당신이 베트남에 살고 있고, 세계시민이라는 점이 흥

미로워요. 내 친구 로런스 벤스도프Laurens Bensdorp도 그렇죠. 그는 지금 브라질에 있어요. 그곳에서 살겠다고 선택한 거죠. 그는 포르투갈어를 배우고 싶어 해요.

마이클 : 계획한 건 아니었어요. 베트남에는 복지 체계가 없어요. 모두가 바쁘게 살아가는 게 바로 보이죠. 그래도 사람들이 자신의 몸을 더 잘 돌보는 사회에서 사는 게 즐거워요. 그건 전반적인 방향에 대해 뭔가를 말해주죠. 과거 미국이 폭격했던 이 나라에서 예상치 못했던 작은 것들이 보여요. 그들은 미국보다 아메리칸 드림을 더 잘 이루는 것 같아요.

톰: 미국에 사는 베트남 사람들은 일주일 내내 일해요. 휴가도 거의 가지 않아요. 그렇게 돈을 벌어서 집으로 보내죠. 그들은 더 잘살기 위해 미친 듯이 노력해요. 내게는 신선한 일이에요. 그 사람들 속에 있으면 확실한 에너지가 느껴져요. 그들만큼 에너지를 내뿜고 싶어지게 만들죠. 우리를 살아 있게 해줘요.

5장

래리 하이트

- Larry Hite -

시스템 트레이딩의 선구자

래리 하이트는 시스템 트레이딩의 선구자로 인정받는 헤지펀드 매니저다. 그는 1981년에 민트 인베스트먼트Mint Investments를 공동 창립했다. 민트 인베스트먼트는 1990년에 운용자산 측면에서 세계 최대의 CTA가 되었다. 래리는 그해에 맨 그룹Man Group과 협력관계를 맺고 원금 보장 펀드라는 개념을 개척했다. 이 개념은 여러 성공적인 구조화 상품과 금융공학 부문의 혁신으로 이어졌다. 저서로는 《부의 원칙》이 있다.

☑ 마이클의 노트

나는 센트럴 파크에 있는 래리 하이트의 집에서 그를 처음 만났다. 이후 우리는 오랫동안 좋은 친구로 지내고 있다. 래리는 트레이더로서 잭 슈웨거의 《시장의 마법사들》에 처음 소개되었다. 그는 에드 세이코타와 더불어 잊을 수 없는 말들을 해주었다. 나는 그가 쓴 《부의 원칙》의 소개글을 썼고, 나의 일부 책에서 그를 소개했다. 또한 그는 내가 제작한 다큐멘터리 〈파산: 새로운 아메리칸 드림Broke: The New American Dream〉에 출연했다. 나는 래리를 만날 때마다 뭔가를 배운다. 그는 그런 방식으로 영감을 준다. 당신은 그만큼 성공하지 못할지도 모른다. 또는 그와 비슷한 수준까지 갈 수도 있고, 가지 못할 수도 있다. 아무래도 상관없다. 핵심은 지혜다. 래리가 시도한 것처럼 시도하라. 그게 당신이 할 수 있는 전부다.

마이클 코벨(이하 마이클): 오늘은 태도에 대한 이야기로 시작해보죠. 당신은 18살이 아니고, 나도 18살이 아닙니다. 하지만 나는 소셜 미디어로 많은 청년과 이야기해요. 그러다 보면 때로 부정적인 태도를 느낄 수 있어요. 내가 바라보는 관점은 살아 있다면 뭔가를 할 기회가 있다는 거예요. 당신에게 처음 던질 질문은 이겁니다. 당신은 어떻게 좋은 태도를 갖게 되었나요?

아무런 시도를 하지 않으면 아무런 성과가 없어요.

래리 하이트(이하 래리): 우리 할머니가 좋은 태도를 가졌기 때문이에요. 그런 태도가 아버지를 거쳐 내게 대물림되었죠. 보다 중요한 점은 긍정적인 태도를 갖는 것입니다. 가장 현명하기도 하죠. 가령 부정적인 태도를 가지면 전혀 시도하지 않게 되고, 전혀 시도하지 않으면 실패할 확률이 100%예요. 아무런 시도를 하지 않으면 아무런 성과가 없어요. 설령 내가 운동을 할 때 그랬던 것처럼 서툴더라도 시도하면 0%보다 나은 확률이 생깁니다. 그게 유일하게 논리적인 길이에요.

마이클 : 당신은 운동을 잘하지 못했다는 이야기를 자주 해요. 그게 사실인지 어떻게 알죠? 당신이 뉴욕시의 스타 육상선수였을 수도 있잖아요. 60년 후에 당신이 스타가 아니었다는 이야기를 지어낸 것 아닌가요?

래리 : 스타까지는 되지 못했어요. 어제 7살 때부터 메이저 하키 선수였던 사람과 이야기를 나누었어요. 그는 교통사고를 당해서 가장 친한 친구를 잃었고, 자신은 허리뼈가 부러지는 중상을 입었습니다. 그런 일을 겪은 후에 어떻게 재기했는지 궁금했어요. 그는 시도하지 않으면 아무것도 얻지 못한다는 긍정적인 태도를 갖고 있었어요.

나는 밤에 친구 해리Harry와 같이 놀러 나가곤 했어요. 해리는 예쁜 여자아이들에게 다가갔고, 그중 한 명과 자리를 떴어요. 반면 나는 혼자 남겨졌죠. 나는 그에게 "어떻게 예쁜 여자들을 만날 수 있어?"라고 물었어요. 그는 "나는 끝내주는 여자를 보면 가서 '난 해리라고 해. 같이 커피 마시자'라고 말해. 그럼 10명 중 1명은 그러자고 하지"라고 말했어요.

28살의 원기 왕성한 청년이었던 내게 섹스와 확률은 가장 좋아하는 두 가지 주제였어요. 나는 할머니를 이해하기 시작했어요. 시도하지 않으면 아무것도 얻지 못하니까요. 시도하면 잘할 수 있어요. 그건 내게 긍정적인 태도가 아니라 실용적인 태도예요.

마이클 : 머릿속으로 시도하고, 실패한다는 생각으로 아무것도 하

지 않는 사람들이 많아요.

래리: 맞아요. 그래서 얻는 게 뭐죠?

마이클: 아무것도 없어요.

래리 : 사실 당신과 아마존에 대해 이야기하고 싶었어요. 당신은 나를 인터뷰하고 쓴 글에서 제프 베조스가 다방면에 걸친 트레이더라고 말했어요.

마이클: 추세추종자죠.

래리: 거기에 대해 생각해봤는데 맞는 말 같아요. 나는 4월에 80살이 돼요. 그동안 손실이 난 해는 아마 2년 정도일 거예요. 그중 한 번은 내가 좋아했고, 같이 많은 돈을 벌었던 맨Mann 사람들이 레버리지를 올리고 싶어 했기 때문이에요. 그건 좋은 생각이 아니었어요. 추세추종은 대단해요. 지금의 나를 만들었죠.

아마존과 베조스에 대한 당신의 글을 읽고 베조스가 어떤 이점을 누렸는지 확인했어요. 무엇보다 그는 자금을 쓸 필요가 없었어요. 마이클 델Michael Dell도 그 점을 간파했죠. 델에서 컴퓨터를 사는 사람들은 자신의 신용카드를 써요. 베조스와 델 그리고 지금은 거의 모두가 물건을 배달하기 전에 돈을 받죠. 나는 처음에 그걸 파악하지 못

추세추종은 대단해요. 지금의 나를 만들었죠.

했어요. 나만 그런 게 아니에요. 워런 버핏과 찰리 멍거Charlie Munger도 베조스가 뭘 하는지 파악하지 못했어요. 그는 속도를 높이기 위해 인프라를 구축했어요. 자금을 쓸 필요가 없었어요. 나는 그걸 파악하는 데 몇 년이 걸렸어요.

마이클: 당신은 근본적으로 좋은 사업가가 되는 것은 추세추종자가 되는 것이고, 추세추종자가 되는 것은 좋은 사업가가 되는 것이라고 주장하고 있어요.

래리: 세상에서 누가 가장 부자인지 보세요.

마이클: 그들은 추세를 추종해요. 다만 누구도 제프 베조스만큼 부자가 되지는 못해요. 갑자기 뭔가 거대한 게 나타나서 엄청난 성공을 거두지 않는다면 말이죠.

래리: 맞아요. 말해도 될지 모르겠지만 나는 아주 놀라운 사람과 일해요. 그는 워든Warden에 다녔고, 축구선수로 운동 장학금과 성적 장학금을 모두 받았어요. 그는 성가신 사람 중 한 명이에요. 그에게 52주 신고가 기법에 대해 알려줬더니 콜로라도로 나를 찾아와서는 "그 방법이 통했어요"라고 말했어요. 그는 52

좋은 사업가가 되는 것은 추세추종자가 되는 겁니다.

주 신고가 종목을 잡은 후 5% 하락하면 바로 빠져나와요. 그러다가 다시 오르면 들어가죠. 85%의 경우는 틀렸어요. 그래도 100만 달러를 2,000만 달러로 만들었어요. 연평균 20%의 수익률을 올렸죠. 이건 순수한 데이비드 리카도David Ricardo, 영국의 고전학파 경제학자로서 주식투자로 거액을 벌었음-옮긴이 식 방법이에요. 사무실을 없애요. 그게 내가 말하는 규칙이에요.

마이클 : 일반인의 경우 85%는 손실이 나면 실망합니다. 심리, 시장에 대한 일반적인 이해에 따르면 손실이 나는 경우가 85%나 된다는 건 무서운 일이에요. 래리 하이트처럼 초능력이 없으면 끔찍하게 들리죠.

래리 : 나는 운이 좋았고, 컴퓨터가 있어요. 내 친구는 작은 컴퓨터로 그걸 했죠. 무엇보다 그는 애초에 백만장자였어요. 그는 그냥 내가 말한 게 통하는지 보려고 했어요. 그리고 그는 수학적 사고방식을 지녔어요. 수의 법칙을 알았죠.

마이클 : 당신의 말을 검증하고 싶었던 거군요.

래리 : 그는 실행할 줄 아는 드문 사람 중 하나예요. 아주 뛰어난 운동선수이며 장학생이었고, 다른 사람들이 말만 하는 일을 실행하는 사람이죠.

마이클 : 실망스러운 결과는 어떻게 극복하나요? 운을 경험하지 못한 평범한 사람들은 어떻게 실망스러운 결과를 극복할 수 있을까요?

래리 : 어떤 사람이 있었어요. 억만장자였죠. 그가 나를 점심식사 자리에 초대했어요. 나는 그때 30살이었고, 그 사람은 내 할아버지뻘이었죠. 그는 다른 친구를 통해 나를 만났어요. 그는 전 세계 통신회사를 사들인 다음 나에게 "회사를 사는 건 영화관에 가는 것과 달라"라고 말했어요.

당연히 나는 멍청하게 보이기 싫었습니다. 하지만 영화관에 가는 것과 회사를 사는 게 무슨 관계가 있는지 알 수 없었어요. 그래서 "약간 이해가 안 돼요. 다시 설명해주실 수 있어요?"라고 말했어요.

그는 "영화관에 가면 표를 사고 영화가 끝날 때까지 자리에 앉아 있지. 하지만 나는 회사를 사면 돈을 주기 전에 끝이 어떻게 될지 알아야 해. 우리는 컴퓨터로 데이터베이스를 만들 수 있어. 검증할 수 있지"라고 말했어요.

나는 어떤 일을 하기 전에 수천 번 계산해요. 그러니까 용기가 필요 없어요. 더하기만 알면 돼요. 수학적 능력이 뛰어나지 않아도 추세추종을 할 수 있어요. 다만 더하기와 나누기를 해야 하고, 확률을 구할 줄 알아야 해요. 미적분을 활용하는 사람들과 이야기를 나눠본 적이 있나요?

마이클: 미적분을 추세추종에 활용한다고요? 그런 사람은 없었어요. 물론 일부는 미적분을 할 줄 알죠. 하지만 그건 트레이딩에서 하는 일과 아무 관련이 없어요.

그는 85%의 경우에는 틀렸어요. 그래도 100만 달러를 2,000만 달러로 만들었습니다.

래리: 맞아요. 12살 아이도 필요한 수학을 할 수 있어요. 수학은 평균과 확률 그리고 무엇보다 리스크 관리만 알면 되니까요.

마이클: 그걸로 지금 이 자리까지 오게 된 건가요?

래리: 나는 난독증이 있어요. 게다가 한쪽 눈은 안 보이고 다른 쪽 눈도 거의 안 보여요. 트레이더가 되지 않았다면 실패한 코미디언이나 청소부가 되었을 겁니다.

마이클: 멋진 말이네요. 최고의 추세추종자 중 한 명이 실패한 코미디언이나 청소부가 되었을 거라는 말이요.

래리: 내가 했던 검증에 대해 말해줄게요. 우리 그룹은 10억 달러를 달성한 최초의 전방위 CTA였어요. 당시 나의 동업자인 피터Peter는 우리가 대단한 시스템을 가졌다고 말했어요. 나는 "아냐"라고 말했죠. 그는 "무슨 뜻이야?"라고 물었죠.

알렉스 그레이저만Alex Greyserman은 지금도 나의 좋은 친구이고, 우리는 많은 부동산을 같이 소유하고 있어요. 나는 그에게 "당신이 해줬으면 하는 일이 있어. 우리는 1년에 3,200번의 거래를 해. 난수 생성기를 통해서 무엇을 거래할지, 언제 들어갈지 정하지. 다만 한 가지 무작위로 할 수 없는 건 빠져나올 때야"라고 말했어요.

마이클: 무작위 거래, 무작위 진입, 확정 탈출이군요.

래리 : 맞아요. 그렇게 난수 생성기를 돌렸더니 우리 시스템보다 결과가 더 잘 나왔어요. 그 점이 흥미로웠어요. 나는 비대칭적 레버리지라는 철학을 갖고 있어요. 더 좋은 방법으로는 콜을 매수한다고 해봅시다. 당신은 무엇을 잃을지 정확하게 알아요. 반면 얼마나 벌지는 모르죠. 이는 비대칭적 베팅이에요. 즉 2달러를 잃을 수도 있고, 아마존을 사서 500% 상승할 수도 있어요.

마이클: 그 점에 대해 계속 이야기해보죠. 당신은 알렉스에게 무작위 시스템을 구성하게 했어요. 그 시스템은 당신이 모든 고객에게 홍보하여 10억 달러를 모은 펀드보다 더 나았어요. 당신은 사무실에 앉아 무작위 시스템을 보고 있어요. 당신은 그게 더 낫다는 걸 알아요. 하지만 펀드 운용 업계가 돌아가는 방식 때문에 고객들에게 "이런 무작위 시스템이 있어요"라고 말할 수 없어요. 고객들이 받아들이지 않을 테니까요.

용기가 필요 없어요. 더하기만 알면 돼요.

래리 : 맞아요. 하지만 나는 돈보다 더 나은 걸 배웠어요. 베팅하는 법, 마법 방식의 오류를 배웠죠. 마법 방식은 소액을 잃고 거액을 벌 수 있는 위치로 당신을 이끌어요. 큰돈을 번 사업가들이 그런 위치에 올라섰어요. 그게 게임이에요. 베조스가 바로 그렇게 했죠. 그는 어떤 제품을 시도해보고 통하지 않으면 없애버려요.

마이클 : 모두가 차세대 베조스가 될 수는 없을 겁니다. 그게 핵심이 아니에요. 핵심은 당신이 그의 전략으로 훨씬 나은 삶을 살 수 있다는 거예요.

래리 : 이야기를 하나 하죠. 우리의 친구 중에는 애스펀 아이디어 페스티벌Aspen Ideas Festival에서 만난 부부가 있어요. 그곳은 내가 가본 곳 중에서 똑똑한 청중들이 꾸준히 모이는 유일한 자리예요. 남편은 은퇴한 외과의사였죠. 아내는 큰 교육회사를 운영하고 있었어요. 외과의사들은 기질적으로 까다로운 사람들이에요. 그래서 세심하게 살피는 일을 맡기기 좋죠.

그는 아내를 위해 포트폴리오를 짜줬어요. 그 포트폴리오는 수백만 달러짜리가 되었습니다. 그녀가 미용실에 있을 때, 그곳에 있던 여자들이 코로나 바이러스 때문에 패닉에 빠졌어요. 그들은 모두 주식을 팔 작정이었죠. 그래서 그녀도 금을 제외하고 모두 팔았어요. 그러자 남편은 "내가 당신 돈을 관리해 왔고, 오랫동안 그렇게 해서 당신을 부자로 만들었어. 다시는 돈 관리를 안 할 거야"라고 말했어요. 그녀는 내게 전화를 걸어서 "래리, 금은 어떻게 할까?"라고 물었어요. 나는 "진짜 정답을 알고 싶어? 금을 팔고 아마존을 사"라고 말했어요. 왜 그렇게 말했을까요? 금은 오르거나, 내리거나, 가만히 있는 세 가지밖에 할 줄 몰라요.

당신이 가진 돈의 힘을 키우기 위해 할 수 있는 유일한 일은 물가상승률보다 빨리 불어나게 만드는 겁니다. 수조 달러의 부채를 가진 미국이 계속 세계를 이끌기 위해 할 수 있는 유일한 일은 채무 불이행을 하지 않는 겁니다. 그러기 위해서 할 수 있는 가장 이성적인 일이 뭘까요? 인플레이션으로 상쇄하는 거예요. 그렇게 하면 여전히 리더가 될 수 있어요. 구매력이 돈의 모든 것이에요.

마이클: 이 정치·경제적 처방이 틀리면 당신은 손절매할 수 있어요. 자아는 개입하지 않아요. 당신은 예상한 대로 일이 전개되지 않으면 다른 길로 갈 준비가 되어 있어요.

래리: 항상 그래요. 나는 이 자리를 통해서 내가 구루임을 증명하려는 게 아니에요. 나는 하나의 빛보다 1,000개의 빛이 낫다고 말했어요. 제프 베조스에게는 이길 수 있는 많은 길이 있어요. 금이 이길 수 있는 길은 하나뿐이에요. 바로 물가상승률을 앞지르는 거죠. 하지만 물가상승률을 따라가도 전혀 나아지는 건 없어요.

마이클: 가령 지난 40년 동안 얼마나 많은 사람이 1979년, 1980년의 금값 변동에 영향을 받았을까요? 그들은 항상 같은 일이 일어날 거라고 생각해요. 그래서 금에 집착하는 사람들이 너무 많아요.

나는 숫자를 좋아합니다. 숫자가 있으면 확률을 구할 수 있으니까요.

래리: 차익거래를 잘하는 친구가 있어요. 은값이 높을 때 그와 통화한 적이 있는데, 그는 "은값은 안 내려갈 거야"라고 말했어요. 나는 "그럴 이유가 없는 것 같은데. 어디에 그렇게 적혀 있어?"라고 물었죠. 그는 내게 20가지 근거를 댔어요. 나는 "30일 저가 아래로 떨어졌으니까 분명히 더 내려갈 수 있어"라고 말했어요. 그만큼 내려왔으니까요. 그게 사실이에요.

신고가를 찍지 못하고, 다음 저점이 이전 고점보다 낮으면 하락해요. 시장에 기록되어 있어요. 은값은 신고가를 찍지 못했고, 이후 저점보다 더 내려갔어요. 나는 한쪽 눈으로만 볼 수 있지만, 그래도 그건 볼 수 있어요. 나는 숫자를 좋아합니다. 숫자가 있으면 확률을 구할 수 있으니까요.

비행기 일등석을 타고 가다가 옆자리 승객과 이야기를 나눈 적이 있어요. 그녀는 자신이 뉴욕에 산다고 말했어요. 유대인 고아였는데 전쟁 이후에 뉴욕의 건축업자에게 입양되었다더군요. 그녀는 모든 걸 이겨내고 5억 달러의 재산을 모았어요. 그녀는 "그중 절반은 금을 사서 스위스에 두었어요"라고 말했어요.

사람이 없으면 시장도 없어요.

사람은 무리 동물이에요.

양이나 소처럼 말이죠.

나는 "사방에서 핵폭탄이 터지기 시작하면 스위스까지 어떻게 갈 건가요?"라고 말했어요.

마이클 : 당신이 말하려는 요지는 최악의 시나리오에 대비하라는 거군요. 우리가 일어날 거라고 상상하지 못했던 일들 말이에요.

래리 : 시장의 가장 근본적인 요소는 사람이에요. 사람이 없으면 시장도 없어요. 사람은 무리 동물이에요. 양이나 소처럼 말이죠.

마이클 : "사람은 양이나 소처럼 무리 동물이다"라는 말은 자아에 대한 또 다른 공격이군요. 그렇죠?

래리 : 그냥 사실이 그래요.

마이클 : 오래전에 당신이 내 영화에 출연했을 때 실제로 양 목장에 간 적이 있어요. 양들을 촬영하러 간 거죠. 당신이 말한 것처럼 수백 마리의 양들이 놀랐을 때 한데 모이는 모습을 지켜보고 싶었어요. 영상에는 잘 담기지 않았지만 직접 보니까 놀라웠어요.

래리 : 말도 안 되는 일이 일어나요. 우리 업계의 모든 뛰어난 매니저는 과감하거나 무모하지 않아요. 그들은 리스크를 잘 감수해요. 이야기를 하나 해줄게요. 나의 동업자가 어떤 거래를 했어요. 그는 우

리 변호사의 사무실로 가서는 "이야기할 게 있는데, 그다음에 여기서 뛰어내릴 거야"라고 말했어요. 그가 어떤 거래를 했는데, 그는 가격 폭 안쪽으로 포지션을 잡았고 나는 바깥쪽으로 잡았어요. 나는 집에 가서 아내에게 회사가 파산할지도 모른다고 말해야 했죠. 다행히 나는 그걸 만회했어요.

나는 이민자 동네에서 자랐어요. 3살 때부터 부모님과 조부모님을 부양하는 게 내가 할 일이라는 말을 들었습니다. 그 말에 반박할 수는 없었어요. 아버지가 할머니, 증조할머니, 나의 부자 삼촌을 부양했으니까요. 하지만 가족 모두가 십시일반으로 우리를 도왔어요.

나의 이탈리아 친구들은 모두 집을 샀어요. 거기서 3대가 살았죠. 아버지는 할머니에게 아파트를 사주었어요. 가족을 부양하는 게 외동인 나의 일이었죠. 공부도, 운동도 젬병이었던 나는 부자가 되어야 한다고 생각했어요. 그게 나의 목표였어요. 브루클린에서는 마피아를 콜럼버스 기사단Knights of Columbus, 가톨릭형제회-옮긴이처럼 여겼어요.

마이클 : 좋은 사람들이죠. 그때는 세상이 그렇게 돌아갔어요.

래리 : 맞아요. 공장에서 쓰레기를 치우려면 그걸 처리하는 사람들에게만 맡겨야 했어요. 안 그러면 다시 계단에 버려졌죠. 노조 사람들은 아버지의 일을 아버지만큼 잘 알았어요. 그래서 어떤 사람이 "조지, 문제가 생겼어. 노조원들이 파업을 하려고 해"라고 말했죠. 그들은 아버지가 반드시 공장을 돌려야 하는 시기를 놓치면 안 된다는

걸 알았어요. 그래서 그 사람은 "지금 말해주는 게 나을 것 같아, 조지. 당신은 내 친구잖아. 당신을 항상 좋아했어. 1만 달러면 내가 대신 해결해줄 수 있을 것 같아"라고 말했어요. 아버지가 화를 냈냐고요? 아뇨. 아버지는 내게 "그게 사업을 하는 비용이야"라고 말했어요. 나는 그런 세상에서 자랐어요. 아버지는 범죄자가 아니었어요. 그래도 사업을 하려면 그런 일을 해야 했어요. 나는 무슨 일이 있어도 항상 아버지를 지지하는 게 나의 일이라는 걸 알았어요.

마이클: 나도 노조 이야기를 들려줘야겠군요. 나는 20대 중반에 시카고 시내의 화려한 호텔에서 열린 콘퍼런스에서 보조로 일했어요. 존 헨리가 강연자였죠. 강연 전에 나는 두어 명의 진행자들과 텅 빈 행사장에 있었어요. 우리는 참가자들이 들어오기 전에 행사를 준비하고 있었죠. 누군가가 내게 "마이클, 저기 가서 행사장 측면에 있는 조명들을 켜"라고 말했어요. 그래서 조명을 켜기 위해 갔어요. 그때 어떤 사람이 내게 "조명 스위치 건드리지 마. 노조원만 조명을 켤 수 있어"라고 소리쳤어요. 그때는 멍청한 짓이라고 생각했죠. 지금도 그렇게 생각해요. 하지만 현실은 멍청한 짓이 언제나 일어날 수 있고, 심지어 그게 사업비와 관련되어 있다면 다툴 필요가 없다는 거예요. 그냥 그렇게 해야 해요. 삶의 모든 걸 해결할 수는 없으니까요.

래리: 맞아요. 나는 아버지에게 전화를 걸어서 "문제가 생겼어요. 내가 가진 돈보다 700만 달러나 더 빚을 졌어요"라고 말했어요. 그러

자 아버지는 내게 "아냐, 래리. 그건 네 문제가 아냐. 너한테 돈을 빌려준 사람의 문제야"라고 말했어요.

마이클: 문제를 다른 방식으로 바라봤군요.

래리: 네. 나는 돈을 빌려준 사람을 만나러 갔죠. 채권 트레이더였어요. 그는 내게 거칠게 말하기 시작했어요. 뉴욕 사람들은 다르게 말할 줄 몰라요. 그 사람은 나를 향해 걸어오기 시작했어요. 나는 그를 향해서 "그만해요. 당신은 기껏해야 날 죽이는 게 최선이에요. 그래서 당신이 전혀 무섭지 않아요"라고 말했어요.

마이클: 당신이 죽으면 그 사람은 돈을 못 받죠.

래리: 바로 그렇게 그 사람에게 설명했어요. 당신이 돈을 받는 유일한 길은 내가 다른 사람들을 설득해서 더 많은 돈을 끌어들이는 거라고 말이죠. 그는 똑똑한 사람이었어요. 그래서 잠시 생각하더니 "그렇긴 해요. 이제 어떻게 할 생각이죠?"라고 말했어요. 그때 그의 동업자가 들어오더니 또 거칠게 굴기 시작했어요. 그 채권 트레이더가 동업자에게 "그 문제는 이제 해결되었어"라고 말했어요.

마이클: 그건 사안을 바라보는 방식, 문제를 해결하는 방식에 대한 교훈이네요. 감정을 배제하면 양쪽이 그 시점에서 최선의 지점에

이르도록 해주는 방법이 있어요.

래리: 가끔은 감정이 통할 때가 있어요. 하지만 정말로 압박이 심할 때는 통하지 않아요. 전방위 트레이더는 무엇이든 거래할 수 있어요. 똑똑한 사람이라도 좋은 트레이더가 되려면 감정을 다스려야 해요. 방법론을 따르는 것보다 감정을 다스리는 데 더 나은 방법은 없어요. 그러면 뭘 해야 할지 알 수 있으니까요.

나는 에드 세이코타에게 그걸 배웠어요. 〈킹 비스킷 플라워 아워King Biscuit Flour Hour〉라는 라디오 프로그램 알아요?

마이클: 네. 록밴드들의 음악이 나오는 프로그램이죠.

래리: 맞아요. 나의 사촌이 그걸 만들었어요. 나는 메리 앨버티Mary Alberti라는 여성을 알고 있는데, 와튼Wharton 출신으로 똑똑한 사람이죠. 나는 동업자 때문에, 그리고 앞으로 어떻게 해야 할지 몰라서 우울한 상태였어요. 그녀는 "내 친구한테 이야기해봐요. 에드 세이코타라는 사람이에요"라고 말했어요. 나는 에드 세이코타에게 전화를 걸었어요. 그는 "목요일 오후 2시에 당신들을 만날 수 있어요"라고 말했죠. 나는 〈킹 비스킷 플라워 아워〉 스튜디오로 갔어요. 내 목소리가 잘 들리도록 사촌이 내게 마이크가 설치된 부스를 내어줬어요. 에드 세

방법론을 따르는 것보다 감정을 다스리는 데 더 나은 방법은 없어요.

이코타는 "이 일은 간단해요. 얼마를 잃을 수 있는지 결정하고 추세를 따라가요"라고 말했어요. 나는 그걸 알고 있었어요. 나는 5,000번이 넘는 시뮬레이션을 했거든요. 그는 내가 아는 사실을 말하고 있었죠. 기분이 아주 좋았어요.

마이클: 그는 그런 방면에서 마법을 발휘하죠.

래리: 그는 모든 방면에서 마법을 발휘해요.

마이클: 당신과 나 그리고 에드가 시카고에서 무대에 선 게 2012년일 거예요. 에드는 밴조를 들고 나왔죠. 재미있었어요.

래리: 나는 에드와 이야기하고 난 후 '손절매 기준을 2%로 잡든, 5%로 잡든 아무래도 상관없어. 다만 원칙은 지켜야 해'라고 생각했어요. 그 점에 대해 에드에게 항상 감사해요. 그와 함께하는 건 분명 영광스런 일이었어요.

마이클: 그는 흥미로운 사람들에게서 흥미로운 많은 것을 배웠어요. 내 생각에는 그가 많은 노력을 기울이는 동시에 자신이 배운 걸 다른 사람들에게 돌려주는 것을 재미있어하는 것 같아요.

래리: 나는 이렇게 생각해요. 나는 다음 생일에 80살이 돼요. 어

느 날 99살인 사람의 집에서 점심을 먹었어요. 그는 억만장자였고, 흥미로운 사람이었죠. 서로의 친구가 다리를 놔주었어요. 우리 둘이 같이 있으면 좋은 시간을 보낼 수 있을 거라고 생각한 거죠. 실제로 그랬어요. 아주 즐거웠어요. 그는 흥미로운 일들을 많이 했어요. 그래서 그를 한 클럽으로 다시 초대했고, 그에게서 많은 걸 배울 수 있었어요. 그는 버핏과 버크셔 해서웨이Berkshire Hathaway에 대해 새로운 걸 말해줬어요. 버핏이 왜 버크셔 해서웨이를 샀는지 알아요?

마이클: 그 회사가 자신의 계획들을 실행할 좋은 수단이 될 것이고, 궁극적으로 보험사를 인수하는 게 그 구조에 잘 맞는다고 생각했기 때문인 것 같은데요.

래리: 그는 망해가는 직물회사를 사고 싶지 않았어요. 하지만 버크셔는 장부에 순영업손실, 그러니까 이전에 활용하지 않은 손실이 많았어요. 순영업손실은 세금을 줄이는 데 활용할 수 있어요. 생각해봐요. 합병하면 비과세 수익이 생겨요. 그래서 몇 년 후 그가 직물사업에서 완전히 발을 뺀 게 놀라운 일이 아니었어요. 순영업손실을 활용한 거죠. 나는 그걸 몰랐고, 어디에서도 그런 내용을 읽은 적이 없었어요. 에드 세이코타가 내게 그 사실을 말해줬어요.

다른 짧은 이야기도 해줄게요. 애덤 스미스Adam Smith를 기억해요?

마이클: 《국부론》을 쓴 사람 말인가요?

래리: 아니요. 다른 애덤 스미스예요. 그 사람은 유대인인데, 실명을 드러내고 싶지 않아서 애덤 스미스라는 이름을 썼어요. 그는 공중파 프로그램에서 버핏을 소개했어요.

나는 나이에 비해 젊은 편이지만 이런 생각이 들었어요. '왜 버핏이라는 사람이 말하는 걸 이해할 수 없는 거지? 중요한 걸 말하고 있다는 건 알겠어. 하지만 이해가 안 돼.' 나는 그가 똑똑하다는 걸 알았어요. 그래서 그가 하는 말이 무슨 뜻인지 배우는 게 현명할 것 같았습니다.

나는 버크셔와 협력관계를 맺을 수 없다는 걸 알았죠. 하지만 버크셔는 20년 동안 주식을 사들였어요. 그래서 나는 버핏이 사들인 모든 종목과 그 날짜를 목록으로 만들었어요. 그다음 밸류라인Value Line, 뉴욕에 있는 투자정보회사—옮긴이에 가서 버핏이 사들인 모든 종목에 대한 정보를 구했어요. 나처럼 "그가 뭘 했는지 알아낼 거야"라고 말하는 사람이 3명이나 있었어요.

나는 버핏이 뭘 하는지 알아냈기 때문에 공시되기 전에 그 종목을 사들였어요. 그보다 더 깊이 들어가지는 않았어요. 버핏이 아는 것이 모두 내게 쓸모 있는 건 아니라는 걸 알았으니까요. 내가 내린 결론은 이겁니다. 만약 버핏이 마법처럼 "래리, 내가 아는 모든 걸 당신에게 주겠소"라고 말한다고 가정해봅시다. 그의 지식이 10갤런이라면 내가 가진 양동이는 5갤런에 불과해요. 그가 자신의 모든 지식을 준다 해도 5갤런은 바닥에 흘릴 수밖에 없어요. 그래서 나는 가장 중요하다고 생각하는 것만 받아들여서 활용했어요.

버핏은 투자를 하나의 방정식, 알고리즘으로 봤어요. 그는 세후 현금흐름을 최상단에 두죠. 그리고 주가와 부채를 고려해요. 그의 세후 수익률은 얼마나 되었을까요? 그게 얼마나 오래 지속되었을까요? 기업을 인수할 때는 바로 그렇게 해야 해요. 나는 '이게 그가 부를 쌓은 비법이야'라고 생각했어요. 그렇게 돈이 불어난 거예요.

추세를 따르는 많은 사람이 올바른 추세를 따르지 않아요. 나는 그의 현금흐름이 늘어나는 걸 확인했어요. 그래서 가격보다 현금흐름을 더 많이 살폈어요. 그는 성공을 거두고 있었으니까 나도 계속 같은 방식을 썼어요.

그때 나의 퇴직연금계좌에 돈이 너무 많았어요. 그래서 버크셔 B 주식을 더 매수하고, 그가 계속 주가를 올려주도록 놔뒀어요. 그러다 보니 금액이 수백만 달러로 늘어났죠. 하지만 나는 항상 추세를 추종했어요. 나는 가격 추세만 추종한 게 아니라 현금흐름 추세도 추종했어요. 추종이라고 말했지만 현금흐름을 파악하고, 기업을 부문별로 나눠서 각 부문의 실적과 함께 돈이 어디서 나오고 어디로 가는지 살피는 건 흥미로운 일이에요.

1년에 한 번, 나는 알렉스 그레이저만 대신 다른 사람을 가르쳐요. 아이들은 항상 질문을 해요. 나는 방에 들어가서 〈제프 베조스는 추세추종자다〉라는 당신의 팟캐스트를 튼 다음 "앉아. 오늘은 배우는 게 있을 거야"라고 말해요.

마이클: 나의 팟캐스트를 처음부터 전부 다 들으려면 얼마나 오

래 걸리는지 알아요? 시간을 따져보면 하루 종일 들어도 30일이 걸려요. 8년 후에 돌아보니 분량이 꽤 되더라고요.

래리 : 당신은 똑똑한 사람들을 게스트로 초대해요. 그래서 당신의 팟캐스트를 듣는 건 MBA 과정을 밟는 것과 같아요. 전적으로 금융 이야기만 하는 것도 아니잖아요. 얼마 전에 헬스장에서 실내 자전거를 탄 적이 있어요. 휴대폰은 있었는데 이어폰이 없었어요. 그래서 당신의 팟캐스트를 크게 틀었죠. 내 뒤에 한 여성이 있었는데 그녀에게 "방해가 되나요?"라고 물었어요. 그녀는 "전혀요. 덕분에 어느 때보다 흥미롭게 자전거를 탔어요"라고 말했어요. 그녀는 팟캐스트에 출연한 사람의 말에 흥미를 느낀 모양이었어요. 그래서 "아주 좋은 내용이에요. 이런 걸 들을 기회가 없어요"라고 말했어요. 이건 당신이 당신의 일을 잘하고, 그게 흥미롭기 때문이에요. 그걸 800회나 들으면 세상에 대해 좋은 좋은 공부를 할 수 있어요. 다양한 게스트들이 나오니까요. 심지어 노벨상 수상자들도 있잖아요. 뛰어난 트레이더들도 있고요.

트레이더가 되기 위해 필요한 자질을 갖추는 데서 교훈을 얻을 수 있다고 생각해요. 스스로 터득하는 것, 공부, 실행 같은 것들 말이죠. 당신이 초대한 모든 사람은 뭔가를 알고, 나눌 만한 가치가 있는 지혜와 경험을 갖추고 있어요.

6장

던 캐피털의 45년에 걸친 추세추종 투자 실적 '20%를 잃을 1%의 확률'

마틴 버긴Martin Bergin과 빌 던Bill Dunn

마틴 버긴에 대하여
(Interview 마틴 버긴)

마틴 버긴은 던 캐피털DUNN Capital의 대표이자 오너다. 그는 회사의 모든 주요 업무를 관장한다. 거기에는 리서치와 개발뿐 아니라 운용형 선물 펀드의 포트폴리오를 구성하고 관리하는 일까지 포함된다. 금융과 사업 관리 부문에서 오랜 경력을 쌓은 마틴은 1997년에 회계 시스템 매니저로 던에 합류했으며, 2001년에 부사장 겸 최고재무책임자로 승진했다. 그리고 2007년부터는 대표로 일하고 있다. 2010년에는 경영권 승계 계획이 수립됨에 따라 그에게 회사의 일부 지분이 주어졌으며, 2015년에는 완전히 소유권이 이전되었다.

☑ 마이클의 노트
나는 10대 때 야구를 좋아했다. 실력도 아주 좋았다. 16살 때 나의 야구 감독 중 한 명이 누구인지 아는가? 바로 마틴 버긴이다. 생뚱맞고 잡다한 정보이기는 하지만 말이다.

마이클 코벨(이하 마이클): 당신이 내게 던 캐피털과 빌 던이라는 사람을 소개해주었어요. 그 놀라운 이야기는 내가 알기로 수십 년에 걸쳐 진행되었죠.

마틴 버긴(이하 마틴): 거의 45년이에요. 그게 그렇게 특별한지는 모르겠어요. 세상에는 분명 빌처럼 아무것도 없이 시작했지만, 어떤 구상을 한 후 그걸 발전시켜서 사업을 일으킨 사람들이 있을 겁니다. 그게 아메리칸 드림 아닌가요?

빌은 처음에 미 국방부의 하청업자로 일했어요. 그러다가 어느 날 더 나은 삶의 방식이 있을 거라고 판단했죠. 그는 수학 공식을 활용하여 트레이딩 시스템을 개발하는 걸 구상했어요. 기본적으로 추세추종 시스템이죠. 그는 세상에 이미 그걸 하고 있는 사람들이 있다는 걸 몰랐어요.

그는 이 구상을 발전시켜서 주식을 공부하기 시작했어요. 그러다가 주식의 세계는 적절한 시간 안에 계산하기에는 너무 크다고 판단했어요. 1970년대 초에는 컴퓨터의 성능이 지금과 같지 않았어요. 메인프레임 컴퓨터로 계산해야 했죠. 결국 그는 선물을 배우게 되었어요. 선물시장은 수가 적어서 관리하기가 훨씬 용이했거든요. 당시에는 거래되는 선물시장이 소수였고, 모두 미국에 있었어요. 그래서 그는 자신이 구상한 걸 선물시장에 적용했어요. 그 후의 이야기는 알려진 대로고요.

마이클 : 아주 쉬운 일처럼 말씀하시는군요. 던의 종합 투자 실적을 봤어요. 지난 45년 동안 그런 실적을 낸 사람들이 많다는 말씀인가요?

마틴 : 우리 업계는 그렇지 않을지도 몰라요. 하지만 전 세계의 여러 산업에는 아무것도 없이 시작해서 사업을 개발하고 일으킨 사람들이 있어요.

마이클 : 멋진 이야기네요. 구체적인 이야기로 들어가 보죠. 던의 전략은 언제나 약간의 변동성을 수반했습니다. 사람들은 던의 투자 실적을 보고 "대단하군. 믿을 수 없어"라고 말해요. 그다음에는 "그런데 변동성이나 고점 대비 하락은 잘 모르겠군"이라고 말해요. 일전에 레버리지 활용 측면에서 워런 버핏의 투자 실적을 논의하는 백서를 봤어요. 워런 버핏이 더 높은 변동성을 감수하고 있으며, 이는 그에 대한 일반적인 인식과 거리가 멀다는 내용이었어요. 당신이 보기에 변동성에 대해 너무 부당하게 초점이 맞춰졌나요? 해당 전략뿐 아니라 변동성이 투자 실적에 매우 중요한 이유를 이해하지 못한 채로 말이죠.

마틴 : 부당하다고 말하지는 않겠습니다. 사람들이 이해해야 하는 건 실제로 추세추종을 하려면 손실을 흡수해야 한다는 겁니다. 추세추종의 모든 비결은 시장의 작은 조정을 견뎌낼 수 있어야 한다는

손실을 흡수할 수 있어야 합니다.

겁니다. 그렇다고 실제로 추세가 끝난 건 아니에요. 단지 약간의 휴식을 취할 뿐이죠. 장기적으로 수익을 내려면 그런 나쁜 시기를 견뎌낼 수 있어야 해요. 우리는 실질적인 변동성보다는 돈을 벌기 위해 수용할 수 있는 리스크가 어느 정도인지에 더 초점을 맞춥니다. 빌은 1970년대 초에 한 달 동안 '20% 이상을 잃을 1%의 확률'이라는 리스크 목표를 고수하기로 결정했어요.

그 이면의 생각은 20%를 잃으면 순자산 가치가 줄어든다는 겁니다. 두 번째 달에 다시 20%를 잃으면 그건 초기 순자산 가치의 20%가 아니에요. 새로운 순자산 가치의 20%죠. 우리는 매일 그걸 재조정해요. 하지만 이런 식으로 하면 오랫동안 손실이 나도 돈이 마르지 않아요. 계속 존재할 수 있는 거죠. 전부 날려서 밀려나지 않는 것, 이것이 추세추종의 비결이에요. 우리는 장기적으로 벌어들일 수익을 감안할 때 이를 수용 가능한 리스크라고 간주해요.

마이클 : 20%가 구체적 목표였다고 언급하셨는데요. 당신은 목표를 꾸준하게 지켰어요. 기본적으로 그걸 넘긴 적은 4번밖에 되지 않았습니다. 다만 당신은 초기부터 빌이 계획하고 바랐던 대로 그 목표를 지켰어요.

마틴 : 맞아요. 역사는 트레이딩 시스템을 설계하는 데 필요한 모든 데이터를 제공하죠. 우리는 그 데이터를 정확하게 가공하고, 미래

는 과거와 결코 같지 않을 것임을 아는 상태로 시스템을 정확하게 설계하면 돼요. 그러면 목표가 정해져요. 그 목표를 그대로 맞출지는 알 수 없어요. 하지만 340개월에 걸친 우리의 기록을 보면 20%의 손실을 넘긴 적은 4번이에요. 그러니까 약 1.2%의 경우에 20% 이상의 손실을 낸 거죠. 그건 통계적으로 정규분포 안에 들어가요. 목표를 아주 잘 지킨 거죠. 또한 1970년대 초에는 데이터를 처리하는 데 아주 오랜 시간이 걸리는 천공카드와 컴퓨터를 사용했어요. 그런 점을 감안하면 목표를 맞출 수 있었다는 게 상당히 놀라워요. 요즘은 크게 놀랍지 않아요. 누구나 할 수 있을 거라고 예상하니까요.

마이클: 2013년에도 당신의 투자 실적이 아주 좋았다는 사실을 잊지 말아야겠죠. 우리는 지난 역사에 대한 대화를 하는 게 아니에요. 당신들은 지금까지 살아 숨 쉬면서 여전히 실적을 내고 있어요.

마틴: 투자 방식을 시장과 지금 활용할 수 있는 기술에 계속 맞춰 나가는 게 비결이에요. 추세추종이라는 개념은 복잡하지 않아요. 누구라도 시장 상황을 토대로 언제 롱이나 숏을 잡을지 정하는 시스템을 개발할 수 있어요. 진정한 비결은 포트폴리오 설계와 리스크 관리에 있습니다. 이것이 매니저들을 가르는 핵심 기준이에요. 지난 10년 동안 우리의 리서치도 거기에 초점이 맞춰져 있었어요.

진정한 비결은 포트폴리오 설계와 리스크 관리에 있어요.

마이클: 당신은 시장에 대한 당신의 접근법이 100% 시스템을 따르는 것이며, 절대 어기지 않는다고 자주 주장해요. 그 말에 일부 사람들이 쇠스랑을 들고 줄을 서서 "블랙박스black box, 내부 작동원리를 알 수 없는 시스템-옮긴이, 블랙박스"라고 외치는 게 벌써 보여요. 하지만 현실은 당신이 따르는 절차, 당신이 활용하는 시스템을 모두 인간이 개발했다는 거예요. 컴퓨터는 단지 내부적으로 개발된 전략을 자동화할 수 있도록 해줄 뿐이죠.

마틴: 맞아요. 핵심은 블랙박스를 어떻게 정의하느냐로 귀결됩니다. 블랙박스로 간주할 만한 프로그램들이 있어요. 한쪽에서 데이터를 입력하면 내부에서 처리되어 다른 쪽으로 나오는 거죠. 우리의 경우에는 주문이나 다음 날 시장에서 하고 싶은 일이 블랙박스의 다른 쪽에서 나와요. 우리가 하는 일과 블랙박스가 하는 일에는 차이가 있어요. 우리는 입력되는 데이터를 토대로 어떤 결과가 나올지 알아요. 뒤로 돌아가서 모든 게 예상한 결과로 이어지는지 검증하는 방법이 있어요. 블랙박스의 경우는 데이터가 언제 입력되는지, 다른 쪽에서 어떻게 나올지 알 수 있는 방법이 없어요. 과거에 우리가 거래할 때 활용했던 신경망 시스템과 비슷하죠. 그건 진짜 블랙박스였어요. 시스템에 입력되는 것을 토대로 다른 쪽에서 무엇이 나올지 100% 확신할 수 없었으니까요. 우리는 그렇게 하지 않아요. 우리의 모든 시스템은 정량적 계산을 해요. 우리는 시스템 내에서 일어나는 일을 철저히 통제해요.

마이클: 던 캐피털의 특이한 점 중 하나는 위치예요. 성공한 펀드 매니저들은 대부분 런던, 뉴욕, 도쿄, 싱가포르 같은 대도시에 있어요. 반면 당신들은 대부분의 사람이 예상치 못한 아주 흥미로운 곳에 있잖아요.

마틴: 그건 빌의 공으로 돌릴 수 있는 또 다른 일이에요. 우리가 하는 일을 하기 위해서 특정한 곳에 있을 필요는 없어요. 우리에게 필요한 건 통신과 전기뿐이에요. 이 두 가지가 있는 한, 말 그대로 세상 어디서나 사업을 운용할 수 있어요. 우리는 지속적으로 데이터를 수집해요. 또한 데이터를 처리하기 위해 컴퓨터를 가동합니다. 주문을 넣고 모든 거래를 하려면 통신선도 필요해요.

빌은 따뜻한 곳에서 지내는 게 자신에게 중요하다고 판단했어요. 그래서 플로리다주 스튜어트Stuart로 옮겼어요. 우리는 동해안에 자리 잡고 있어요. 사무실에서 세인트루시에 강St. Lucie River이 보여요. 아름다운 곳이죠. 직원들도 좋아해요. 살기 좋은 도시예요. 조용하고, 우리가 원하는 건 모두 있어요. 빌은 동해안에 있는 따뜻한 곳을 찾았어요. 또 물과 가까우면서도 원할 때 오페라를 볼 수 있을 만큼 문명세계와 가까운 곳을 찾았어요. 우리는 팜비치Palm Beach 북쪽에 있어요. 스튜어트는 빌이 당시에 원했던 모든 걸 갖추었어요. 우리에게도 아주 좋은 곳이에요. 여기서 사는 게 행복해요.

마이클: 당신의 사무실을 방문할 때마다 모두가 차분하다는 인상

을 받아요. 잘나가는 사람들이 사방에서 날뛰고 트레이더들이 고함을 지르는 일이 없어요. 당신과 같은 성공한 펀드의 현실은 그런 모습과 거리가 멀어요.

마틴: 우리는 장기적인 관점에서 사업을 운영해요. 단기적인 만족을 추구하지 않아요. 그 점은 직원들도 마찬가지예요. 우리의 흥미로운 점 중 하나는 직원들이 오래 근무한다는 겁니다. 여기서 일하는 사람들은 서로를 가족처럼 여겨요. 그리고 진정으로 그걸 즐겨요. 그들은 이 지역을 즐기고 팀의 일원이 되었어요. 신규 직원이 우리 회사에 들어왔다가 얼마 안 가 떠나는 일은 드물어요. 우리는 채용 공고를 내지 않고 경험을 통해 채용해요. 어떤 사람을 우연히 알게 되었는데 좋은 인상을 받았고, 팀에 보탬이 될 것 같다는 생각이 들면 영입해요. 나머지 문제는 차차 해결합니다.

마이클: 당신의 사무실로 이력서를 수백 통 보내봐야 소용없다는 이야기인가요?

마틴: 아마 답신을 받기 힘들 겁니다.

마이클: 당신의 추세추종 프로그램이 따르는 핵심 신호는 수십 년 동안 바뀌지 않았을 거라고 확신합니다. 하지만 당신은 최근 몇 년 사이에 상당히 다른 방향으로 나아가고 있는 것 같아요. 핵심은 여전

히 중요하지만 계속 진화한다는 개념에 대해 설명해줄 수 있나요?

마틴: 우리는 2000년대 초반 몇 년 동안 최고의 실적을 올렸고, 15억 달러를 운용했어요. 그런 상황이 매우 행복했고 편안했습니다. 그래서 다소 발전이 지체되었어요. 우리는 보다 특이한 것들, 이전에는 추세추종에 통합하지 않았을 것들을 찾기 시작했어요. 신경망이나 다른 유형의 프로그램들 말이에요. 가령 유전학, 유전체학에 기반한 트레이딩 시스템을 살폈어요. 그 과정에서 우리의 핵심 역량에 대한 초점을 잃었어요. 몇 년 동안 추세추종이나 포트폴리오 개발, 심지어 리스크 관리에 대해 중대한 리서치를 전혀 하지 않았어요.

그러다가 2004년에 리스크 관리에 다시 초점을 맞추고 더 많이 살폈어요. 그 무렵에 상당히 중대한 고점 대비 하락이 나오기 시작했죠. 오래전에 했던 리서치 결과를 적용하는 데 몇 년이 걸렸어요. 그동안 개발하던 것들을 2006년에 실제로 적용했고, 그게 도움이 되었어요. 그때부터 꾸준히 앞으로 나아갔습니다. 우리가 개발하는 것들이 실적을 개선했다는 게 결과로도 나타났어요.

증명은 결과로 하는 거잖아요? 세상 모든 사람에게 리서치 측면에서 당신이 뭘 하고 있는지 안다고 말할 수 있어요. 하지만 실적으로 증명하기 전에는 확인할 수 없어요. 우리는 그걸 해냈다고 생각합니다. 이것이 우리에게 말하는 바는 계속 초점을 유지해야 하고, 꾸준하게 리서치를 해야 한다는 거예요.

당신이 무엇을 하고 있는지, 그걸 하는 이유는 무엇인지 꾸준히 살펴야 해요. 목표는 무엇인지, 무엇을 달성하고 싶은지, 거기에 도움이 되는 것이 있는지 살펴야 해요. 사람들은 갈수록 더 똑똑해지고, 컴퓨터의 성능은 갈수록 더 좋아지고 있어요. 5년 전에는 풀지 못했던 문제를 지금은 풀 수 있어요. 그러니 당면한 사안이 무엇인지, 문제가 무엇인지, 목표가 무엇인지 계속 되짚어봐야 해요. 그렇게 하다 보면 답을 찾을 수 있을지도 모릅니다.

2013년 1월에 그 완벽한 사례가 나와요. 그때 우리는 새로운 리스크 관리 도구를 실행했어요. 예전에는 한 달에 20%를 잃을 1%의 확률을 목표로 삼았죠. 새로운 방법론은 그 목표 수치를 매일 바꾸는 거였어요. 그 이면의 생각은 지난 투자 실적을 보면 상당수 고점 대비 하락이 나왔다는 거였어요. 4년 동안 60%의 고점 대비 하락이 나왔어요. 투자자들이 무서워서 도망갈 만한 수치였습니다. 당시 우리만 추세추종 전략으로 고전하는 게 아니었어요.

그러다가 2008년이 닥쳤고, 모두가 박살났어요. 사람들은 추세추종을 재고하게 되었어요. 하지만 수익률을 줄이지 않고 고점 대비 손실을 줄이는 방법은 무엇일까요? 업계의 많은 사람이 변동성을 낮추었어요. 그래서 큰 폭의 손실이 나지 않았죠. 하지만 그만큼 수익률도 낮았어요. 결국 수익과 손실을 모두 제한한 거죠.

그건 우리의 목표가 아니에요. 우리는 일정한 리스크를 감수한 상태에서 최대한 많은 돈을 벌고 싶어 합니다.

우리는 일정한 리스크를 감수한 상태에서 최대한 많은 돈을 벌기를 원합니다.

우리는 사람들의 생각이나

철학, 정치 또는 다른 무엇도

신경 쓰지 않아요.

우리가 유일하게

신경 쓰는 건 수치예요.

어떻게 수익률을 감소하지 않고 고점 대비 하락률을 완화할 수 있을까요? 그러기 위해서 리스크의 목표 수치를 정하고, 포지션의 상관관계를 살피는 독자적 방법을 활용해야 했어요. 우리는 시장의 변동성을 살핍니다. 이는 모든 리스크 목표 설정에서 표준적인 방법이에요. 다만 우리는 트레이딩 시스템을 고려할 때 수익성 있는 여건인지 아닌지 판단하는 독자적인 계산법도 갖고 있어요.

이것이 핵심 수치예요. 어려운 시기에는 대개 목표 수치를 낮춰요. 한 자릿수로 내려갈 수도 있어요. 그러다가 좋은 시기가 오면 다시 올립니다. 그래도 한 달에 20% 이상 잃을 1%의 확률을 넘기는 적은 없어요. 이것이 최대치예요. 우리의 시뮬레이션에 따르면 앞으로 약 5%의 경우에는 그 수준에 이르게 됩니다. 그 결과, 트레이딩 프로그램의 전반적인 변동성은 38%에서 24% 내지 25%로 줄었어요. 이제 하락 폭은 예전처럼 깊지 않지만, 예상 연간 수익률은 유지합니다. 전체 과정에서 숫자 하나만 바꾸었을 뿐인데 실적에 상당한 영향을 미치게 된 거죠.

마이클: 약간 다른 방향으로 가보죠. 팟캐스트 〈트렌드 팔로잉〉에 대니얼 카너먼을 초대한 적이 있어요. 행동경제학 연구로 노벨 경제학상을 받은 사람이죠. 던 캐피털이 일하는 방식은 지난 10년 동안 모두가 이야기하는 행동경제학을 너무나 환상적으로 적용하는 것 같아요. 당신이 이야기하는 체계적 접근법을 활용하고, 어떤 시스템을 '독실하게' 따르는 것이 교수들이 대학에서 연구한 내용들을 뛰어

나게 활용하고 있는 것처럼 보여요. 당신의 시스템은 자연히 인간적 편향에 대응하도록, 그러니까 사람들 대다수가 하려고 하지 않는 매매에서 수익을 낼 수 있도록 설계된 것 같아요.

마틴: 그게 통하는 이유가 뭐냐고요? 나는 충실한 의견을 제시할 수 있을 만큼 잘 알지 못해요. 다만 말할 수 있는 건 이것입니다. 우리는 사람들의 생각이나 철학, 정치 또는 다른 무엇도 신경 쓰지 않아요. 우리가 유일하게 신경 쓰는 건 수치입니다. 사람들은 항상 내게 불경기가 찾아오면 어떻게 되냐고 묻습니다. 그러면 나는 "모릅니다. 신경 쓰지 않아요"라고 대답합니다. 내가 아는 건 나의 시스템이 그에 따라 조정할 것이고, 우리가 거기서 수익을 낼 수도 있다는 것뿐이에요.

우리의 프로그램이 통하는 데 필요한 유일한 요소는 꾸준한 시장의 움직임이에요. 시장이 한 방향이나 다른 방향으로 꾸준하게 움직이지 않을 때 문제가 생기죠. 중앙은행이나 정부가 시장을 조작하려 할 때 그런 일이 일어나는 경향이 있어요. 이는 지난 3, 4년 동안 우리가 목격한 것이죠.

특히 이처럼 나쁜 여건에서도 우리가 지난해에 올린 실적은 아주 인상적이었어요. 지속적으로 상당한 수익을 올렸거든요. 대부분의 경쟁사들은 그러지 못했어요. 하지만 경쟁사들이 우리보다 잘할 때도 있을 거예요. 그래서 우리의 실적은 장기적으로 대부분의 사람보다 뛰어나지는 않을지 몰라도, 다른 사람보다는 나을 겁니다.

마이클: 내게 추세추종이 너무나 흥미로운 점은 변화에 적응하는 성격에 있어요. 지금까지 우리는 던 캐피털의 지난 40년에 대해 이야기했어요. 이제 CEO로서 미래를 내다보면 분명 마음이 편할 거 같아요. 던 캐피털의 트레이딩 전략이 누구도 예측할 수 없는 미래에 적응할 거라는 사실을 아니까요. 당신은 개인적으로 해외 뉴스에 관심이 있을지 모르지만, 트레이딩의 관점에서 그게 의사결정에 영향을 미치지는 않는 것 같아요.

마틴: 네. 시장은 그 정보를 흡수하여 가격 데이터로 나타낼 것이고, 우리의 시스템은 그걸 받아들일 거니까요. 추세추종은 투자를 위한 예측 시스템이 아니에요. 시장에 반응할 뿐이죠. 우리는 시장을 어디로도 이끌지 않아요. 그저 시장을 따라가면서 추세를 이용할 수 있기를 바랍니다. 아주 단순한 개념이에요. 단순하지 않은 부분은 그걸 해내는 것, 그리고 장기적으로 살아남는 거죠.

추세추종은 예측이 아니라 반응입니다.

마이클: 마찬가지로 흥미로운 것은 회사에 넣은 당신의 자본이 투자자의 자본과 함께 투명하게 공개된다는 거예요.

마틴: 그건 빌의 철학에 따른 거예요. 빌이 이 사업을 시작한 이유는 돈을 버는 더 정직한 길이 있을 거라고 생각했기 때문이에요. 그는 원래 소위 말하는 '벨트웨이의 도적beltway bandit, 연방정부 공사를 많이 수주하는

회사'이었어요. 워싱턴 D.C.를 둘러싼 버지니아주 북부에는 컨설턴트로 정부 돈을 받아먹는 사람들이 많아요. 빌은 고객과 같은 입장에 서는 개념을 고안했어요. 우리는 고객과 같은 상품을, 같은 때에 매매해요. 고객은 돈을 벌 때만 보수를 지불합니다. 그것도 신규 수익에 대해서만 지불해요. 우리가 수익을 내도 수수료 때문에 고객에게 손실이 나면 다른 수수료를 받기 전에 우리가 손실을 메워줘야 해요. 서로에게 윈-윈이죠.

운용형 선물은 아마 세상에서 가장 정직한 투자 상품일 겁니다. 100% 투명성과 완전한 유동성이 제공되기 때문이죠. 우리와 같은 수수료 구조에서는 돈을 벌 때만 고객이 보수를 지불합니다. 운용보수를 부과하는 게 잘못되었다는 말은 아니에요. 한 가지 문제는 보수 구조가 투자자에게 완전하게 공개되지 않거나, 명확하지 않은 거예요. 그런 경우가 아니라면 얼마든지 원하는 대로 사업 방식을 설계할 수 있어요.

어디에 돈을 넣을지는 투자자가 고르고 선택해야 합니다. 또한 투자자에게 정보가 제공되어야 합니다. 거기에는 의문의 여지가 없어요. 모든 단계에서 우리는 항상 "내가 투자자라면 무엇을 기대할까? 어떻게 해야 공정할까?"라고 자문합니다. 우리는 모든 일에서 공정하려고 합니다. 그리고 삶과 일의 모든 측면에서 그런 관점을 취합니다.

빌 던에 대하여
(Interview 마틴 버긴)

마이클 코벨(이하 마이클): 뉴잉글랜드 패트리어츠New England Patriots를 생각하고 있었어요. 빌 벨리칙Bill Belichick이 어떻게 팀을 운영했는지 조금 알거든요. 벨리칙은 내부의 사람을 키우는 걸 좋아해요. 그의 수비 코치와 공격 코치는 밑에서부터 승진해서 올라와요. 그가 은퇴하기로 결심하면 분명 오랫동안 같이 일했던 사람 중 한 명이 패트리어츠를 맡을 거예요. 이는 당신의 상황을 떠올리게 합니다. 당신은 내가 알기로 1997년부터 던에서 일했어요. 빌 던을 처음 만난 건 그보다 훨씬 오래전이겠죠.

마틴 버긴(이하 마틴): 비유가 마음에 드네요. 회사를 키우는 일과 스포츠팀을 키우는 일 사이에는 비슷한 점이 많아요. 말씀하신 게 맞아요. 나는 1997년 9월부터 던에서 일했어요. 그 전에는 버지니아주 비엔나Vienna에 있는 한 회사에서 회계사로 일했죠. 거기는 빌이 플로리다로 옮기기 전에 던 캐피털을 만들고 트레이딩을 시작한 곳이에요.

내가 일했던 회사의 창업자 중 한 명이 빌의 이웃이었어요. 그 회사는 처음 생길 때부터 던 캐피털과 빌에게 서비스를 제공했어요. 그 회사에서 내가 처음 맡은 일은 던 캐피털을 감사하는 것이었어요.

마이클: 빌을 만나고 던 캐피털이 투자사로서 하는 일을 처음 알게 된 것에 대해 이야기해주세요.

마틴: 빌은 억세고 위협적으로 보일 수 있어요. 무릎을 꿇게 만들 만큼 세게 악수를 하죠. 손이 곰처럼 큰 데다가 악력이 엄청나거든요. 나는 감사팀에서 가장 직급이 낮은 직원이었어요. 상급자가 두 명 있었죠. 감사는 특정한 절차를 밟아요. 그래서 누군가가 빌과 함께 절차를 논의해야 했어요. 다른 두 명은 빌이 하찮게 여길 만한 일에 자신들의 시간을 쓰고 싶어 하지 않았어요. 그래서 내가 그 일을 맡게 되었죠.

그렇게 빌과 처음 만나게 되었어요. 나는 그의 사무실로 가서 나를 소개하고 "이 설문지에 대해 설명하려고 합니다"라고 말했어요. 위압감이 들었지만 좋은 경험이었어요. 아마 절대 잊지 못할 겁니다. 빌은 나를 좋게 본 모양이에요. 실제로는 위축되었지만 그런 모습을 보이지 않았거든요. 덕분에 설문지를 잘 작성할 수 있었습니다. 아마 그 감사 업무를 7년 동안 했을 겁니다.

그러다가 회사의 파트너가 되었을 때 빌이 개인적으로 내게 연락했어요. 우리 회사의 직원 중 한 명을 채용하고 싶은데 파트너인 내게 먼저 양해를 구하고 싶다는 거였어요. 나는 그럴 필요가 없고, 오히려 우리 회사의 직원을 채용한다면 큰 영광이라고 말했어요. 그제야 그는 나를 영입하고 싶다고 말하더군요.

당시는 일이 잘 풀리던 시기여서 회사를 그만두는 게 옳은지 확신할 수 없었어요. 그렇게 말하니까 그는 "괜찮아요. 사실 당신이 이런 일을 감당할 수 있을지 모르겠어요. 그래도 일단 와서 이야기해보는 게 어때요?"라고 제안했어요. 그래서 플로리다로 갔고, 약 3초 만에 "좋습니다"라고 대답했어요. 그 후의 이야기는 알려진 대로고요.

마이클: 당신이 감사를 위해 처음으로 그곳에 갔을 때로 돌아가 보죠. 아마 당신은 빌의 회사가 어떤 일을 하는지 몰랐을 겁니다. 그러다가 그가 펀드를 운영한다는 걸 금방 알았겠죠. 뒤이어 그가 활용하는 전략이 무엇인지 깨닫는 순간이 찾아왔을 겁니다. 그때 어떤 감정을 느꼈는지 말씀해주실 수 있나요? 왜냐하면 내가 보기에는 지금도 그것이 현명한 트레이딩 방식이라고 해도, 당신과 같은 방식을 활용하는 사람은 상대적으로 적거든요.

마틴: 우선 내가 어떻게 트레이딩을 하는지 이해해야 합니다. 나는 항상 숫자, 금융, 투자 같은 것에 관심이 있었어요. 내가 회계사가 된 이유는 자연스럽게 숫자와 친해졌고, 그게 대학을 마치고 일자리를 얻는 가장 쉬운 길이었기 때문입니다. 나는 내 돈 중 일부를 투자하고 있었어요. 당시 나는 안다고 생각했지만 실은 알지 못하고 있었고, 세상에는 언제나 나보다 똑똑한 사람들이 있다는 힘든 교훈을

었었어요. 재정적으로 파탄 날 정도는 아니었지만, 많은 돈을 잃었죠. 하지만 아직 젊은 때였고, 투자할 돈이 많지 않았기 때문에 잃은 게 크지는 않았어요.

당신 말이 맞아요. 처음 던 캐피털로 갈 때는 그들이 무슨 일을 하는지 몰랐어요. 하지만 내가 다녔던 이전 회사는 운용형 선물 부문의 많은 CTA를 감사했어요. 나는 현장 업무를 끝낸 후 더 깊이 관여하게 되었어요. 나는 CTA들이 추세추종을 전략으로 삼아 어떤 일을 하는지, 그 시스템적 속성을 잘 이해했어요.

빌이 감탄스러웠던 점은 고객에게 철저하게 초점을 맞춘다는 것이었어요. 그건 자금을 모으기 위한 마케팅 수법이 아니었어요. 그는 회사를 만들 때부터 '투자자와 같이 성공하고 싶어. 그들과 같은 입장에 서고 싶어'라고 생각했어요.

그의 초기 투자자들은 모두 친구, 가족, 동료들이었어요. 그들은 돈을 모아서 "우리는 네가 설계한 걸 믿어. 우리 돈으로 투자해봐"라고 말했고, 그는 그렇게 했어요. 그는 운용보수를 받지 않고 항상 성과보수만 받았어요. 다시 말해서 투자자가 돈을 벌어야 그도 돈을 벌었어요. 우리는 고객이 돈을 벌면 그중 일부를 가져가요. 그다음에 항상 보수 기준을 재설정합니다.

나는 이런 방식이 흥미롭다고 생각해요. 많은 헤지펀드는 해마다 보수 기준을 재설정하거든요. 어떤 헤지펀드가 1년 내내 돈을 잃어서 20%의 손실을 냈다고 해보죠. 그러다가 이듬해 1월에 2%의 수익이 나면 갑자기 보수를 지불해야 해요. 고객은 펀드 운용사에 "내가 작년에 잃은 20%는 어떻게 된 거예요?"라고 따지면 펀드 운용사는 "해마다 보수 기준을 다시 잡습니다. 새롭게 출발하는 거죠"라고 대답해요. 펀드 운용사에게는 편리한 방식이죠.

나는 투자 그리고 사람을 중시하는 것에 대한 빌의 철학을 통해 깨달음을 얻었어요. 또한 그는 직원들을 자신과 동등하게 대해요. 마치 책임을 질 의무는 없는 파트너가 되는 것과 같아요. 우리가 잘해서 번 돈은 모두가 나누거든요. 그런 점들이 빌에게 이끌리게 만들었어요.

마이클: 던은 0~25%의 보수 구조를 갖고 있어요. 운용보수가 없는 대신 25%의 성과보수를 받죠. 돈을 벌지 못하면 보수를 못 받아요.

마틴: 맞아요.

마이클: 다른 회사들도 그렇게 하나요?

마틴: 그렇게 하는 회사는 소수예요. 샬러츠빌Charlottesville에 있는 회사는 아마 0~30%일 거예요. 그들은 우리와 다른 전략을 써요. 보다 단기적이죠. 그래도 비슷한 성과를 내면서 잘하고 있어요.

마이클: 훌륭한 윤리적 원칙을 넘어서 빌이 처음에 그걸 구현하게 만든 요소가 있나요? 전략적 측면에서 "이 방식대로 하면 잘될 거야.

나는 안다고 생각했지만

실은 알지 못했다는

힘든 교훈을 얻었어요.

덤으로 고객들에게도 혜택이 갈 거야"라는 확실한 믿음이 있었을 것 같아요.

마틴: 그 결정이 이루어졌을 때 나는 회사에 없었어요. 그래서 그가 어떤 생각을 했는지에 대해서는 말할 수 없어요. 같이 이야기한 적도 없고요.

마이클: 앞서 말한 대로 그건 40년 전 일이에요. 그걸 도약 삼아 던 캐피털이 40년 동안 이룬 인상적인 성과에 대해 조금 더 자세히 이야기할 수 있을 것 같아요. 그만큼 오랫동안 실적을 낸 사람들이 있나요? 워런 버핏이 그중 한 명이겠네요. 그밖에 다른 사람이 있을까요?

마틴: 우리처럼 30년에 걸쳐 운용 실적을 공개한 회사는 많지 않아요. 그동안 온갖 나쁜 일들이 일어났어요. 우리만큼 오래된 회사들은 있어요. 하지만 대부분 중간에 나쁜 시기를 겪으면 모든 걸 바꿔요.

30년에 걸쳐 운용 실적을 공개한 회사는 많지 않아요.

시스템을 바꾸죠. 그러면 과거의 나쁜 일들은 사라져요. 실적을 새로 집계하니까요. 30년에 걸쳐 핵심 상품의 실적을 유지한 회사가 얼마나 될지 모르겠어요.

마이클: 1984년부터 2016년까지 WMA World Monetary Agriculture 프로그램, 던의 투자 펀드의 월간 실적을 보면 많은 걸 배울 수 있어요. 앞서 말한 대로 그 기간에 일어난 모든 일이 거기에 기록되어 있어요.

마틴: 맞아요. 10년 동안 추세추종으로 좋은 실적을 내고 나쁜 일이 없으면 영원히 그럴 거라고 믿게 되죠. 하지만 반드시 그런 건 아니에요. 매니저가 폭풍우를 견뎌내고 폐허에서 재기를 이루는 모습을 보면 흐뭇해요. 또는 자신의 전략이 오래 지속할 수 있음을 증명하는 것도 그래요. 단지 과거 데이터에 대한 데이터 마이닝을 통해 앞으로 통할 수도 있고, 아닐 수도 있는 트레이딩 모형을 만드는 게 아니라 말이죠. TV에 출연하거나 매체에 기고하는 전문가들은 앞으로 어떤 일이 생길지 몰라요. 누구도 알 수 없어요.

누구에게 투자하고, 누구에게 돈을 믿고 맡기는 게 옳을지 근거 있는 추정을 해야 해요. 우리는 아주 오랜 운용 실적을 갖고 있어요. 또한 시스템을 더욱 개선하기 위해 특히 지난 10년 동안 리서치에 많은 투자를 했어요.

오늘날의 기술은 빌이 회사를 시작하던 때의 기술과 비교하면 놀라운 수준이에요. 그는 지하실에서 천공카드를 썼고, 동네 도서관에 가서 시간제로 메인프레임을 빌려서 시스템을 돌렸어요. 그때에 비하면 오늘날의 기술은 상상할 수 없을 정도로 발전했어요. 즉각적인 데이터, 즉각적인 피드

까다로운 시장에서 어떻게 대처하느냐가 차이를 만들어요.

백, 즉각적인 리스크 모니터링을 제공하잖아요. 이런 것들을 활용해서 시스템을 더욱 개선하지 않는 것은 말도 안 돼요. 우리는 우리가 하는 일을 개선하고, 장기적으로 우리의 운용 실적을 개선하기 위해 꾸준히 노력합니다. 시장에서 좋은 추세가 나올 수도 있고, 아닐 수도 있어요. 좋은 추세장에서는 누구나 돈을 벌어요. 까다로운 시장에서 어떻게 대처하느냐가 차이를 만들어요.

마이클: 기억하는 사람은 알겠지만 2008년은 당신의 트레이딩 스타일이 환상적인 해였어요. 특히 10월은 환상적인 달이었죠. 영화 스타이자 투자 전문가인 벤 스타인Ben Stein은 2008년 10월에 돈을 벌었다면 뭔가를 잘못하는 거라는 유명한 말을 했죠. 당신은 아마 그 말을 듣고 많이 웃었을 것 같아요.

하지만 2008년 이후로 당신의 트레이딩 스타일이 그다지 좋은 성과를 내지 못했다는 말들이 줄곧 나왔어요. 당신은 2012년에 손실을 냈어요. 하지만 그것 말고는 딱히 문제가 없는 것 같아요. 모두가 2008년 이후로 성과가 마이너스로 돌아섰다고 말하지만, 당신의 운용 실적은 그렇지 않아요.

마틴: 그 이유는 아마 우리가 다른 방식으로 투자했기 때문일 겁니다. 우리 업계에서 다른 매니저들이 어떻게 투자하는지 잘 모르죠. 쉬운 환경이 아니었던 건 분명해요. 신용위기 이후로 중앙은행들이 경제를 통제했어요. 그래서 시스템에 기반한 모든 추세추종 전략에

어려운 환경이 되었죠. 반면에 변동성 전략은 아주 좋은 성과를 올렸어요. 중앙은행들이 시장을 보살피면서 특정한 구간 또는 패턴으로 유지했으니까요. 그래서 추세추종과 시스템을 따르는 많은 매니저가 고전했어요. 단기 전략을 쓰는 사람들은 잘나가다가 부진해졌죠. 추세추종 전략을 쓰는 사람들도 그랬어요. 결과적으로 그들은 모두 이 기간에 거의 본전치기를 했어요. 하지만 우리는 상당히 좋은 실적을 올렸죠.

우리는 더 이상 매일 같은 리스크 매개변수 목표를 정하지 않아요. 대신 시장 환경을 측정하는 독자적인 방식을 씁니다. 기회가 있는지 없는지에 대해 시장이 말해주는 것에 따라 포지션의 크기를 결정하죠.

우리는 추세장이 아니면 리스크를 줄입니다. 그러다가 추세가 다시 형성되기 시작하면 시스템이 취하는 리스크를 늘려나가요. 장기적으로 보면 이 방식은 수익성을 줄이지 않고도 전반적으로 변동성을 줄일 수 있습니다. 너무 투자의 성배 같은가요?

사람들은 "던은 너무 변동성이 심하고, 너무 위험해. 수익률은 마음에 들지만 고점 대비 하락을 견디기가 어려워"라고 말해요. 그건 정당한 평가예요. 우리는 모든 투자자와 맞는 회사가 아니에요. 우리가 고점 대비 하락률과 변동성을 25%나 줄이고도 비슷한 성과를 올릴 수 있다면 어떨까요? 그러면 사람들은 "잠깐만, 그건 구미가 당기는데"라고 말하겠죠. 위험조정 수익률을 늘렸을 뿐인데 말이에요.

운용 실적이 아주 좋고, 어떤 시기에는 연 기준으로 25% 이상의 변동성을 적용하다가 자산을 유지하기 위해 변동성을 점차 줄이는 매니저들이 많아요. 그러면 그들은 자산 수집가가 됩니다. 덩치가 아주 커졌고, 운용보수가 성과보수보다 훨씬 의미 있게 되었으니까요. 그래서 변동성을 줄일 수 있고, 그에 따라 과도한 손실과 고점 대비 하락 리스크를 제거할 수 있어요. 그러면 자산을 계속 유지할 수 있죠. 하지만 기대한 만큼보다 성과도 크게 줄어요. 역사적으로는 운용 실적이 좋은 성과를 보여준다고 해도 말이에요. 사람들은 지난 수치를 미래에도 볼 수 있는 건 아니라는 사실을 알아야 해요. 지난 운용 실적은 그들이 맞춘 변동성에 따라 조정해야 합니다. 내가 하려는 건 변동성에 따라 운용 실적을 조정하지 않고 같은 일을 하는 거예요. 2013년 1월에 그런 변화를 단행한 후로 3년 동안 탁월한 성과를 냈어요. 특히 다른 회사들과 비교하면 더욱 그랬어요.

마이클: 변동성 또는 위험조정 변화에 대응하는 방식을 바꾸었다고 말씀하셨는데요. 앞서 말한 대로 회사의 토대로 돌아가 보면 항상 고유한 트레이딩 전략에 대한 다짐이 있었어요. 오늘날의 대형 트레이더들을 보면 분명히 당신의 지적이 정확해요. 누구도 다른 회사의 운용 실적에 대해 당신이 한 말에 반박할 수 없어요. 빌은 지금도 여전히 고유한 철학을 구현하고 있어요. 투자에 관심이 없더라도 당신들이 하는 일을 살피는 건 공부가 돼요. 대부분의 회사는 고객에게 그들이 원한다고 생각하는 것을 주도록 진화했거든요. 그게 당신이 말한 운용보수 상품이죠.

마틴: 맞아요. 그 결정의 이면에 무엇이 있을지 생각해봐요. 우리가 운용하는 자산의 20% 이상은 우리 돈이에요. 우리가 고객에게 제공하는 시스템은 우리의 돈을 투자하기 위해 사용하는 것과 같아요. 우리의 포지션과 고객의 포지션은 같은 시점에 설정됩니다. 우리는 모든 것을 고객과 공유합니다. 모두 같은 가격에 할당받습니다. 우리는 자체 트레이딩으로 많은 돈을 벌어요. 우리도 투자자 중 한 명입니다.

우리는 우리 돈을 투자해서 30%의 수익을 올려요. 거기에 투자자들에게 받은 보수가 더해지죠. 그걸로 일이 잘 안 풀릴 때 운영비를 충당해요. 우리는 여기 앉아서 운용보수를 받는 펀드들을 비판할 수 있어요. 하지만 일부 추세추종 헤지펀드들의 운영비를 생각해보세요. 그들은 100명의 박사 출신을 고용했을 수도 있어요. 그들을 지원하는 행정 직원도 둬야 하고요. 운용보수가 보장되지 않는다면 어떻게 그렇게 할 수 있겠어요. 그들은 스스로 관리가 필요한 거대한 조직을 만들었어요.

전반적으로 금융산업에 관계된 모든 참가자, 그러니까 증권사, 투자자문사, 은행, 트레이딩 플랫폼, 거래소가 그래요. 그들은 돈을 벌 수 있도록 보장되어 있어요. 시스템이 설계된 방식에 따르면 모두가 위험을 감수하지 않고 돈을 벌어요. 그 공식에 포함된 단 하나의 참여자, 바로 투자자만 빼고 말이죠. 던의 철학은 시스템이 이미 투자자에게 불리하게 되어 있는데 우리까지 가세할 필요가 없다는 거예요. 덕분에 투자자가 우리에게 보수에 대해 불평한 적이 한 번도 없습니다.

마이클: 당신의 투자자들은 돈을 벌 때만 보수를 지불하니까요.

마틴: 손실이 나면 투자자들은 당연히 불만을 품죠. 하지만 나도 돈을 벌지 못한다는 걸 알면 그들의 기분이 조금 나아져요. 1년에 20%의 손실이 났는데 정작 손실을 낸 사람에게 대가를 지불해야 한다는 건 받아들이기 힘들죠.

마이클: 화제를 약간 바꿔보겠습니다. 당신들은 100% 시스템을 따릅니다. 오늘 내가 당신의 사무실에 찾아가면 VR 헬멧을 쓰고 화면을 바라보면서 게임하듯 키보드를 두드리는 트레이더들을 볼 수 없을 거예요. 그런 주관적 요소는 당신의 회사를 운영하는 방식이 아니에요.

마틴: 맞아요. 다만 100% 시스템을 따르는 건 아니에요. 일단 어떤 거래를 할지 결정한 후에 컴퓨터 알고리즘을 활용하니까요. 모든 거래는 컴퓨터를 통해 진행됩니다. 하지만 일부 트레이더는 복합적인 방식으로 거래를 해요. 우리는 매일 새로운 포지션을 계산해요. 그다음에 트레이딩팀이 그날 거래를 체결하는 임무를 맡죠.

마이클: 당신 회사에서는 누구도 CNBC 방송을 보지 않더군요. 조 커넌Joe Kernen이나 다른 사람이 어떤 말을 한다고 즉석에서 포지션을 조정하는 일은 없는 거죠? 포지션에 진입하거나 빠져나오거나, 추

가하거나 축소하는 일들 말이에요.

마틴 : 네. 방정식에서 모든 감정은 제거되었어요. 밤새 시스템을 돌리면 우리가 특정 포지션을 잡고 싶어 하는 거래가 나옵니다. 저는 그 포지션을 보고 '완벽한 사례야' 하고 생각하는 때가 많아요. 우리는 2008년에 롱 포지션으로 채권에 투자했어요. 그때부터 2016년 말까지 내내 그 포지션을 보면 '말도 안 돼. 채권이 어디까지 오를 수 있을까? 금리는 제로인데 왜 계속 들고 있는 거지?'라는 생각이 들었어요. 아마 그 포지션으로 2008년 이후로 가장 많은 돈을 벌었을 거예요. 그런데도 나는 청중 앞에 패널로 나가서 "우리가 채권에 롱 포지션을 잡을 거라고 생각한 사람이 있을까요?"라고 말했어요. 사람들은 모두 고개를 저었죠. 나는 "분명히 나는 끔찍한 거래라고 선언했을 겁니다. 하지만 우리는 거기서 돈을 벌었어요"라고 말했어요. 지금은 채권에 롱 포지션을 취하지 않아요.

마이클 : 당연히 우리는 시스템적 추세추종 전략에 대해 이야기하고 있습니다. 하지만 2008년부터 해당 투자를 돕는 채권 전문가들을 두지 않았나요?

마틴 : 아뇨. 모든 것은 순전히 가격 데이터를 토대로 이루어집니다. 매일 시스템에 가격 데이터를 입력해요. 그러면 시스템은 롱으로 갈지, 숏으로 갈지, 얼마나 갈지를 결정해요. 우리는 소위 플러스와

마이너스 사이에서 포지션을 잡습니다. 그 중간의 어디라도 가능해요. 지금 우리는 약간의 숏 포지션을 갖고 있어요. 시스템이 그렇게 하라고 했거든요.

시스템은 롱으로 갈지 숏으로 갈지, 얼마나 갈지 결정해요.

내가 흥미롭게 생각하는 또 다른 점은 많은 전문가가 "CTA들이 돈이 번 이유는 오로지 채권시장이 30년에 걸친 강세장이었기 때문"이라고 말하는 겁니다. 채권으로 성과보수를 받았을 뿐이라는 거죠. 충분히 할 수 있는 주장입니다. 하지만 채권시장이 30년 동안 약세를 보이고 금리가 10년, 20년, 30년 동안 오르면 어떻게 될까요?

우리는 실제로 약세 채권시장을 겪은 소수의 CTA 중 하나입니다. 우리는 그때도 돈을 벌었어요. 사람들은 성과보수 때문이라고 생각하죠. 하지만 우리가 살피는 건 채권 가격입니다. 성과보수는 이미 선물 가격에 포함돼 있어요. 선물 가격은 "3개월 후에 금리가 이 정도일 거야"라는 데 베팅하는 것입니다. 이후 금리는 사람들이 생각한 것보다 더 높거나 낮아지겠죠. 당신이 공매도를 했는데 금리가 높아지면 돈을 벌어요. 반대의 경우도 마찬가지고요. 단순해요.

마이클: 지금 하버드 MBA나 와튼 MBA 과정에 있는 사람들 중에 당신이 말한 걸 이해하는 사람이 얼마나 될까요? 그건 성공적인 고객 비즈니스일 뿐 아니라 돈을 버는 뛰어난 방법이에요. 아주 멋진 개념이기도 하고요.

마틴: 사람들은 너무 많이 생각해요. 특히 금융산업에서는 더 그래요. 그들은 시장을 분석하고 롤 일드roll yield, 상품 선물 투자 시 수익률을 결정하는 중요 변수를 계산하는 법을 배워요. 그리고 그 과정에 대해 너무 많이 생각하죠. 숲에서 나와 나무를 보면서 '잠깐, 내가 하는 일은 인도일에 가격이 어떻게 될지에 대해 베팅하는 것뿐이야. 지금보다 높을까, 낮을까?'라고 생각해야 해요. 우리는 데이터에 기법을 적용해서 가격이 지금보다 높을지, 낮을지 예측합니다. 단순해요.

마이클: 실수를 하면 어떻게 되나요? 돈을 잃고 있다는 것은 당신에게 뭔가를 말해주죠.

마틴: 틀리면 어때요? 시스템은 "좋아, 이제는 롱이 아니라 숏으로 가야 해" 또는 그 반대로 말해요. 우리는 모두 포트폴리오를 관리하면서 어떤 종목을 고르고, 사랑에 빠져서 계속 돈을 잃거나 아무것도 하지 않은 적은 없습니다. 그래도 사람들은 틀렸다는 걸 인정하기 싫어서 포기하지 않아요. 그건 많은 사람에게 어려운 일이에요. 시스템은 틀렸다는 걸 인정하는 데 아무 문제가 없어요. 그냥 "오늘은 이렇게 하는 게 좋겠어. 롱이 더 나아. 어제는 숏이 더 나았지만 말이야"라고 말해요.

마이클: 던 캐피털이 창출한 수익원에서 얻는 또 다른 혜택에 대해 이야기해보죠. 모두가 여전히 다우와 S&P의 동향에 집착해요. 하

지만 던 캐피털의 수익률 흐름을 이런 전형적인 지수에 더하면 마법이 일어나요. 그렇지 않나요?

마틴: 그게 사람들이 운용형 선물에 투자하는 이유예요. 바로 상관관계가 없는 수익원이기 때문이죠. 가령 벤 스타인의 말에 따르면 우리가 명백히 뭔가를 잘못한 2008년에 수익률이 50%였어요. 이는 전반적으로 포트폴리오에 대한 보험이 됩니다. 기억할지 모르겠지만 2008년에 헤지펀드의 인기가 엄청났어요. 일반 투자자들도 헤지펀드에 투자했어요. 모두가 헤지펀드에 투자하고 싶어 했죠. 문제는 신용위기가 발생했을 때 헤지펀드를 통한 이 모든 '대안' 투자가 상관성을 보이기 시작한 겁니다. 결국 모두가 망해버렸죠. 그때 두각을 드러낸 유일한 전략은 운용형 선물 전략이었습니다. 나는 그 이유가 운용형 선물 전략은 롱뿐만 아니라 숏 포지션도 취할 수 있기 때문이라고 생각해요. 숏 포지션을 취하기 위해 추가 자금도 필요하지 않아요.

두 번째로 포트폴리오가 훨씬 더 분산되어 있어요. 주식의 등락에만 베팅하는 게 아니라 채권, 외환, 에너지 시장도 보니까요. 우리의 포트폴리오에는 상품, 금속, 곡물까지 포함됩니다. 이 모든 것에 분산합니다. 우리는 상관관계가 없는 아주 많은 것에 투자합니다. 지리적으로도 분산화를 해요. 전 세계에 걸쳐 거래하니까요. 또한 전략 자체도 다른 거의 모든 투자 전략과 상관관계가 없어요. 채권과는 약간 상관관계가 있지만 크지 않기 때문에 문제가 되지 않아요. 주식과는 아무런 상관관계가 없어요. 사람들은 상관관계가 없다는 것은 반대의 상관관계가 있다고 생각하지만 그렇지 않아요. 주식이 오를 때마다 우리의 수익률이 내려가거나, 그 반대라는 뜻이 아니에요.

역사적으로 말할 수 있는 사실은 주식시장에서 블랙스완에 해당하는 사건이 일어났을 때 운용형 선물이 좋은 성과를 보였다는 겁니다. 장기적으로 시장 전반에 걸쳐 비상관성이 발생해요. 반면 나쁜 사건이 발생한 동안에는 반대의 상관성이 작동해요. 그래서 이 전략이 우리의 포트폴리오에 대한 보험이 되는 겁니다.

마이클: 그래서 가령 S&P 500이 1년에 25% 상승할 때 던의 수익률 역시 30% 상승하면서도 여전히 상관성이 제로일 수 있겠네요.

마틴: 맞아요. 그걸 나는 보험 비용이라고 불러요. S&P와 주식이 하락할 때 돈을 버는 것에 투자하는 건 좋아요. 문제는 S&P와 주식이 상승할 때 돈을 잃고 싶어 하지 않는다는 거죠. 지난 5년 동안 시장은 꾸준히 상승했어요. 그래서 운용형 선물 투자에서 돈을 잃으면 화가 많이 나겠죠. 우리의 시스템은 역사적으로 좋은 시기에도 여전히 S&P와 보조를 맞추거나 그보다 훨씬 나은 수익률을 올릴 수 있음을 증명했어요. 운용 개시 이후 우리의 실적 차트를 보면, 특히 S&P 500과 비교했을 때 솔직히 금융시장에서 가장 놀라운 차트 중 하나라고 생각합니다. 다들 그걸 보면 "이게 어디 차트예요?"라고 물어요.

시스템은 틀렸다는 걸 인정하는 데 아무 문제가 없어요.

나는 모두가 이런 전략으로 투자해야 한다는 걸 사람들에게 이해시키려고 노력하고 있습니다. 장기적으로 돈을 벌기 위해 이런 전략에 투자하는 데 일정한 수준의 자본이 있어야 한다는 생각은 내가 보기에 타당하지 않아요. 그건 또 다른 주제예요.

마이클 : 그 주제를 제시하고 싶어요. 던에게 장기적으로 상당히 중요한 변화였으니까요. 뮤추얼 펀드를 제공하는 건 비교적 새로운 사업이죠?

마틴 : 이전에 하지 않았던 이유는 보수가 보장되지 않아도 괜찮다는 파트너를 찾을 수 없었기 때문이에요. 지금까지 우리를 위해 영업하고 싶다며 찾아온 펀드 판매사들이 많았어요. 문제는 그들이 우리에게 운용보수를 받으라고 요구했다는 거였어요. 그래야 그걸 나눠서 자신들의 비용을 충당할 수 있으니까요. 우리는 계속해서 그런 제안을 거절했습니다.

이제는 펀드나 플랫폼이 비용을 충당하기 위해 수수료를 부과하는 것에 이의가 없어요. 다만 정당하고 타당해야 합니다. 우리는 결국 워싱턴 D.C. 바깥의 볼티모어 지역에 있는 투자 그룹과 제휴했어요. 그들은 이미 판매되고 있는 운용형 선물 펀드를 인수하는 문제에 대해 이야기하려고 우리를 찾아왔어요. 그들은 펀드의 성과에 불만이 있었고, 우리가 맡으면 더 잘할 거라고 생각했어요. 우리는 그 펀드에 대한 책임을 인수했고, 덕분에 뮤추얼 펀드 분야에 더 깊이 참여할 수 있는 길이 열렸죠.

마이클: 2009년 3월로 돌아가 보죠. 당시에 S&P가 어디로 갈지 예측해야 했다면 맞힌 사람이 거의 없었을 겁니다. 앞서 잠깐 암시한 대로 중앙은행의 정책과 제로 금리를 감안할 때, 일대일로 연관성이 있다고 말할 수는 없지만 금리가 6% 수준이었다면 S&P가 지금처럼 올랐을지 심히 의심스러워요. 이렇게 시장이 상승하고 지금 같은 금리가 유지되는 상황은 너무 완벽해요. 다만 어떤 일이 생기면 그 고리가 끊어지고, 시장의 방향이 완전히 바뀔 것처럼 느껴져요. 그러니까 내가 하고 싶은 말은 지난 16년 동안 S&P에서 50%의 고점 대비 하락이 나온 게 두 번이었는데, 세 번째 고점 대비 하락이 나오지 말라는 법이 있냐는 거죠.

마틴: 그 부분에 대해서는 자세히 말하기 어렵지만 그렇게 느끼는 사람이 많을 거라고 생각해요. 그들은 주가가 너무 많이 상승한 걸 불편하게 받아들여요. 하지만 그런 사고 과정에 대한 근거가 있는 사람은 없어요. 너무나 오래 상승했는데 계속 그럴 수는 없다는 것뿐이죠. 내 말은 우리에게는 그런 상황이 좋다는 겁니다. 높은 주가가 불편한 사람들에게서 자산이 많이 유입되니까요.

마이클: S&P가 지금보다 2배로 오를 수도 있어요.

마틴: 맞아요. 내 생각도 그래요. 미국에서 실행되는 정책들을 보

세요. 사람들을 옥죄던 규제가 제거되고 있습니다. 기업들도 자유시장으로 돌아와 가장 잘하는 걸 하게 되었어요. 사람들은 최악의 상황에서도 돈을 벌 방법을 기어이 찾아내요. 세상 어디를 봐도 사람들이 생활비를 벌기 위해 집에서 할 수 있는 사업을 일군 걸 볼 수 있어요. 족쇄를 풀어주고 사람들을 자유롭게 해주면 S&P가 2배 더 오를 수 있어요. 마찬가지로 S&P가 폭락할 수도 있어요. 원하는 대로 어떤 주장이든 할 수 있죠.

마이클 : 그 말은 당신이 가격을 토대로 투자하는 이유를 상기시키네요.

마틴 : 맞아요. 모두가 정보를 토대로 투자하죠. 가격보다 더 많은 정보가 담긴 게 있나요? 시장에 존재하는 모든 정보가 축적된 게 바로 그 숫자예요. 우리는 그걸 보고 투자해요.

마이클 : 나는 당신들의 트레이딩 스타일이 카너만과 트버스키Tversky의 전망 이론prospect theory, 손실과 이익에 다른 태도를 취하는 경향에 대한 이론-옮긴이을 아주 잘 대변하고 있다고 생각해요. 또한 당신들이 활용하는 트레이딩 전략은 우리가 알고 있는 행동금융학에 대해서도 아주 잘 대변해요. 당신들은 시장에 편향들이 존재하니까 올바른 방향으로 가기 위해서 그런 전략을 구축한 것 같습니다.

마틴 : 맞아요. 다른 일부 전략에 대해서도 같은 접근법을 취할 수

있다고 생각해요. 하지만 우리는 아주 오래전으로 거슬러 올라가서도 시간의 시험을 견디는 유일한 전략이 추세추종임을 확인했습니다. 추세추종이 특정한 시기에 가장 좋은 전략이라는 말은 아니에요. 다만 시간이 지남에 따라 항상 신고점을 경신할 것입니다.

마이클: 우리가 서로 알고 지낸 지 오래되었어요. 당신이 빌에게 훈련받고 배운 후 이제 회사를 이끈다는 건 멋진 이야기인 것 같아요.

가격보다 더 많은 정보가 담긴 게 있나요?

마틴: 빌은 아주 많은 측면에서 나의 멘토였어요. 사업, 금융, 추세추종뿐 아니라 인생 전반에 걸쳐서 말이에요. 그는 자유주의, 자유시장, 자본주의에 대한 자신의 관점을 내게 알려줬어요. 시간이 흐르면서 그걸 이해하는 사람들이 늘어났어요. 던에서 일하는 모든 사람이 같은 관점을 가졌다는 말은 아니에요. 우리 회사에는 다양한 사람들이 일해요. 또한 우리 모두는 인재에 관심이 있어요. 기업들은 언제나 최고의 재능, 최고의 자질을 가진 사람, 최고의 인재를 찾아요. 그런 사람들을 모아서 같은 목표를 향해 함께 나아가도록 만드는 거죠. 우리 회사에는 22명의 좋은 사람들이 있어요. 그들 중 한 명만 빠져도 팀으로서의 역량이 줄어들 겁니다.

마이클: 저녁 자리나 회동에서 빌과 잠깐 함께했던 초기의 경험

들이 떠오르네요. 아주 먼 옛날이지만 그 영향은 여전해요. 빌과 함께 있으면 자신감을 심어줄 사람과 함께 있다는 걸 알게 되죠. 오만하게 만드는 게 아니라 영감을 주는 사람 말이에요. 그의 말을 듣다보면 '아, 그렇게 하는 거구나'라는 생각이 들어요. 내게는 아주 큰 배움의 순간이었죠.

마틴: 같이 있으면 바로 편안한 느낌이 들지 않나요? 투자자로서 빌을 만나면 2분 안에 '이 사람들이 뭘 하든 투자해야겠어'라고 생각하게 됩니다. 그는 여전히 우리의 가장 큰 투자자예요.

던 캐피털의 세계
(Interview 마틴 버긴, 제임스 데일리)

제임스 데일리는 던의 CEO다. 그는 전략기획, 사업 운영, 상품 개발, 고객관리, 재무 보고 같은 분야를 책임진다. 그는 2003년에 재무 분석가로 던에 입사하여 2007년에 재무담당 부사장, 2008년에 CFO, 2016년에 CEO로 승진했다.

—

마이클 코벨(이하 마이클): 1970년대로 거슬러 올라가 보면 던 캐피털은 기계적인 트레이더machine trader였습니다. 그런데 언론은 2018년에 그게 새로운 거라고 떠들면서 사람들을 비난했죠. 아주 웃겨요. 기계가 주식시장에 해를 끼친다는 기사를 보면 어떤 생각이 드나요?

마틴 버긴(이하 마틴): 우리는 일단 기계를 정의하는 방식의 차이부터 밝히려고 해요. 우리는 모든 것에서 컴퓨터를 활용해요. 펀드는 완전히 시스템에 따라 운용돼요. 컴퓨터는 데이터를 처리하고, 신호와 주문을 생성하는 데 활용됩니다. 우리는 사실 거래를 실행할 때 딱히 기계를 활용하지 않아요. 대신 우리 트레이더들이 거래를 실행하는 데 도움을 받는 수단으로 알고리즘을 활용하죠.

우리는 모든 것에서 컴퓨터를 활용해요. 펀드는 완전히 시스템에 따라 운용됩니다.

사람들이 기계에 대해 불평할 때 말하는 건 인간이 개입하지 않는 사전 설계된 알고리즘 트레이딩 시스템이에요. 이런 시스템은 가격 데이터에 자동으로 반응하여 매도하거나 매수하도록 되어 있죠. 근래에 주식시장에서 상당한 변동성이 나왔어요. 내 생각에 그 요인 중 하나는 주가가 떨어지기 시작하면 이 시스템들에서 손절매가 나오기 때문인 것 같아요. 그래서 하락세에 매도 물량이 쏟아지면서 상황을 악화시킨 거죠.

또 다른 타당한 주장은 덩치 큰 추세추종 펀드들 때문이라는 겁니다. 그들로 인해 가격이 대규모로 움직이면 매일 표준편차가 바뀝니다. 가령 어느 날은 4.6이었다가 다음 날은 7을 넘기는 거죠. 그러면 주식시장에서 전반적으로 롱 포지션을 들고 있던 많은 추세추종자가 포지션을 바꿔야 해요. 그들이 대량으로 매도 물량을 쏟아내니까 매일 200, 300, 400, 500포인트씩 등락이 나오는 겁니다. 하지만 이건 모두 가설에 불과해요. 실제 요인이 무엇인지는 정확하게 말할 수 없어요. 기계가 주식시장을 망가뜨린다는 생각은 말도 안 돼요. 어떤 의미에서 기계는 시스템을 더욱 효율적으로 만들 수도 있습니다.

기계는 시장을 더욱 효율적으로 만들 수 있습니다.

마이클: 당신은 차별화를 잘했어요. 하지만 기계에 대한 아이디어가 나온 건 40년 전이죠. 사람들은 가령 던 캐피털의 세계에서 기계가 어떤 일을 하는지 제대로 생각하지 않는 것 같아요. 당신의 회사는 운용 자산을 토대로 적절한 비율로 매수하거나 매도하기 위해 현명하다고 생각하는 규칙을 따릅니다. 그걸 투자 절차로 자동화하는 거죠. 기계, 즉 컴퓨터는 그 일에 아주 유용해요. 몇십 년이 지났는데도 여전히 오해가 있다는 건 이상한 일이에요. 요즘은 기계뿐 아니라 추세추종도 비난받아요.

마틴: 보다 중요한 사실은 기계가 의사결정에서 감정을 배제한다는 겁니다. 내 생각에 사람들에게 문제를 초래하는 요인 중 하나는 포지션과 사랑에 빠지는 거예요. 사람들은 시장이 반대로 움직여도 기존 포지션을 유지하고 싶어 합니다. 시장이 말하는 것에 대응하는 게 아니라, 기다리고 기다리다가 막판이 되어서야 패닉에 빠져서 던지는 거죠. 기계에는 패닉 버튼이 없어요. 처음부터 특정한 경계에서 출발해요. 그러다가 변동성이 커지면 포지션을 줄이고 싶어 해요. 리스크가 늘어났으니까요. 이는 리스크를 계산하는 단순한 방식이에요. 리스크를 기대치에 맞추기 위해 포지션을 줄이는 거죠.

주식시장이 오랫동안 강세를 보이는 이런 상황에서 매도를 유발하는 두 번째 요인은 더 이상 롱 포지션을 유지하고 싶지 않은 수준까지 가격이 반대로 움직이기 시작하는 거예요.

우리의 경우, 매도 신호를 발동하는 세 번째 요인은 우리가 리스크를 관리하는 방식입니다. 우리는 시장 여건에 맞춰서 전반적인 리스크 목표를 조정해요. 가령 여러 해에 걸쳐 전개된 추세가 끝나가는 게 보이면 전반적인 리스크를 줄입니다. 이 모든 건 기계 덕분에 가능한 좋은 일이에요. 반면 개인이 감정적으로 결정을 내릴 때는 가능할 수도 있고, 아닐 수도 있죠.

기계는 의사결정에서 감정을 배제합니다.

마이클: 가령 '변동성으로의 회귀'라는 기사에 대해 자세히 말해 줄 수 있나요? 당신의 관점에서는 드물게 듣는 말이었을 겁니다. 당신들은 아주 많은 데이터를 가졌고, 아주 오랫동안 성과를 냈으니까요. 40여 년 동안 상상할 수 있는 모든 시장 환경을 겪었죠.

마틴: 다른 표현도 알려드리죠. 신용위기 이후 '뉴 노멀new normal'로 진입했다는 말들이 나왔어요. 기억하시나요? 내 생각에 우리는 뉴 노멀의 마지막을 본 겁니다. 시장이 단지 과거의 상태로 돌아가는 것뿐이기를 바랍니다. 변동성이 증가하는 건 시장에 좋은 일이에요. 추세추종자라면 말이죠.

마이클: 과거에는 어떠했다는 이야기가 나왔으니 말인데 내 생각에 미래는 언제나 과거와 약간 다를 거예요. 그래도 데이터로 나타나는 시장 여건의 측면에서 당신들은 온갖 상황을 겪었어요. 때로 사람들은 단순해 보이는 생각을 잘 이해하지 못해요. 당신들은 상황이

어떻게 바뀌든 바로 지금 완전하게 대비되어 있다는 생각 말이에요.

변동성이 증가하는 건 시장에 좋은 일이에요.

마틴 : 그건 어느 정도는 맞는 말이에요. 다만 작년2017년에는 그만큼 낮은 변동성을 접한 사람이 없었다는 사실을 기억해야 해요. 주식시장뿐만 아니라 전반적으로 다 그랬어요. 우리가 리스크를 인지하고 변동성을 측정하는 방식을 바꿀 정도였어요.

과거에 우리는 항상 참고기간을 단기로 잡고 현재 변동성을 살폈어요. 시스템 트레이딩에서는 일반적인 방식이죠. 하지만 우리는 두 가지 기준에서 변동성을 바라보기 시작했어요. 즉 장기 변동성과 단기 변동성을 비교하는 겁니다. 그중에서 리스크가 더 큰 것, 변동성이 더 큰 것을 토대로 시스템을 계산했어요. 현재의 시장 환경이 비정상적이라고 생각했으니까요.

얼마나 오래 변동성 지수VIX가 10 아래에 머물고, 계속 하락할까요? 이런 시장 환경에서 거래하다 보면 언젠가는 대가를 치러야 해요. 계속 늘어나는 고무줄 같은 거죠. 우리가 2018년 2월에 목격한 양상도 과거의 양상보다 강도가 세요. 이전에도 이처럼 변동성이 튀는 걸 경험했어요. 하지만 정도가 조금 달라요. 시스템에 기반한 프로그램은 이런 환경에 맞추고 적응하도록 되어 있어요. 하지만 그건 하루아침에 되지는 않아요.

마이클: 다른 한편으로 1987년 10월에도 대단한 움직임이 나왔어요. 당신의 회사는 그때도 잘 헤쳐나갔어요.

마틴: 맞아요. 그때도 비슷한 상황이었어요. 우리는 그 시기를 기준으로 현재 포트폴리오에 대한 스트레스 테스트stress test, 가상의 리스크에 대응하는 능력을 검증하는 것–옮긴이를 해요. 실제로 이런 유형의 시장 움직임에 대해 지난 6개월 동안 스트레스 테스트를 했어요. 그리고 1987년과 비슷한 방식으로 대응했죠. 상당한 수익이 급격하고 빠르게 줄었다가 며칠 안에 회복되었어요. 몇 주가 걸릴 수도 있고, 몇 달이 걸릴 수도 있어요. 절대 회복되지 않거나 계속 줄어들 수도 있고요. 어떻게 될지는 몰라요. 다만 어떤 환경이든 시스템이 그에 따라 조정할 것임을 아니까 괜찮아요.

제임스 데일리(이하 제임스)**:** 무슨 말을 하려는지 알겠어요, 마이클. 작년 이맘 때(2017년 3월), 컨퍼런스에서 만나는 많은 사람 그리고 당신처럼 업계를 살피는 사람들이 이런 질문을 했어요. 금리가 오르는 환경에서 CTA들이 어떤 실적을 낼 것인지에 대한 것이었죠. 30년 동안 금리가 낮게 유지되거나 떨어졌으니까요.

우리는 사실 1974년부터 추세추종 투자를 해왔어요. 그래서 금리 상승기에 대한 실질적이고 실제적인 데이터를 살필 수 있죠. 당신이 말한 대로 우리는 초보 트레이더들이 접하지 못한 다양한 환경을 접했어요. 지난주에 S&P의 주요 고점에서 1985년 이후 10일 기준으로 최대 폭의 고점 대비 최대 하락률이 나왔다는 기사를 읽었어요. 우리는 그때도 거래를 했어요. 그래서 데이터를 갖고 있죠.

마이클: 당시에 금리가 오를 때 던 내부에서는 어떤 일이 있었는지 말해줄 수 있나요?

제임스: 우리는 수익을 냈어요. 채권 부문뿐 아니라 파악하고 활용할 수 있는 다른 모든 부문에서 추세가 나왔어요. 추세는 금리가 오를 때나 내릴 때나 똑같이 발생해요.

추세는 금리가 오를 때나 내릴 때나 똑같이 발생해요.

마틴: 금리가 오르는 양상을 조망하자면, 대부분의 경우는 인플레이션 때문이에요. 인플레이션은 추세추종자의 친구예요. 우리는 거기서 수익을 얻거든요. 금리 상승은 우리가 수익을 얻는 다른 부문에서도 추세를 만들어요. 금리 상승 대 금리 하락과 관련된 또 다른 오해는 금리 하락장에서 추세추종자들이 이월 이익roll carry으로 큰돈을 번다는 거예요. 일부 상황에서는 그게 맞아요. 하지만 이월 자산에 대한 금리는 선물 가격으로 계산돼요. 사람들은 그걸 실제보다 약간 더 복잡하게 말하는 경향이 있어요. 사람들이 하는 건 선물 가격을 놓고 금리가 시장이 예측하는 것만큼 빠르게 오를지 또는 그 반대일지에 베팅하는 것뿐입니다.

지금 금리가 오른다고 가정해봅시다. 하지만 그 속도가 시장이 생각한 만큼 빠르지 않아요. 그러면 채권에 롱 포지션을 잡는 겁니다. 금리가 오르기 때문에 숏 포지션이 맞는 것처럼 보이지만 그렇지 않아요. 실제 금리 대 금리 변동에 대한 시장의 예측을 건 베팅이니까요. 숏 포지션은 금리가 시장의 예측보다 빠르게 오른다고 보는 겁니다. 우리는 채권시장에서 롱 포지션보다 숏 포지션을 덜 잡거나, 그에 대해 덜 확신하는 경향이 있어요. 하지만 역사적으로 보면 롱 포지션일 때처럼 숏 포지션일 때도 돈을 벌었어요. 미래가 어떻게 전개될지는 누구도 몰라요.

마이클 : 당신은 공식적으로 던이 추세추종에 전념한다고 밝혔어요. 추세추종에 경험이 없더라도 던이 40여 년에 걸쳐 상당한 실적을 올린 걸 보면 "왜 추세추종에 전념하는지 알겠어"라고 쉽게 말할 수 있어요. 그래도 여전히 그 이유를 물어야 할까요?

마틴 : 시간의 시험을 견뎌낸 건 시스템 투자법이 유일하니까요. 수백 년 된 데이터를 토대로 추세가 처음부터 발생했고, 이후로도 계속 발생했음을 보여주는 백서들이 있어요. 2008년 이전의 문헌들에서 볼 수 있는 한 가지 주장은 추세추종은 죽었다는 겁니다. 컴퓨터 덕분에 정보를 쉽게 구할 수 있기 때문이죠. 따라서 시장은

추세는 처음부터 발생했고, 계속해서 발생하고 있습니다.

모든 변화나 위기에 맞춰 즉시 조정되므로 추세가 있을 수 없습니다. 즉 항상 구간에 한정된 매매가 이루어진다는 겁니다. 하지만 정보의 반영이 빨라지는 건 시장의 효율성을 높일 뿐입니다. 그렇다고 해서 추세가 발생하지 않는 건 아닙니다. 2008년이 그 완벽한 예였어요. 2008년 이후에도 우리는 계속 좋은 성과를 냈습니다.

이제는 더 이상 추세추종이 죽었다는 말이 나오지 않아요. 사람들은 테일 리스크tail-risk, 예외적 사건에 따른 리스크-옮긴이에 대비하고 비상관적 수익률을 올린다는 점에서 운용형 선물과 추세추종의 가치를 인정하는 것 같아요. 다만 근래의 변동성 때문에 변화가 생길지도 모릅니다. 이전에는 테일 리스크 보호 기능 때문에 주식시장이 하락하면 운용형 선물과 추세추종이 좋은 성과를 낸다는 시각이 있었어요. 하지만 지금은 시장이 하락할 때 우리도 손실을 겪습니다.

모든 추세추종자가 전반적인 시장과 마찬가지로 주식시장에서 롱 포지션을 취했거든요. 사람들은 조정correction, 10~20%의 하락-옮긴이과 되돌림pullback, 5~10%의 하락-옮긴이 그리고 불경기의 차이를 이해하지 못해요. 내 생각에 2018년 2월에 되돌림 또는 조정이 나왔어요. 그때 추세추종자들은 해당 데이터에 대응하여 포트폴리오의 포지션을 재설정했어요.

지금처럼 약세장으로의 전환이 계속되면 추세추종자들은 주식시장에서 숏 포지션을 취할 겁니다. 또한 다른 부문에서 수익이 나게 될 겁니다. 그러면 그들은 해당 시장에서 돈을 벌기 시작할 겁니다. 반면 주식시장에서 롱 포지션만 취하는 투자자들은 언제나 거기에

능숙하게 운용되는

두 개의 비상관적 수익원을 함께 가져가면

위험조정 수익률이 늘어납니다.

머물거나 현금을 들고 있겠죠. 그래서 다른 시장에서 수익을 낼 기회가 없습니다.

마이클: 전 세계적으로 추세추종 포트폴리오의 총자산은 전통적 자산에 비해 작습니다. 추세추종의 상관성에 대해 더 이야기해줄 수 있나요? 그리고 그걸 전통적 자산과 비교하여 왜 모두가 전통적 자산과 상관성이 작은 수익원을 가져야 하는지 설명해줄 수 있나요?

마틴: 그건 간단하게 계산할 수 있어요. 두 개의 비상관적 수익원을 함께 가져가면 위험조정 수익률이 늘어납니다. 우리는 그걸 모든 포트폴리오의 핵심 보유 자산으로 봅니다. 전반적인 환경에서 일상적 투자를 하는 데 있어서 비상관성을 지니기 때문이죠. 또한 상당한 위기 환경에서도 반대의 상관성을 보여줍니다. 2008년은 주식시장이 약세일 때 운용형 선물이 좋은 성과를 낸 근래의 완벽한 사례가 될 겁니다. 우리만 그런 게 아닙니다. 역사적으로 보면 전체 운용형 선물이 좋은 성과를 냈어요. 내 생각에 우리가 다른 수많은 펀드매니저와 다른 점이 하나 있는데, 우리는 보다 높은 연간 변동성에 따라 거래하는 경향이 있어요. 우리는 그걸 VaR(value-at-risk, 최대손실금액) 관점에서 봅니다.

우리가 그렇게 하는 이유는 두 가지입니다. 첫째, 다른 사람들도 포트폴리오에 우리와 같은 전략을 적용할 수 있도록 해줍니다. 그러면 이전만큼 많은 자금을 할당하지 않아도 같은 수익률을 올릴 수 있어요. 핵심은 리스크를 할당하는 데 있죠. 우리는 같은 자본에 대해 2배의 리스크를 제공합니다. 둘째, 우리는 운용보수를 받지 않아요. 그래서 고객에게 돈을 벌어줘야 할 동기를 갖고 있습니다. 거기에 도움을 주는 또 다른 요소는 우리의 자금이 고객의 자금과 동일한 시스템에 들어가 있다는 겁니다. 즉 우리도 고객과 같은 전략으로 투자를 해요. 유일한 차이는 우리의 자금에는 성과보수가 부과되지 않는다는 겁니다. 그런 이유로 상관성은 이런 유형의 전략에 핵심 자산을 할당함으로써 포트폴리오의 가치를 전반적으로 높여줍니다.

사람들은 헤지펀드에 투자하고, 주식시장에서 롱 포지션이나 숏 포지션을 취하고, 사모펀드나 부동산에 투자하면 안전하다고 오해해요. 하지만 위기 환경에서는 이 모두가 결국에는 상관성을 지니게 됩니다. 정상적인 투자 환경에서는 비상관적이지만 상황이 나빠지면 대개 모두가 하락하면서 긴밀한 상관성을 지니죠.

마이클 : 당신들이 상관성을 지니지 않는 이유는 주식이 하락할 때 당연히 롱 포지션만 취하지 않기 때문이죠. 당신들은 주식시장에서 큰 하락세가 나올 때 다른 모든 움직임에서 이득을 취할 수 있어요.

마틴 : 우리는 롱 포지션을 취하는 만큼 쉽게 숏 포지션을 취할 수 있어요. 숏 포지션을 취하기 위해 프리미엄을 지불할 필요도 없어요. 전반적인 투자 전략으로 주식시장에서 숏 포지션을 취하고 싶다면 실제로 비용이 들어요. 반면 우리를 통하면 그럴 필요가 없죠. 우

리는 선물 가격을 조정해요. 롱 포지션을 취하든 숏 포지션을 취하든 비용은 같아요. 수수료를 지불하고, 보유기간이 끝나면 계약을 실행한다는 의미로 예수금만 넣으면 돼요.

마이클: 상관성에 대한 답변에서 제시한 두어 가지 내용을 파헤쳐보죠. 당신은 던에서는 두 가지 수준의 변동성 목표를 추구한다고 언급했어요. 이건 던에서 비교적 새로운 변화인 것으로 알아요. 그렇게 바꾼 지 10년도 되지 않았죠. 지금까지 어떻게 전개되었고, 차이는 무엇인지 설명해줄 수 있나요?

제임스: 과거에는 월 20%라는 정적인 VaR 목표를 추구했어요. 어떤 환경이든 거기에 맞췄죠. 처음 사업을 시작할 때부터 2012년 말까지 그랬어요. 한 달 기준으로 20% 이상을 잃을 확률을 1%로 잡았고, 신뢰 수준이 99%였어요. 실제로 우리는 그 손실 기준을 달성했어요. 아마 실제 수치는 1.14%였을 거예요.

마이클: 내가 접한 금융 데이터 중에서 가장 놀라운 통계 중 하나네요.

제임스: 그동안 오랜 기간에 걸쳐서 컴퓨터의 성능이 지금과 같지 않았다는 걸 고려하면 놀랍죠. 우리는 목표치에 맞추는 일을 잘했어요. 1984년부터 지금까지 우리의 WMA 프로그램에 집계된 기간

이 340개월입니다. 그중에서 20% 한계치를 넘은 경우가 4번일 거예요. 시장 환경이 우리의 트레이딩 스타일과 맞지 않는데 항상 동일한 리스크 목표에 맞추는 게 직관적으로 타당하지 않다고 느껴졌어요. 특히 부채 위기 이후에 정부가 시장에 마구 개입한 시기가 있었어요. 그때는 돈이 되는 추세가 별로 나오지 않았습니다. 시장은 특정 구간에 갇혀서 약하게 들쑥날쑥했죠. 당연히 우리의 신호 강도는 아주 약했죠. 그래도 우리는 시스템에 따라 모든 걸 해야 했습니다. 한 번도 프로그램의 신호를 무시한 적이 없었어요. 그래서 여전히 기존의 리스크 목표에 맞춰야 했어요. '여건이 좋지 않은데 왜 이걸 하고 있지?'라는 생각이 들었지만 말이죠.

동적인 리스크 목표에 대한 구상은 연구개발팀에서 이전에 몇 번 시도했던 거예요. 그러다가 2012년 말 무렵에 마침내 방법을 찾아서 2013년 1월부터 프로그램에 반영했죠. 이제 우리는 시장 여건에 맞춘 VaR 목표를 추구합니다. 월 기준으로 저점은 8%이고, 고점은 20~21%에 걸쳐 있어요. 또한 과거와 달리 지금은 5%의 경우에만 최대 리스크에 맞춥니다. 장기적으로 월 기준 평균 수치는 15%가 되어야 합니다. 우리의 목표는 하락 변동성과 고점 대비 하락률을 줄이는 거예요. 그게 투자자들이 보기에 상당히 나쁜 사건들이니까요.

물론 누구도 그런 사건을 겪고 싶어 하지 않습니다. 모두가 대규모 상승을 원해요. 목표치 조정의 이면에 있는 생각은 단지 나쁜 사건을 겪지 않기 위해 변동성을 줄여야 한다는 게 전부는 아니었어요. 우리는 여전히 투자자들을 위해 수익성과 생산성을 올리고 싶었습니다. 새로운 방식에 따르면 5%의 경우에 최대 리스크를 감수하게 됩니다. 돌이켜 보면 거기까지 가지 않고 2~3년을 보내다가 갑자기 최대치에 도달하는 경우가 있었어요.

가령 2017년 9월이 그랬어요. 그때부터 2018년 1월까지 내내 최대치를 유지했죠. 최대 리스크를 감수하기에는 긴 기간이었어요. 하지만 우리는 당연히 그 기간에 30%가 넘는 상당한 수익률을 올렸어요. 그런 걸 감안하면 타당한 변화였죠.

기준을 낮추는 때도 있어요. 2017년 전반기가 완벽한 예였죠. 그때는 기준을 낮췄는데도 6개월 연속으로 손실을 냈어요. 그래도 해당 기간이 끝날 무렵 연 기준 손실은 5.5%에서 6% 정도였어요. 이 시스템은 잘 돌아가고 있고, 우리는 통계적 유의성을 지닌 데이터를 충분히 확보했어요. 데이터는 시스템이 우리가 기대한 대로 돌아가고 있다고 말해줍니다. 성과는 과거처럼 여전히 뛰어나죠. 덕분에 우리의 위험조정 수익률도 실제로 크게 개선되었어요.

마이클: 그러면 투자자들은 두 가지 방식 중 하나를 선택하게 되겠네요. 지금 얘기한 기관형 접근법이 있고, 여전히 표준 접근법도 있지 않나요?

마틴: 아니에요. 리스크 조정 방식을 전반적으로 적용한 표준 변동성 프로그램이 있어요. 제임스가 방금 설명한 VaR 목표를 추구하는 프로그램이죠. 그것과 우리의 기관형 상품의 유일한 차이는 기관

형 상품은 표준 접근법의 절반만 거래한다는 거예요. 그냥 포지션의 규모를 50%로 줄입니다.

제임스 : 표준 상품의 평균 VaR은 15예요. 장기적으로 환산한 연 변동성은 22%가 되죠. 마틴이 말한 WMA 기관형 상품은 같은 상품이에요. 다만 장기 평균 VaR이 약 7.5이고, 연 변동성은 약 11%예요. 우리는 2013년 1월부터 이런 방식을 사용했어요. 그래서 지금까지 5년에 걸친 실제 트레이딩 데이터를 확보하고 있어요.

마이클 : 빌 던을 비롯한 던 캐피털 대주주들을 보면 조 프라이데이Joe Friday, NBC 드라마에 나오는 형사 캐릭터-옮긴이 접근법이라고 부르고 싶은 게 있어요. 당신들은 당신들이 하는 일을 편하게 여기는 것 같아요. 처음 던 캐피털의 사무실에 갔을 때가 기억나네요. 아주 오래전이죠. 하지만 그곳은 지금도 사람들이 껑충껑충 뛰고 마구 고함치면서 이런저런 일에 대응하는 거래장과는 다를 것 같네요. 그건 하루 종일 정보 과부하에 시달리면서 대다수 사람이 항상 불안한 상태인 세상에서 당신의 접근법이 매우 뛰어난 이유를 말해줘요. 마틴, 당신은 처음에 그 점을 언급했어요. 당신은 계속 정보를 확인하고 싶은 욕구를 억누를 수 있는 것 같아요.

마틴 : 맞아요. 지금은 그 어느 때보다 정보가 많아요. 빅 데이터, 인공지능, 블랙박스 같은 것들 말이죠. 사람들은 이 모든 컴퓨터의 정

가격은 가장 신뢰할 만한 데이터예요.

교한 연산력을 활용하여 정보를 처리해요. 하지만 한 가지는 절대 변하지 않아요. 사람들은 지나치게 복잡한 걸 추구해요. 가격 데이터는 시장에서 확보할 수 있는 모든 정보를 통합해요. 어떤 사람들은 다른 사람들보다 많은 걸 알아요. 하지만 그건 모두 가격 데이터의 일부예요. 우리는 가격에 의존합니다. 물론 리서치를 하죠. 일정한 방식으로 신호를 검증하거나 강화하고, 약간의 선도적 정보 같은 걸 제공하는 데 도움이 되는 주변적 데이터를 살핍니다. 하지만 결론적으로 가격은 당신이 얻을 수 있는 가장 신뢰할 만한 데이터예요. 우리의 시스템이 가격에 크게 의존하는 이유가 거기에 있어요. 우리는 거래하는 모든 시장에서 매일 고점, 저점, 종가를 확인하고 그 정보를 이용하여 우리의 신호를 처리해요.

제임스: 당신이 말한 대로 우리 사무실은 조용해요. 가끔 우리를 찾아오는 잠재고객은 트레이딩룸에 가면 약간 실망해요. 한 명만 컴퓨터 앞에 앉아서 상황을 모니터링하거든요. 실제로 대부분의 거래는 거래량이 많은 밤에 이루어져요. 추세추종의 핵심은 원칙을 따르는 것이고, 그건 그다지 흥분되는 일이 아니에요. 장기적으로 수익률은 흥분을 안길 수 있죠. 하지만 일상적으로는 규칙을 따르는 게 전부예요. 언론의 잡음과 우리의 감각을 공격하는 모든 걸 차단하고 알고리즘에 집중해야 해요. 또한 그게 감정에 휩쓸리지 않는 반복적 과정임을 알아야 합니다. 우리의 투자자들은 대부분 그런 부분이 매

력적이라고 생각하는 것 같아요. 그들은 우리의 방식을 이해하고 있어요.

추세추종의 핵심은 규칙을 따르는 것이고, 그건 그다지 흥분되는 일이 아니에요.

마틴 : 중요한 건 우리가 단기가 아닌 장기로 자금을 운용한다는 겁니다. 역사상 뛰어났던 투자자들은 모두 장기적 관점을 취했어요. 그들 중 일부가 다른 사람들보다 나은 성과를 올린 이유가 있어요. 그들의 고객과 투자자들은 성공적인 투자자가 철학을 바꾸도록 강요하지 않았어요. 누구도 워런 버핏이 10년을 보고 투자를 관리하는 데 이의를 제기하지 않아요. 신참 매니저는 그렇게 할 수 없을 겁니다.

하지만 추세추종에서는 모든 것이 데이터를 중심으로 돌아가요. 데이터는 장기적 접근법이 단기적 접근법보다 낫다고 말해요. 우리는 오랫동안 단기적 추세추종 프로그램을 개발하려고 노력했어요. 기존 프로그램을 개선하기 위해서 말이죠. 하지만 20년, 30년 동안 꾸준히 수익을 내는 프로그램은 보지 못했어요. 그건 우리가 지금도 해결하려고 노력하는 문제예요. 리서치 측면에서 우리가 구상하는 다른 모든 아이디어와 함께 풀어야 할 숙제죠. 그중 일부는 프로그램에서 실행되고, 일부는 막다른 길에 처해 있어요. 그러면 그냥 누군가가 구상한 다음 프로젝트나 아이디어로 넘어가요.

마이클: 마틴, 가격 데이터에 대한 당신의 말은 아주 단순하게 들려요. 하지만 그것에 입각하여 투자에 대한 신념을 갖기 위해서는 아주 많은 것이 필요해요. 그건 다른 사람들이 따라 하기에는 여전히 힘들 수 있어요.

마틴: 어느 정도까지는 단순하죠. 포트폴리오 개발과 리스크 관리 단계로 들어가면 일이 복잡해지기 시작해요. 우리가 다른 많은 회사와 다른 점은 단일하게 추진되는 절차는 단순하지만 전체 패키지는 그렇지 않다는 겁니다. 아주 많은 세부 사항이 거기에 작용해요. 우리의 관점에서도 모든 세부 요소를 논의하려면 몇 주가 걸려요. 물론 그건 대부분 독자적인 것이어서 사람들과 논의하지 않죠.

마이클: 단순하다는 말은 복잡성이 결여되어 있다는 뜻이 아니에요. 그보다는 수천 개의 데이터 원천을 활용하는 게 아니라 가격 데이터를 토대로 결정한다는 단순한 관점을 취한다는 거죠. 많은 사람이 여전히 그 이면에 타당한 복잡성이 있다는 점을 잘 이해하지 못해요.

마틴: 역사적으로 최고의 투자 아이디어들은 언제나 단순했어요. 제임스가 말한 대로 모든 잡음을 차단하고 일정한 시점에 명백해지는 단순한 계산에 이르러야

역사적으로 최고의 투자 아이디어들은 언제나 단순했어요.

해요. 〈빅 쇼트〉에서 사람들은 주인공이 한 일을 돌아보며 '나는 왜 그 생각을 하지 못했지?'라고 생각해요. 하지만 그는 잘못된 거래의 편에 서 있지 않았나요? 너무 일찍 들어간 거죠. 그래도 개념적 측면에서는 전적으로 타당했어요.

마이클: 그건 그렇고, 〈빅 쇼트〉에는 추세추종과 관련된 요소가 없지 않나요? 모두가 한 번의 거래로 큰돈을 벌어요. 많은 사람이 그랬어요. 당신들도 그때 그런 자리에 있었죠. 하지만 그 영화에서 본 기억이 없네요.

제임스: 그게 바로 우리가 얘기하던 겁니다. 추세추종은 한 번에 대박을 내는 이야기만큼 흥미롭지 않아요.

마이클: 2008년 10월 동안 당신들이 올린 성과는 흥미로워요.

제임스: 맞아요. 추세추종자들은 2008년과 2009년 1분기에 큰돈을 벌었어요. 하지만 별로 알려지지 않았죠.

마이클: 당신들의 회사는 오랫동안 성공을 거두었어요. 그동안 당연히 수많은 것을 보고 수많은 다른 접근법에 대해 들었을 겁니다. 추세추종 외에 지난 10년 동안 인기를 얻은 투자 스타일 중에 사람들이 관심을 가져야 할 게 있나요?

마틴: 우리는 2017년에 변동성 전략을 수립했어요. 그 이유는 유럽의 한 투자회사를 인수하면서 대주주인 스테판 윈트너Stefan Wintner를 영입했기 때문입니다. 그는 지금 던에서 일하고 있어요. 그때는 숏 변동성 상품, 특히 변동성이 낮은 환경에서 망하기 쉬운 ETF들이 우려스러운 상황이었어요. 가령 변동성을 13포인트 상승시키는 움직임은 그다지 중대한 게 아니지만 100%가 넘는 상승률에 해당할 수 있습니다. 숏 변동성 포지션에서 변동률이 100% 상승하면 100% 손실입니다. 간단한 계산이에요.

나는 그게 탐욕의 유전자 때문이라고 생각해요. 어떤 사람들은 수익만 보고 위험한 걸 쫓아가요. 가령 벨로시티 셰어즈Velocity Shares는 12개월 동안 10억 달러가 넘는 자금을 모았어요. 하루 만에 그 절반이 날아갔죠. 사람들은 그런 일이 생길 거라는 걸 알았어야 해요. 그런데도 그들은 그런 일이 일어났다는 걸 믿을 수 없다고 말했죠. 낮은 변동성 상품이었느니 어쩌느니 하면서 말이죠. 심지어 펀드의 투자설명서에도 어떤 일이 일어날 수 있는지 나와 있어요. 당신은 앞으로 문제가 될 거라고 보는 다른 게 있냐고 물었죠? 나는 그런 게 있는지 몰라요.

내가 보기에 흥미로운 몇 가지 전략이 있어요. 항상 나는 나중에 던에서 받아들일 수 있는 비상관적 투자 상품을 찾아요. 내가 변동성 상품에 큰 관심을 가졌던 이유가 거기에 있어요. 우리의 변동성 상품은 방향성이 없어요. 그러니까 숏이나 롱으로 정해진 게 아니라 편이 변동성skew volatility 또는 변동성의 변동성에서 나오는 변화를 따라

가죠. 이는 변동성의 2차적, 3차적 요소를 말해요. 내 생각에는 그게 변동성의 방향을 보고 거래하는 것보다 훨씬 흥미로워요. 우리는 변동성이 급등하던 시기에 좋은 성과를 냈어요. 하지만 변동성이 낮거나 줄어든 2017년에도 상당한 돈을 벌었죠. 우리의 변동성 전략으로 어떤 환경에서도 좋은 성과를 낼 수 있다는 걸 증명한 거죠.

내가 항상 찾는 다른 대상은 추세추종에서 파생되었거나, 다른 방법론을 활용하는 단기적 시스템 프로그램이에요. 물론 장기적으로 꾸준한 수익을 올려야 하죠. 그런 게 몇 개 있기는 하지만 구체적으로 제시하지는 않겠습니다.

마이클 : 암호화폐 부문의 진전과 관련하여 나누고 싶은 관점이 있나요?

마틴 : 나는 단정적인 발언을 하지 않아요. 이 주제가 나왔을 때 사람들이 감정적인 반응을 보이는 걸 보면 아주 재미있어요. 대개 "암호화폐는 세상에서 가장 좋은 거예요. 당장 다음 주부터 거래할 겁니다"라는 반응, 아니면 "농담해요? 절대 거래하지 않을 겁니다. 정신 나간 짓이에요"라는 반응이죠. 그건 말도 안 돼요. 시장이 성숙해서 거래할 만한 거래량이 나오고 데이터가 있는데 거래하지 못할 이유가 있나요? 암호화폐는 또 다른 비상관적 통화로서 오로지 포트폴리

우리는 규제를 받고 적절한 거래량이 있는 모든 시장에서 거래할 겁니다.

오를 강화할 겁니다. 그래서 내일이나 다음 달부터라도 거래할 거냐고요? 그건 아니에요. 그래도 시장이 앞으로 계속 커지면 확실하게 우리의 레이더 스크린에 띄워둘 겁니다.

나는 VIX변동성 지수 선물이 세상에 선보였지만 누구도 바로 거래하고 싶어 하지 않던 때를 기억해요. 하지만 지금은 선물 부문에서 가장 큰 시장이 되었죠. 비트코인이나 다른 암호화폐를 거래하지 않겠다고 말할 수는 없어요. 나중에 모든 암호화폐로 선물 바스켓basket이 만들어질지 누가 알아요?

마이클: 방금 추세추종의 정신을 제시했네요. "우리는 변하는 대로 받아들인다. 거래할 수 있고, 거래 요건을 충족하며, 유행하고 있다면 거래하지 못할 이유가 있을까?"라는 거죠.

마틴: 우리는 규제받는 거래소에서 거래되고, 문제없이 거래할 수 있는 적절한 거래량이 있으며, 시스템에 충분한 데이터가 입력된 모든 시장에서 거래할 겁니다. 우리의 기존 포트폴리오와 비상관적이라면 더욱 거래할 만하죠. 그만큼 포트폴리오를 강화하니까요. 포트폴리오에 비상관적 시장을 많이 연계할수록 위험조정 수익률이 개선됩니다.

마이클: 오늘 우리 프로그램에 참여해서 추세추종에 대해 많은 공부가 되는 관점을 제시해줘서 고맙습니다. 나는 사람들이 현실을

이해하는 게 첫 단계라고 생각합니다. 그래야 적절한 때에 잠재적 비즈니스 관계에서 결정을 내릴 수 있죠. 두 분이 이 자리에서 대학식 강의를 해준 것에 대해 감사드립니다. 아마 이만한 강의를 하는 대학이 세상에 많지 않을 겁니다. 관련된 이야기를 하는 교수들이 몇 명 있지만 아직 대다수 대학에서 정규적으로 다루는 내용은 아니죠.

마틴: 우리 업계와 투자 세계 전체에서 가장 중요한 관건은 교육이라는 데 동의합니다. 당신은 추세추종에 기반한 운용형 선물과 그것이 시장에서 지니는 가치에 대해, 무엇보다 투자 세계를 교육하는 데 큰일을 하고 있어요. 앞으로도 계속 애써주세요.

마이클: 나는 금융계에 존재하는 가장 강력한 교육적 훈련은 사업 개시 때부터 던 캐피털의 투자 실적을 월별로 살피는 거라고 생각합니다. 그걸 학기 초에 도표로 정리한 다음 학기 내내 어떻게 그런 실적을 올렸는지 역추적하는 거죠.

제임스: 그러면 분명 추세추종의 핵심을 파악할 수 있을 겁니다.

던 캐피털의 핵심 가치
(Interview 제니 켈람스)

제니 켈람스Jenny Kellams는 던 캐피털의 투자전략부장이다. 그녀는 주로 던의 전략을 패밀리 오피스family office, 부호들의 자산을 관리하는 개인 운용사-옮긴이와 재무상담사에게 홍보하고 보급하는 일을 맡는다. 그녀는 2011년에 던에 합류하기 전에 12년 동안 재무상담사로 증권 업계에서 일했으며, 자신의 투자운용사인 JK 파이낸셜 그룹JK Financial Group을 운영했다.

☑ 마이클의 노트

이 인터뷰는 삶의 무작위적 속성 그리고 언제라도 삶을 바꿀 수 있는 기회와 가능성을 항상 주시하는 일의 중요성을 다시 한번 말해준다.

마이클 코벨(이하 마이클)**:** 어떻게 월가로 들어왔는지부터 이야기해주세요.

제니 켈람스(이하 제니)**:** 아버지가 회계와 금융 쪽에서 활동했어요. 아버지는 인디애나의 농가에서 자랐어요. 부모님은 모두 인디애나 출신이에요. 아버지는 가족 중 처음으로 대학에 들어갔죠. 인디애나대학이요. 나는 수학을 좋아했지만 아버지는 투자를 좋아했어요. 아버지는 제지 업계의 대기업에서 경리부장으로 일했기 때문에 일간 그래프를 구할 수 있었죠. 아버지는 저녁 식사 자리에서 내게 투자와 기본적 분석, 기술적 분석을 활용하는 방법에 대해 이야기해줬어요. 나는 아버지와 주식에 대한 대화를 나누었죠.

마이클: 그때가 몇 살이었나요?

제니: 아주 어렸어요. 아마 10살이 채 되지 않은 때였을 거예요. 아버지의 친구인 그랜트Grant는 메릴린치의 중개인이었어요. 그도 인디애나대학 출신이었죠. 두 사람 모두 후지어Hooiser, 인디애나주 사람들을 가리키는 표현 농구팀의 광팬이었어요. 나는 약간 반항기 있는 아이라서 두 사람을 약 올리려고 듀크Duke를 응원했어요. 그랜트는 우리 집에 농구를 보러 왔고, 두 사람은 주식과 투자에 대해 이야기했죠. 내게 그랜트는 세상에서 가장 멋진 오빠 같

나는 저녁 식사 자리에서 아버지와 주식에 대한 대화를 나누었어요.

았어요. 나는 아주 어릴 때부터 항상 주식중개인이 되고 싶었어요. 옛날에는 그렇게 불렀죠.

어느 날 우리는 투자 설명회에 참석했어요. 엄마와 언니는 쇼핑을 나가고, 나는 아버지와 같이 콘퍼런스에 가서 강연을 들었어요. 샘 스토발Sam Stovall에서 들었던 강연이 생각나요. 온갖 다양한 사람들이 투자에 대해 이야기하는 게 흥미로웠어요. 내가 뭘 하고 싶은지 항상 분명하게 알았다는 게 기억나요. 대학에 갈지에 대해서는 의문의 여지조차 없었어요. 그게 항상 내가 갈 길이었으니까요.

마이클: 여성이 그런 꿈을 품는 게 드문 일이라는 걸 언제 알았나요?

제니: 처음 투자 업계에 들어서려고 했을 때 플로리다주 게인스빌Gainesville에 살고 있었어요. 그때 나의 멘토이던 그랜트는 "이쪽 일을 하고 싶으면 A. G. 에드워즈A. G. Edwards에 들어가"라고 말했어요. 당시 그들은 자기자본 트레이딩 계좌나 대형 트레이딩 계좌가 없었어요. 대학을 졸업한 지 1년이 지났을 때였어요. 1년 동안 아버지를 위해 트레이딩을 했거든요.

나는 게인스빌에 있는 작은 지점에 가서 "재무상담사가 되고 싶습니다. 여기 이력서예요"라고 말했어요. 그랬더니 그들은 비웃으며 나를 내쫓았어요. 22살인가, 23살 때였는데 아마 18살처럼 보였던 모양이에요. 그들은 "넌 누구고 여긴 왜 왔니? 우린 경험 많고, 자격증과 포트폴리오가 있는 사람만 뽑아"라고 말했어요.

나는 집에 가서 그랜트에게 전화를 걸어 "면접도 못 봤어요"라고 말했죠. 그는 마침 인사 담당자의 상사의 상사를 알았나 봐요. 결국 인사 담당자는 내게 연락해서 면접을 보러 오라고 했어요. 윗사람에게 잘 보이고 싶었나 보죠. 나는 그들에게 어떤 일을 하고 싶은지 말했어요. 이번에도 그들은 내가 약간 미쳤다고 생각한 것 같아요. "내게는 인맥이 있고, 그걸 토대로 이렇게 하고 싶어요. 이게 내 계획이에요"라고 말했거든요.

나는 두어 번의 면접을 거친 후에 취직했어요. 아마 그들은 '재무상담사 보조가 되거나 누구 밑에서 일하고 싶은 게 분명해'라고 생각했을 거예요. 하지만 나는 "아니에요. 나는 재무상담사가 될 거예요. 이게 내가 하고 싶은 일이에요"라고 말했어요. 지금 와서 생각해보면 아주 웃겨요. 어리고 미숙할 때는 어떤 일도 할 수 있다고 생각하죠.

마이클: 얼마나 오래 거기서 일했나요?

제니: 거의 3년 동안 일했어요. 그다음에 여러 가지 이유로 독립했어요. 나는 전국에 걸쳐서 나의 사업을 구축하기 시작했어요. 언니는 화이자에서 일했어요. 지금도 일하고 있죠. 언니의 동료들 중 다수가 나를 재무상담사로 고용하기 시작했어요. 그들의 기업연금이나 스톡옵션, 수당 같은 걸 관리했죠. 내가 구축한 고객 기반 중 절반은 화이자 직원이었어요. 나머지 절반은 주로 의사들이었죠. 그게 나의 틈새시장이었어요.

그때부터 8년 동안 독자적으로 사업을 했어요. 우리 회사의 의장이자 오너인 마틴 버긴은 1990년대 말, 2000년대 초부터 알았어요. 그는 나의 멘토였고, 실제로 고객이기도 했어요.

마이클: 마틴과는 어떻게 처음 알게 되었나요?

제니: 마틴은 1990년대 말에 빌 밑에서 일했어요. 그는 워싱턴 D.C. 출신이었고, 회계법인의 파트너로 감사팀에 있었죠. 빌은 그를 영입해서 조용한 플로리다주 스튜어트로 내려오도록 설득했죠. 그의 옆집에 살던 의사는 화이자에서 일하던 언니와 일 관계로 알던 사람이었어요. 그 의사는 "당신도 여기 새로 이사 왔고 마틴도 그래요. 한번 만나봐요. 여기로 막 이사 온 젊은 사람이 많지 않잖아요"라고 말했어요. 그래서 두 사람은 그의 소개로 만나 친구가 되었어요. 뒤이어 언니가 나를 소개했죠. 나는 이미 금융 일을 하고 있었으니까요. 언니는 내게 "이 사람하고 만나서 한번 이야기해봐"라고 말했어요. 나는 많은 경험을 가진 사람을 알 수 있는 기회를 놓치지 않았어요. 도움을 받을 수 있으니까요. 그리고 그는 나의 멘토가 되었죠.

마이클: 빌 던이 투자하는 방식이 많이 다르다는 걸 처음 깨달은 순간이 언제였나요? 나의 경우는 돌이켜 보면 1990년대 초중반에 추세추종 트레이더들에 대한 조사를 하고 있었는데, 당시 아버지가 마틴을 알고 있었어요. 아버지는 노던버지니아에서 의사로 일했고, 마

틴이 회계 일을 해주었죠.

어느 날 아버지는 내게 "마틴이 회계 일을 해주는 어떤 사람이 세계 최고의 트레이더래"라고 말했어요. 나는 "말도 안 돼요. 사실이 아닐 거예요"라고 말했어요. 하지만 투자 실적을 보니까 '잠깐만, 어쩌면 이 사람이 세계 최고의 트레이더일지도 몰라. 투자 실적이 정말 놀라워'라는 생각이 들었죠.

제니 : 나는 빌을 실제로 만나기 전까지는 그런 걸 몰랐어요. 앞서 말한 대로 대학을 졸업한 직후에는 아버지를 위해서 트레이딩을 했어요. 아버지의 오랜 친구 중에 퍼블릭스Publix에서 일하다가 은퇴한 사람이 있었어요. 퍼블릭스가 사실상 사업을 시작할 때부터 임원으로 일했죠. 그는 S&P 500 선물옵션 거래를 했어요. 그는 내가 금융을 전공했고, 약간의 트레이딩을 했다는 걸 알고 있었죠. 그에게는 나름의 투자 전략이 있었어요. 그는 내게 자신의 전략을 보여주면서 도움을 요청했어요. 그는 그걸 다듬어서 책을 쓰고 싶어 했어요. 그때가 2000년대 초였어요.

마이클: 빌은 어떻게 만나게 되었나요?

제니: 마틴을 통해 알게 되었어요. 나는 마틴을 만났을 무렵 선물옵션 트레이딩을 시작했어요. 우리는 두어 해 동안 정말 말도 안 되는 투자 실적을 올렸어요. 수익률이 엄청났죠. 나는 시스템을 토대로

거래하는 방식을 구축하려고 노력했어요. 물론 마틴에게도 그렇게 말했죠. 마틴은 "우리 회사로 와서 빌에게 그걸 설명해보지 않을래? 그가 마음에 들어 하면 같이 뭘 할 수 있을지도 몰라. 방법은 찾아보면 돼"라고 말했어요. 나는 속으로 '좋은데'라고 생각했어요. 빌 던이 누구인지는 전혀 몰랐어요. 다시 말하지만 나는 그때 앳되어 보이는 22살의 여자였으니까요.

마이클: 박사학위가 있고, 엄청난 성과를 올린 사람에게 시스템을 설명하게 되었네요.

제니: 그때는 구글이 없었어요. '빌 던'이라고 입력하기만 하면 정보를 알 수 있는 지금과 달랐어요. 그냥 '나의 금융 멘토인 마틴이 회사로 와서 상사에게 설명해주라고 했어. 좋아, 해보자'라고 생각했지, 다른 정보는 없었어요.

나는 투자 실적을 몇 장의 파워포인트 슬라이드로 정리한 다음 스튜어트로 차를 몰고 갔어요. 빌, 마틴, 피에르가 그 자리에 있었어요. 아마 커트도 있었을 거예요. 거기서 나의 아이디어를 발표했어요. 아주 자랑스러웠죠. 빌은 전체 내용을 듣고 난 후 나를 보며 "내가 들었던 가장 말도 안 되는 생각이야. 넌 제정신이 아니야. 난 그 근처에도 가지 않을 거야. 네가 어떤 리스크를 안을지 알기나 해? 어떻게 네가 아직 돈을 전부 날리지 않았는지 모르겠다. 아직 다 날리지 않았다면 곧 전부 날릴 거야"라고 말했어요.

나는 그의 조언을 받아들였어요. 내가 뭘 하고 있는지 모른다는 걸 깨달은 거죠. 다행히 우리는 시스템을 되돌렸고, 나는 누구의 돈도 잃지 않았어요.

마이클: 빌이 어떤 일을, 어떤 규모로 하는지 처음 알게 된 게 언제죠? 던 사무실에 처음 가면 이상한 걸 느끼게 돼요. 당신은 100층 높이에 유리와 강철로 된 뉴욕시의 빌딩을 예상하는데 플로리다주 스튜어트에는 그런 게 없잖아요.

제니: 그렇죠. 우리는 강가에 있는 아름다운 건물을 소유하고 있어요. 3층에 가면 테이블 위에 "이 버튼을 누르세요"라고 적혀 있는 전화기가 놓여 있어요. 아주 웃기죠. 리셉션 공간이 없어요.

마이클: 1996년에는 더했죠.

제니: 2000년대 초반에 여기 왔을 때가 기억나네요. 이 건물을 보수하기 전이었죠. 나는 두어 해 동안 개인 재무상담사로 일하고 있었는데, 마틴과 이야기를 나누면서 그들의 전략이 얼마나 놀라운지 깨달았어요. 하지만 그 전략에 접근할 길이 없었죠. 그래서 고객의 자금을 할당하지 못했어요. 일반 투자자에게는 제공되지 않았거든요. 고객들에게 제공하려면 나한테 맡긴 돈을 빼서 던으로 바로 가라고 조언하는 수밖에 없었어요.

마이클 : 그들의 전략이 얼마나 놀라운지 알았다고 말했는데요. 이 사람들이 무엇을 하고 있는지 언제 처음 들었나요? 추세추종 트레이딩에 대해 알았나요?

제니 : 아뇨, 전혀 몰랐어요.

추세추종은 세상에서 가장 잘 지켜진 비밀이에요.

마이클 : 나의 경우 추세추종은 완전히 다른 투자 방식이었어요. '믿을 수 없어. 세상이 어떻게 이걸 모를 수가 있지?'라고 생각했어요. 나는 MBA 학위가 있지만 CPA나 CFA 쪽의 배경은 없었어요. 재무상태표를 활용하는 워런 버핏의 접근법은 알았죠. 하지만 추세추종은 완전히 달랐어요. 물론 당신들이 활용하는 추세추종 시스템에는 탁월한 요소가 많이 들어가 있어요. 하지만 내 생각에는 그걸 지키는 규율에 더 큰 탁월성이 있어요.

제니 : 내 생각도 그래요. 추세추종은 세상에서 가장 잘 지켜진 비밀이에요. 하지만 사람들에게 그게 얼마나 대단한지 말해주려고 해도 잘 안 돼요. 주류 투자 방식과 너무 달라서 설명하기 어려워요.

나는 처음 추세추종에 대해 듣고 '어떻게 나의 투자 방식에 반영할 수 있을까?'라고 생각했어요. 내가 배운 투자법과는 완전히 달랐거든요. 내가 배운 방식은 저평가된 걸 사라는 거였어요. 예측을 하는 거죠. 재무상담사로서 가장 중요한 일은 사람들의 감정을 관리하고, 그들이 힘든 시기에 올바른 결정을 하도록 도와주는 거예요. 추세추종은 그런 측면을 배제해요. 놀라운 일이죠. 추세추종은 아주 큰 평온함을 줘요. 우리의 시스템에는 감정적인 측면이 없으니까요. 우리는 예측하려고 애쓰지 않아요. 단지 여러 시장에 걸쳐서 상승하거나 하락하는 추세를 파악하기만 하면 돼요.

마이클 : 우리는 우리가 이야기하는 많은 것이 일반인에게 어떻게 들릴지 생각하지 않아요. 우리가 "예측하지 않는다"라고 하면 많은 사람은 더 이상 주의를 기울이지 않아요. 그들은 수정 구슬을 가졌거나, 특정한 교육을 받았거나, 특정한 재능이 있으면 자신들이 보지 못하는 것을 볼 수 있다는 생각에 완전히 꽂혀 있거든요. 당신은 어떻게 사람들이 미래를 예측하려는 태도에서 미래에 일어날 일에 대응한다는 태도로 바꾸도록 만드나요?

제니 : 맞아요. 사람들은 자신들이 이해할 수 있는 것, 쉬운 것, 예측할 수 있는 것을 좋아해요. 통제를 좋아하죠. 항상 수정 구슬을 찾아요. 남보다 앞서갈 수 있는 유리한 수단을 갖고 싶어 하거든요. 하지만 우리는 필요한 건 오로지 가격 데이터뿐이라고 말해요.

마이클 : 일반인들은 '〈월스트리트저널〉과 IBD를 보면서 온갖 수치와 데이터, 분석 방식을 공부할 거야. 올바른 1,000개의 데이터만

우리는 예측하려고 애쓰지 않아요.

단지 여러 시장에 걸쳐서 상승하거나

하락하는 추세를 파악하기만 하면 돼요.

확보하면 미래를 예측할 수 있어'라고 생각해요. 가격에 모든 게 들어 있다는 말은 어떤 의미인가요?

제니 : 추세추종자는 예측하려고 애쓰지 않아요. 중장기 추세를 파악하고 거기서 이득을 보려고 하죠. 궁극적으로 필요한 유일한 데이터는 가격이에요. 이미 모든 정보가 거기에 들어 있으니까요.

콘퍼런스에 가면 중국의 돼지가 어떠니, 돈육 수요가 어떠니 하는 이야기를 들어요. 콘퍼런스마다 그런 말을 하는 애널리스트와 전문가들이 있죠. 나는 〈CNBC〉 방송을 들었어요. 재무상담사들이 그걸 들었거든요. 그래서 나도 그들과 같은 걸 들으려고 했어요. 하지만 거기 나오는 모든 내용은 이런저런 자산에 대한 이야기나 확신에 대한 거예요. 하지만 우리에게는 1984년부터 실제 트레이딩을 통해 검증된 시스템이 있어요. 사람들은 "그 시스템이 통한다는 걸 어떻게 알아?"라고 말하죠. 그런 말을 들으면 답답해요. 세상에는 좋은 성과를 올린 수많은 포트폴리오 매니저가 있어요. 하지만 누구도 항상 정확하게 예측할 수 없어요. 그건 불가능해요. 누구도 미래를 볼 수 없으니까요.

마이클 : 앞서 1984년을 언급했는데요. 그때 당신들이 유명세를 얻는 계기가 된 WMA 프로그램을 도입했죠. 하지만 실제 던의 투자 기록은 그보다 10여 년 전으로 거슬러 올라가지 않나요?

제니: 1974년부터 시작했으니까 45년 되었죠.

마이클: 정말 대단해요. 미국에서 그만큼 오래 지속된 투자 기록을 가진 투자 회사가 몇 개나 될까요? 매수 후 보유 전략을 쓰는 뮤추얼 펀드도 아닌데 말이죠. 워런 버핏이 그런 사람 중 하나죠. 그는 오랫동안 투자를 해왔어요. 던도 오랫동안 투자 업계에 있었어요. 분명 내가 모르는 다른 이름들도 있을 겁니다. 하지만 그만큼 오래한 투자회사는 드물 거예요. 그렇지 않나요?

제니: 맞아요. 별로 없어요.

마이클: 처음 빌 던을 만났을 때 무게감 같은 게 느껴졌나요?

제니: 두어 가지 아주 좋은 기억들이 있어요. 그중에서 당신이 아주 좋아할 만한 이야기를 들려줄게요. 그 이야기를 듣는 사람들은 모두 대단하다고 생각하거든요. 특히 당신이 이야기한 무게감을 이해한다면 더욱 그럴 거예요.

나는 2000년에 사업을 시작해서 8년 동안 혼자 일했어요. 마틴은 항상 나의 멘토가 되어주었죠. 나는 줄곧 그와 연락하면서 지냈어요. 나는 혼자 일하는 것, 사업가가 되는 것, 나만의 일을 하는 게 좋았어요. 그만둘 생각이 전혀 없었죠.

2010년 말에 마틴이 내게 전화를 걸었어요. 나는 이탈리아에서 멋진 여행을 하고 돌아온 터라 그 이야기를 하고 싶었죠. 그런데 마틴은 "내가 빌의 후계자가 되었어. 나중에 회사를 인수할 거야. 우리 사업을 발전시키도록 네가 도와줬으면 좋겠어"라고 말했어요. 나는 그 말을 듣고 웃었어요. 그게 엄청난 일이라는 걸 알았지만 나는 충분한 자유와 여유를 누리고 있었어요. 그 경로를 벗어나고 싶은 생각이 없었어요.

하지만 마틴은 몇 달 후에 싹틀 씨앗을 내 마음속에 심어놓았어요. 결국 나는 그에게 전화를 걸어서 "만나서 이야기해요. 최소한 어떤 내용인지는 알아야겠어요"라고 말했어요. 그래서 나는 스튜어트로 가서 많은 사람을 만났어요. 하지만 그때는 빌을 만나지 못했어요. 이후 마틴은 "다시 와서 빌을 만나야 해"라고 말했어요. 그 무렵 나는 던과 빌에 대해 많은 걸 알게 되었어요. 그가 전설적인 인물이라는 걸 알고 나니까 긴장되더라고요. 나는 "마틴, 빌과 만나려면 뭘 준비해야 해요? 나는 더 이상 선물 전략을 들고 찾아간 순진한 23살짜리가 아니에요"라고 말했어요. 그는 "나도 모르겠어. 네가 스스로 알아내"라고 말했어요. 나는 궁리 끝에 빌의 시스템을 따르지 않고 나에게 투자했을 때 수익성이 어떻게 달라지는지 도표를 만들었어요.

나는 빌이 자금을 전부 자신의 시스템으로 운용한다고 생각했어요. 그만큼 자신의 시스템을 믿었으니까요. 그래서 나에게 투자하면 수익률이 어떻게 되고, 이 사업이 어떻게 커질 수 있는지 보여주는 게 최고의 접근

아무도 항상 정확하게 예측할 수 없어요.

법이라고 생각했어요. 그리고 그걸 실행에 옮겼어요. 나는 던을 다시 찾아갔어요. 빌 던 앞에서 바보처럼 보이지 않기를 바라고 기도하면서 말이죠. 나는 일이 성사되는 데는 다 이유가 있다는 걸 알고 있었죠. 일자리를 얻지 못한다고 해도 괜찮았어요. 하지만 창피를 당하고 싶지 않았어요.

나는 던으로 찾아가 빌의 사무실에서 그를 만났어요. 우리는 나의 배경에 대해 약간 이야기를 나누었어요. 그다음 그에게 도표를 보여줬어요. 나는 리서치 부서에 있지 않았고, 박사학위도 없었어요. 그래도 엑셀의 기본을 알았고, 수학을 꽤 잘했어요. 나는 빌에게 도표를 설명했어요. 그러자 그는 "아냐, 이 수치는 정확하지 않아"라고 말했어요. 나는 머릿속으로 '이론물리학 박사학위를 가진 사람이 어떻게 이걸 이해하지 못하지? 단순하잖아'라고 생각했어요. 그래서 다시 설명했더니 빌은 또 "아냐, 수치가 틀렸어"라고 말했어요. 나는 '그럴 리가 없어. 이 도표는 정확해'라고 생각했어요. 그는 세 번째 설명한 후에야 "맞군. 진행해도 돼"라고 말했어요. 그때 나는 그가 나를 시험했다는 걸 알았어요. 그는 내가 논지를 지킬 수 있는지, 내가 한 일에 대한 확신을 유지하는지, 자신이 나를 흔들 수 있는지 알고 싶어 했어요.

면담이 끝난 후 그는 "점심 먹으러 가지. 내가 제일 좋아하는 콩키 조스Conky Joe's로 갈 거야"라고 말했어요. 우리는 주차장으로 내려가 그의 작은 2인승 포르셰에 탔어요. 그는 "먼저 소라 튀김을 먹은 다음에 소라 죽을 먹어야 해"라고 말했어요. 나는 해산물을 좋아했지만 소라는 싫었어요. 물론 소라 튀김과 소라 죽을 먹고 좋아하는 척했죠. 그래도 점심식사 자리는 아주 좋았어요. 나는 사무실로 돌아와서 마틴에게 "빌은 정말 좋은 분이에요. 하지만 일이 성사될지는 모르겠어요. 때가 아닌 것 같아요"라고 말했어요. 그로부터 두어 주 후에 마틴에게 연락이 왔어요. 빌이 자신에게 와서 "그녀를 채용하지 못할 이유가 없는 것 같아"라고 말했다는 거예요.

마이클: 던의 회의실에 갔던 기억이 나네요. 동료들이 빌에게 규모를 키울 수 있는 방법 같은 걸 발표하는 자리였어요. 그들은 온갖 전문 용어들을 나열했어요. 나는 빌의 눈치를 살피면서 '이 사람들은 일을 망치고 있어. 그는 이런 전문 용어를 듣고 싶어 하지 않아'라고 생각했어요. 내 차례가 되었을 때 나는 "이 업계의 가장 큰 문제점 중 하나는 운용형 선물처럼 누구도 이해하지 못하는 용어들을 쓰는 거라고 생각합니다"라고 말했어요. 나와 함께 있던 다른 사람들의 얼굴이 창백해지더군요. 잠시 정적이 흘렀어요. 그때 갑자기 빌이 테이블을 두드리며 "동의해요. 나도 그런 용어가 싫어요"라고 말했어요. 그 말에 나는 속으로 웃었어요.

제니: 빌과 함께 있는 그런 순간들은 값을 매길 수 없어요. 마틴이 우리의 대표이자 오너인 것도 너무 좋아요. 그는 오랫동안 빌과 같이 일했어요. 그래서 일부 측면에서 우리 회사의 문화가 지닌 검증된 장점들을 많이 보존했어요. 동시에 그는 리서치를 크게 강조하는

던 2.0으로 우리를 이끌었어요. 그래도 마틴의 많은 부분을 키운 건 빌이죠.

마이클: 똑똑하지만 추세추종이 뭔지 모르는 사람과 이야기를 나눈다면 어떤 말을 하겠습니까? 던은 베타 투자시장수익률을 따라가는 수동적 투자–옮긴이를 하지 않는다는 걸 알아요. 하지만 많은 사람에게 그건 큰 의미가 없어요. 당신들이 하는 일을 그들에게 어떻게 설명하겠습니까?

제니: 던에게 가장 근본적인 가치, 우리의 핵심 가치 중 하나는 고객 중심이라는 거예요. 많은 회사가 그렇게 하려고 노력하죠. 하지만 던이 흥미로운 점은 우리는 사업을 운용하는 방식에서 그걸 증명한다는 겁니다.

우선 우리는 절대 운용보수를 받지 않아요. 보수가 0과 25예요. 그러니까 신규 순수익의 25%만 보수로 받아요. 고객이 우리에게 돈을 맡겨서 수익이 나면 그중 25%를 우리가 가져가는 거죠. 다시 보수를 받으려면 이전 고점을 넘겨야 해요. 일단 매우 공정하죠. 게다가 이 구도는 우리가 시스템을 최대한 탄탄하고 역동적으로 만들기 위해 애쓰도록 이끌어요. 그래야만 돈을 벌 수 있으니까요. 두 번째 측면은 우리 돈도 굴린다는 거예요. 던에서 운용하는 자금의 약 13%는 자체 자본이에요. 우리 돈도 동일한 방식으로 운용해요. 물론 보수는 부과하지 않죠.

마이클: 베타 투자에 대해 설명해줄 수 있나요?

제니: 우리가 보기에 베타 투자는 거의 지수와 같이 가는 기본적인 추세추종 시스템을 따르는 거예요. 하지만 우리는 그렇게 하지 않아요. 우리는 업계 최고가 되려고 노력해요. 실제로 복합 성장률을 제공하려고 노력해요. 업계의 많은 사람이 절대 수익률을 확보하려고 낮은 변동성으로 거래해요. 그들의 시스템은 처음에 대개 기관형으로 설정되죠. 그다음에는 대기업들을 패키지 상품으로 묶어서 개인들에게 판매해요. 이렇게 장벽이 낮기 때문에 대개 절대 수익률을 올려요. 우리도 그렇게 할 때가 있어요. 모태펀드가 찾아와서 "우리 펀드에 넣어줄 테니 보수를 없애고 베타 상품을 줘요"라고 말할 때죠. 우리에게 베타 투자는 3번 개선하기 전의 기본적인 추세추종이에요. 그게 옳다고 믿지 않아요.

마이클: 지난 몇 년 동안 추세추종 분야에서 온갖 토론과 논쟁이 벌어졌어요. 사람들은 그게 더 이상 통하지 않는다거나 너무 변동성이 크다고 말했죠. 그러다가 2020년 3월이 찾아왔어요. 예상치 못한 큰 사건이 일어났을 때 실제로 돈을 버는 건 유효성이 검증된 전략이었어요.

제니: 특히 소매 부문에서 과거에 운용형 선물을 활용했지만 충분히 자금을 할당하지 않았거나, 변동성이 너무 낮은 상품에 투자한

재무상담사들을 만났어요. 그들에게는 왜 그랬는지 고객에게 설명하는 건 일종의 두통거리가 되었죠. 그들은 나쁜 경험을 했어요. 그들의 운용자산 중 대다수는 통합관리계좌로 거래하는 기관들에게서 나와요. 그들은 원하는 대로 위험노출액(익스포저)을 조정할 수 있어요. 낮은 변동성 시스템을 추가적인 보수가 붙는 패키지 상품에 적용하면 이미 아주 낮은 수익률이 더욱 낮아져요.

사람들은 그 점을 알아요. 하지만 진정한 혜택을 이해하지 못해요. 우리가 1984년부터 S&P를 이기는 연평균 수익률을 올렸다는 걸 깨닫지 못해요. 그들에게 우리의 연간 수익률을 보여주면 "그래도 투자하지 않겠어요"라고 말하는 사람을 찾기 어려워요. 하지만 월간 수익률을 보여주면 설득되지 않는 사람이 몇 명 있을 거예요. 무엇이 추세를 이끄는지 이해하지 못해서 그래요. 우리의 수익이 불규칙하게 분포되기 때문이죠.

마이클 : 사람들이 금융, 트레이딩, 투자에 대해 전혀 모른다고 해도 울퉁불퉁한 수익률은 여전히 인간 본성에 어긋나죠.

제니 : 맞아요. 그게 가장 어려운 부분 중 하나예요. 특히 전통적인 포트폴리오에 대한 보완재로써 우리의 종합적인 복합 수익률을 봐야 해요. 주식, 채권, 현금성 자산, 거기에 약간의 부동산으로 구성된 포트폴리오에 추세추종 전략, 특히 던의 전략을 더하면 위험조정 수익률 측면에서 혜택을 보지 않는 경우를 찾기 어려울 거예요. 아

주 다른 수익 흐름을 제공하니까요. 재무상담사 대다수는 우리의 전략이 주식과 사실상 상관성이 없다는 걸 알아요. 하지만 고객이 확신하게 만드는 게 힘들죠.

모두가 너무 짧은 기간을 기준으로 판단해요. '이 포트폴리오를 향후 10년, 15년, 20년 동안 유지할 거야. 그게 위험조정 수익률을 얼마나 개선하는지, 전반적으로 여정을 순탄하게 만들고 부가적인 수익을 안기는지 봐야 해'라고 생각해야 합니다.

다른 모든 것도 똑같아요. 우리는 허리케인이 지나가는 지역의 한복판인 플로리다에 살아요. 허리케인이 대서양에서 생겨나 이름을 얻고 남동부 해안으로 다가온다고 가정해보죠. 그때 허리케인 보험이 없으면 보험사에 전화해서 "지금 허리케인이 다가오고 있으니까 보험에 들겠어요"라고 말할 수 없어요. 나는 항상 재무상담사들, 그리고 "좋기는 한데 필요할 때 투자할게요"라고 말하는 사람들에게 이렇게 말하죠. 언제 필요할지 절대 알 수 없다고 말이죠. '유리할 때만 투자할 거야'라고 생각하면 다시 예측의 문제로 돌아가요. 나는 기온이 24도이고, 습도가 낮고, 하늘에 구름이 없을 때만 골프를 치고 싶어요. 하지만 항상 그럴 수는 없죠.

마이클: 앞서 지난 몇 년 동안 추세추종을 둘러싼 논쟁이 벌어졌다고 언급했죠. 하지만 2020년을 보면 흥미로워요. 2020년 3월에 폭락이 나왔어요. 나는 펀드를 운용하지 않지만 불안이 쌓여가는 걸 느낄 수 있었어요. 뒤이어 연준이 마술을 부려서 주식시장을 부양했

추세추종은 감정을 배제해요.

죠. 그러자 사람들은 "지난 일은 잊어. 매수 후 보유로 가야 해"라고 말했어요. 하지만 다른 관점으로 보면 '매수 후 보유보다 나은 전략이 필요한 때가 있다면 바로 지금이야'라는 생각이 들어야 해요. 연준이 다시 마술을 부려서 주식시장을 부양할 수 있는지 여부와 무관하게 말이죠.

제니: 맞아요. 당신과 나는 추세추종에 열성적이에요. 내가 이 분야에서 일한 지 거의 10년이 되었어요. 그래도 여전히 대부분의 시간 동안 추세추종을 생각하고 거기에 대한 이야기를 해요. 1980년대를 돌아보면 피터 린치Peter Lynch가 운용하는 피델리티 마젤란 펀드Fidelity Magellan fund가 스타 펀드였죠. 오랜 기간 연평균 수익률이 30% 또는 그 이상으로 말도 안 되는 수준이었어요. 그들이 펀드에 투자한 사람들의 수익률을 조사한 적이 있어요. 얼마나 되었을 것 같아요?

마이클: 수수료 때문에 많이 줄었나요?

제니: 아뇨. 실제로는 돈을 잃었어요. 공포에 사로잡히거나 탐욕을 쫓아다녔거든요. 시장이 하락하기 시작하면 엉뚱한 때 매도해요. 그러다가 반등하기 시작하면 기회를 놓칠까 봐 두려워서 다시 매수해요. 추세추종과 던의 시스템이 훌륭한 점은 감정을 배제한다는 거예요. 우리는 시스템과 규칙을 철저하게 따라요. 그래서 전통적인 자

산에 대한 보완재로서 전반적인 포트폴리오 전략에 얼마나 큰 파급 효과를 미치는지 알 수 있어요. 실제로 전략을 실행하게 만들거든요.

마이클: 우리는 복잡한 전략이 누구나 이해할 수 있는 규칙들로 환원되는 것에 대해 이야기하고 있어요. 그걸 당신이 제시한 사례와 비교해보죠. 피터 린치와 관련하여 내가 기억하는 건 그가 10대 딸들의 말을 참고해서 일부 종목을 선정했다는 거예요. 그의 딸들은 쇼핑몰에서 뭐가 인기 있는지 그에게 말해주었죠. 그게 전략이었어요. 당신과 나는 그게 전략이 아니라는 걸 알아요. 1980년대에는 그런 식으로 돈을 뿌렸죠. 마침 그 10년 동안 그는 투자를 했고요. 하지만 그 후로 그런 시대는 끝났어요.

제니: 아주 재미있는 일인데 아버지도 내게 같은 말을 했어요. 피터 린치를 보고 그런 건지 모르겠지만 나에게 "학교에서 인기를 끄는 게 있으면 말해줘"라고 말했어요. 나는 그게 투자에 관심을 갖게 만드는 수단일 거라고 생각했어요. 실제로 1990년대 초에 고등학교에 들어갔을 때 아버지에게 토미 힐피거Tommy Hilfiger에 투자하라고 말했어요. 지금도 아버지가 그때 얼마나 벌었는지 몰라요. 그래도 내게 첫 차가 생겼을 때 아버지는 "네가 종목을 골라준 덕분에 차값을 내는 데 도움이 되었어"라고 말했어요. 그 일 때문에 투자에 매료되었죠. '생각만 잘하면 돈을 번다고? 그거 좋은데?'라는 생각이 들었거든요. 그게 내가 이 업계에 들어온 이유 중 하나예요.

마이클: 지금 이 자리까지 온 게 운 때문이라고 생각하나요? 기회가 열려 있다는 측면에서 자신을 어떻게 보나요? 스스로 약간 불안해한다고 말했지만 지금도 던 캐피털에서 일하고 있잖아요.

제니: 어떤 사람을 만나느냐가 항상 영향을 미친다고 생각해요. 그래도 운에 있어서는 준비된 사람에게 기회가 찾아온다는 오랜 말이 맞는 것 같아요.

나는 교육에 대한 투자에 열성적이에요. 교육이 얼마나 많이 필요한지 깨달았거든요. 나는 또한 던과 우리의 시스템에도 열성적이에요. 우리는 사람들을 중시하고, 그들이 좋은 경험을 하면서 돈을 벌기를 바란다는 걸 아니까요. 예비 투자자들은 마틴과 통화를 해요. 실제로 회사의 오너와 통화하는 경우는 드물죠. 그는 예비 투자자들에게 "이런 걸 기대할 수 있어요"라고 말해줘요. 그건 아주 중요해요. 사람들에게 돈은 소중하니까요. 그들은 미래 또는 목표를 바라봐요. 그들이 장기적으로 어떤 경험을 할지에 대한 기대치를 설정하고, 거기에 대비하도록 만들어야 해요. 나의 경우는 언제나 교육과 자문에 헌신했어요. 나는 사람들과 일하는 게 좋아요. 전국을 돌며 수많은 사람, 재무상담사, 기관, 재단 등을 만나는 건 흥미로워요.

나를 아는 사람들은 내가 골프에 엄청나게 열성적이라는 걸 알아요. 나는 운 좋게도 전 세계에서 골프를 쳤어요. 던에서 일한 지 1년밖에 되지 않았을 때 뉴질랜드에 가서 케이프 키드내퍼스Cape Kidnappers와 카우리 클리프스Kauri Cliffs에 있는 유명한 골프장에서 골프를 칠 기회를 얻었어요. 두 곳 모두 타이거 매니지먼트Tiger Management의 줄리언 로버트슨Julian Robertson이 소유하고 있어요. 원조 롱-숏 전략의 전설인 사람이죠. 뉴질랜드로 떠나기 직전에 빌과 마주쳤어요. 나는 빌에게 "뉴질랜드로 골프를 치러 가요. 거기서 줄리언 로버트슨과 아침을 먹을 거예요"라고 말했죠. 그는 가던 길을 멈추고 나를 빤히 보더니 "그가 전설적인 사람인 거 알지?"라고 말했어요.

나는 뉴질랜드로 가서 골프를 치고, 줄리언과 아침을 먹었어요. 나와 같이 간 친구는 기사를 쓰기 위해 그를 인터뷰했어요. 우리는 호텔에서 그의 손주들도 만났어요. 편한 자리였어요. 그는 내가 어떤 일을 했는지 물었고, 나는 그에게 말해줬어요. 놀랍게도 그는 추세추종에 대해 아무것도 몰랐어요. 대안 전략의 전설인 사람이 다른 전설인 빌을 전혀 몰랐어요. 그때 나는 추세추종이 주류가 아니라는 걸 깨달았어요. 우리는 여기서 추세추종을 주류로 만드는 데 헌신하고 있어요. 우리는 추세추종이 엘리트만이 아니라 모두를 위한 것이 되어야 한다고 믿어요.

마이클: 많은 사람이 나의 작업을 바탕으로 추세추종에 대해 배웠지만, 여전히 고개를 젓고 있어요. 참 힘든 일인 것 같아요. 그렇죠?

제니: 맞아요. 그래도 재미있어요. 모든 새로운 만남이나 통화가 사람들의 기대에 대응하고 공부에 도움을 주는 도전의 기회예요. 거의 깨달음의 순간입니다. 그러면 사람들은 "이걸 오래전에 알았다면

얼마나 좋았을까요"라고 말해요. 그게 사람들에게 얼마나 큰 영향을 미칠 수 있는지 알 수 있어요. 그래서 전체 산업뿐 아니라, 특히 던에 대해 열정을 갖게 됩니다.

던 캐피털 그리고 추세추종에 대하여
(Interview 닐스 카스트룹 라슨)

닐스 카스트룹 라슨Niels Kaastrup-Larsen은 던 캐피털(유럽)의 전무이사다. 닐스는 1990년부터 운용형 선물 업계에서 일했다. 그동안 그는 GNI 펀드 매니지먼트GNI Fund Management, 체서피크Chesapeake, 비치 캐피털Beach Capital, 로 애셋 매니지먼트Rho Asset Management 같은 여러 선도적 CTA에서 경영직을 맡았다. 특히 마지막 두 곳은 공동 창업자 중 한 명이었다. 또한 그는 헤지펀드와 CTA 분야에서 세계를 선도하는 팟캐스트 중 하나를 만들고 진행한다.

☑ 마이클의 노트

닐스 카스트룹 라슨은 〈톱 트레이더스 언플러그드〉라는 팟캐스트를 운영한다. 나의 책에서 소개된 많은 트레이더가 이 팟캐스트에 출연했다. 거기에는 제리 파커, 데이비드 하딩, 마틴 루엑Martin Lueck, 알렉스 그레이저만, 리처드 데니스 등 추세추종 전략의 선구자나 추세추종 전략으로 탁월한 성과를 낸 트레이더들이 포함된다.

마이클 코벨(이하 마이클): 나는 트레이더가 아닌 사람들과 인터뷰하는 일에 매료되었어요. 재미있고, 흥미로운 수많은 사람과 이야기할 수 있거든요. 솔직히 그들의 마음가짐은 우리가 이야기하는 트레이딩의 철학과 거의 같아요. 많은 심리학자와 경제학자는 같은 이해에 도달했어요. 우리가 리스크를 감수해야 하고, 과감하게 시도해야 하고, 작은 손실을 감수해야 한다는 것 말이에요. 그게 대형 홈런을 칠 수 있는 유일한 길이에요.

닐스 카스트룹 라슨(이하 닐스): 맞는 말이에요. 그래서 당신이 아주 많은 청취자를 얻은 거예요. 나처럼 작은 틈새 영역에 머물면 매주 듣는 사람들이 한정되기 마련이죠. 당신의 게스트들은 놀라울 정도로 다양해요. 노벨상 수상자가 나올 때도 있고, 저술가나 트레이더가 나올 때도 있으니까요.

마이클: 당신이 헤지펀드 업계에서 일한 지 30년이 다 되어가는군요. 1980년대 말부터 일했죠?

닐스: 사실은 1987년에 채권 트레이더로 출발했어요. 1987년 9월에 처음 시작했죠. 초기의 경험은 오래 남는다는 말이 맞는 것 같아요. 1987년 10월에 생긴 일은 분명 나를 투자에서 다소 신중한 사람으로 만들었어요. 흥미로운 시기였죠. 그러다가 1991년에 처음 추세 추종 전략을 따르는 운용형 선물에 입문했어요.

1987년 10월에 생긴 일은 나를 투자에 있어서 다소 신중한 사람으로 만들었어요.

마이클 : 어떤 과정을 거쳐서 그렇게 되었나요?

닐스 : 나는 현금채권cash bond 트레이딩 부문 출신이에요. 내가 태어난 덴마크의 대형 은행에서 국채 거래를 담당했죠. 당시 내가 알게 된 사실은 기관투자자들이 투기를 하고 싶을 때는 현금채권을 활용한다는 거였습니다. 물론 가격이 비싸고 유동성이 뛰어나지는 않았어요. 당시 우리는 시장 조성자로서 고객이 대형 포지션을 취할 때마다 런던거래소에서 독일 국채 선물로 헤지를 했어요. 우리는 그게 매우 유동성이 뛰어나고 거래하기 저렴하다는 걸 깨달았습니다.

또한 내 안에는 창업자로서의 유전자도 있었던 것 같아요. 그래서 동료와 같이 직장을 박차고 나와서 작은 회사를 만들었어요. 우리는 라이프 거래소Life Exchange에서 최대 선물 중개업체와 손잡았어요. 하지만 우리의 사업 계획은 덴마크의 기관투자자들에게 가서 "투기용으로 덴마크 채권 대신 독일 국채 선물을 활용하는 게 어때요?"라고 말하는 것이었어요. 우리는 전국을 돌아다니며 선물의 좋은 점, 런던에서 거래하는 것의 좋은 점과 저렴함에 대해 이야기했어요. 하지만 당연히 누구도 자금을 런던으로 옮기고 싶어 하지 않았죠. 누구도 선물을 거래하고 싶어 하지 않았어요. 당시에 선물은 평판이 안 좋았거든요.

1991년 무렵 나는 중개업체를 찾아가서 일이 잘 안 풀려서 자금을 유치하지 못했다고 말해야 했어요. 그러자 그들은 이렇게 이야기했어요. "쉬운 일이 아니라는 걸 알아요. 이 근처에 총 25명에서 30명 정도가 일하는 작은 운용사가 있어요. 그들은 운용형 선물이라는 걸 해요. 선물을 활용해서 자금을 운용하는 거죠. 투자 실적도 있어요. 투자자들에게 그것을 소개하는 게 더 쉬울 겁니다. 최소한 보여줄 게 있잖아요."

그렇게 해서 운용형 선물 분야로 들어서게 되었어요. 물론 해당 분야에 대한 자료들을 읽어야 했죠. 그 과정에서 터틀스도 알게 되었어요. 그 뒤로는 한눈을 팔지 않았어요. 운용형 선물과 추세추종 말고 다른 건 하지 않았죠. 당신 말이 맞아요. 벌써 30년 가까이 되었네요.

마이클: 터틀스, AHL, 리처드 데니스, 빌 던, 존 헨리가 하는 일을 처음 이해했을 때 어떤 느낌이 들었는지 회고할 수 있나요?

닐스: 그 가치를 온전히 깨닫고 이해하기까지 시간이 걸렸어요. 나의 트레이딩은 저가에 사서 고가에 팔아야 한다는 철학과 함께 성장했죠. 그 사람들이 하는 일과 추세추종이 무엇인지 살펴보기 시작했습니다. 즉 어떻게 규칙을 정하고, 상승 돌파에 매수하고, 하락세에서 매도하는지 확인했을 때 이건 완전히 반대라는 걸 알게 되었어요. 그게 저가 매수, 고가 매도보다 낫다는 걸 온전히 이해하는 데 시간

이 걸렸어요.

그 방식으로 거둔 수익을 확인하는 일은 내게 즉각적인 영향을 미쳤어요. 종종 최선의 방법은 증거를 확인하는 거예요. 투자 실적을 보면 탁월한 수익률을 기록한 회사들이 있었어요. 그렇다고 해서 주식시장에 투자하는 것보다 딱히 더 리스크를 지는 것도 아니었어요. 나는 1987년 9월에 이 업계에 들어와서 10월 19일에 폭락이 나오는 걸 봤어요. 이 일로 나는 리스크를 어느 정도 확실히 이해하게 되었어요. 반면 나는 상당한 수익률을 올리지만 리스크가 더 크지 않은 새로운 투자 방식을 확인했어요.

뒤이어 나는 그들이 리스크를 최소화하면서도 상승 잠재력을 높이기 위해 어떤 일을 하는지 살폈어요. 그건 그들이 다른 방식으로 투자한다는 걸 온전히 이해하고 인식하는 절차였어요. 그들의 방식은 상당히 타당했어요. 물론 분산화의 핵심적인 세부 요소, 즉 비상관적인 여러 시장에서 거래하는 것, 리스크 관리, 단일 시장이나 업종에 지나치게 의존하지 않는 것 등을 파악하고 이해하면 모든 게 맞아떨어지죠.

앞서 말한 대로 나는 우리의 전략이 단순 매수 전략보다 훨씬 타당하다는 걸 알았어요. 그래서 그 전략과 개념을 받아들이는 사람이 여전히 너무 적다는 게 안타까워요. 도대체 어떤 근거로 추세추종 전략을 일부라도 포트폴리오에 넣지 말아야 한다고 생각하는 걸까요?

마이클: 나는 다른 의도가 있는 사람들이 추세추종 전략을 논쟁

의 대상으로 만들었다고 봐요.

나는 지금도 처음 추세추종 전략을 발견해나가던 과정이 기억나요. 나는 터틀스와 그들이 하는 일을 접하고 흥미를 느꼈어요. 그다음에 존 헨리와 그가 하는 일에 대해 알게 되었죠. 그리고 던 캐피털에 대해 처음 조사하던 일이 기억나요. '이건 뭐지? 이 사람은 누구야? 무슨 일이 일어나고 있는 거지? 잠깐, 이 사람들은 내가 조사하는 다른 사람들과 같은 투자 철학을 갖고 있는 것처럼 보여. 하지만 수익률이 훨씬 좋잖아'라는 생각이 들었어요. 마치 탐사 전문 기자가 된 것처럼 놀라운 기분이었어요.

당시에는 추세추종에 대해 많은 통찰을 찾을 수 없었어요. 콘퍼런스나 잡지의 뒤쪽에서 간략하게 다루어지기는 했지만 충분한 설명이 없었죠. 그래서 많은 조사 작업을 해야 했어요.

닐스: 1990년대 초반에 MAR Managed Account Reports, 자산관리계좌 보고서이 나왔어요. 그들은 자산관리 업계의 투자 실적을 기록했죠. 그래서 순위와 업계 현황을 볼 수 있었어요. 그게 뭔가의 시작일 수 있겠다는 느낌이 들었어요. 그때는 총운용자산이 100억 달러 미만이었지만 말이죠. 분명 선구자 대부분이 서로 많이 접촉하지 않았을 겁니다. 혼자서 하고 있었던 거죠. 새로운 기법을 시장에 적용하는 건 엄청나게 용감한 결정이에요. 그 타당성에 대한 증거들을 훨씬 나중에야 찾을 수 있었는데도 말이죠.

마이클: 공통의 조상은 리처드 돈키언일 겁니다. 모두가 어느 시점에서는 오랜 〈주식과 상품Stocks and Commodities〉 잡지에서 그에 대한 기사를 읽었을 거예요.

닐스: 분명 어딘가에서 영감을 얻었겠죠. 돈키언은 좋은 선택지예요.

마이클: 우리는 지금 수십 년 된 트레이딩 철학에 대해 이야기하고 있어요. 하지만 지금도 나는 "블룸버그에서 추세추종은 죽었다. 더 이상 통하지 않는다는 기사를 읽었어요"라는 이메일을 받아요.

닐스: 우리의 투자자는 유럽과 아시아 전체에 걸쳐 있습니다. 또한 우리는 45년 동안의 투자 실적을 갖고 있어요. 그런데도 사람들은 여전히 "그게 통해요?"라고 묻습니다. 내가 사람들이 증거를 받아들이지 않는 것에 좌절하는 이유가 거기에 있어요. 그들은 수십 년 동안 약속을 지킨 매니저들에게 투자할 기회가 있는데도 하지 않아요. 대신 앞으로 일어날 일에 대해 그럴듯한 추정이나 예측을 하는 것처럼 보이는 사람들의 말에 귀를 기울이죠. 사람들은 불편한 전략에 투자하고 싶어 하지 않는 것 같아요. 그래도 장기적으로 보면 우리의 전략은 주식시장에서 50%가 넘는 고점 대비 하락률을 겪으면서 평균 8%의 수익률을 올리는 전략보다 훨씬 나아요.

마이클: 추세추종 세계에 속한 모든 사람은 나름의 비법 소스를

가지고 있을 것이고, 자신의 맛이 최고라고 생각할 겁니다. 그게 인간의 본성이에요. 그래도 추세추종의 큰 그림 안에서 볼 때 완전히 다른 방식으로 트레이딩하는 사람들 또는 같은 방식으로 트레이딩하는 사람들의 불규칙한 실적 보고서를 보면 어떤 느낌이 드나요? 일반인들은 혼란스럽지 않을까요?

닐스: 그럴 수 있죠. 좋은 지적입니다. 우리는 종종 "이번은 달라"라는 말을 듣습니다. 그게 문제의 뿌리예요. 사람들은 어떤 식으로든 시장이 달라졌다고 믿고 싶어 합니다. 그래서 오랫동안 존재한 전략들이 더 이상 통하지 않는다는 거죠. 그들은 시장이 인간 행동의 결과라는 사실을 잊어요.

어떤 사람들은 특정한 지점에서 매도하고 싶어 하고, 어떤 사람들은 같은 지점에서 매수하고 싶어 하는 시기가 있습니다. 그러면 시장이 비교적 조용해집니다. 그러다가 가끔 새로운 정보가 나와서 매도세보다 매수세가 강해집니다. 이런 변화는 표현하기에 따라 가격이나 모멘텀 또는 추세로 나타나죠. 그 결과 기회가 생깁니다. 그런 행동이 갑자기 멈춘다면 이상할 거예요.

항상 시장이 균형을 이루도록 정보를 해석하라는 법이 있나요? 없어요. 그런 증거는 없습니다. 다만 내 생각에는 우리 스스로가 추세추종을 전략적으로 홍보하는 데 있어 약간 어렵게 만들었어요. 한편으로 우리는 추세추종 전략을 따르기가 어렵다고 솔직하게 밝혔습니다. 사실이니까요. 그런 점을 투명하게 밝히는 건 좋아요. 하지만 다른 한편으로 우리는 항상 추세추종이 어렵지 않다고 말했어요. 비교적 단순하다고 말이죠.

추세추종 전략에 대해 그런 이야기를 하는 건 우리에게 도움이 되지 않았어요. 20년, 30년, 40년 전과 지금 추세추종 전략을 활용하는 방식을 비교하면 천지 차이예요. 우리가 기법을 적용하는 방식은 훨씬 정교합니다. 기본적인 규칙은 여전히 단순할 수 있어요. 하지만 그걸 한데 엮는 일은 단순하지 않으며, 분명히 쉽지 않아요. 게다가 실행하는 과정에 많은 난관이 있어요. 우리 업계에 잘못이 없다는 말은 아닙니다. 내 생각에 우리에게도 어느 정도 책임이 있어요. 하지만 깊이 자리 잡은 인간 본성은 언제나 의문을 제기하고 싶어 합니다. 또한 시장이 바뀌었다고 믿는 경향도 있어요.

2019년에 우리 업계가 마지막으로 주요한 고점 대비 하락을 겪은 후 관련 기사들이 나왔어요. 트럼프가 트윗을 마구 올리는 바람에 추세추종자들이 따라잡지 못할 만큼 시장이 너무 빠르게 움직인다는 내용이었어요. 당시 우리는 역대 최고의 실적을 올린 기간의 초입에 있었어요. 실제로 8개월 연속 플러스 실적을 올린 건 45년 동안 한 번뿐이었는데, 올해 7개월 연속 플러스 실적을 올렸어요. 다시 말하지만 증거를 봐야 합니다. 왜 트럼프의 트윗 때문에 추세추종자들이 돈을 벌 수 없다고 말하는 거죠? 바보 같은 말이에요. 그래도 그런 기사들이 종종 실려요.

마이클: 사람들은 때로 게임 속의 게임에 대해 생각하지 않아요.

사람들은 시장이 바뀌었다고 믿는 경향이 있어요.

우선 이 모든 건 클릭을 유도하는 언론사의 미끼일 뿐이에요. 사람들이 기사를 클릭하게 만들어서 돈을 벌기 위한 수단이죠. 기사 제목이 "추세추종은 취리히의 지하 벙커에 자리 잡은 외계인들이 설계한 전략이다"라고 되어 있으면 사람들은 그걸 클릭하고 내게 이메일을 보내요. 기사에 인용된 말을 한 사람이 해당 분야의 권위자인지도 따져봐야 해요.

옛날에는 추세추종 분야의 권위자가 필요할 때 제리 파커나 빌 던, 존 헨리에게 연락하면 되었어요. 모두 오랫동안 업계에 있었던 사람들이죠. 사람들이 요즘의 언론 기사에 대해 가끔 잊는 게 있어요. 누가 쓴 기사이고, 과거에 어떤 기사를 썼는지 살피는 거예요. 그 사람의 현황이 어떤지는 알 수 있어요. 하지만 조금 더 클릭해보면 지난 10개의 기사가 모두 관련이 없을 수도 있어요. 말 그대로 클릭을 유도하기 위한 카피를 쓴 거죠. 이런 현실은 투자자들에게는 좋지 않아요. 진지한 내용처럼 보이는 경우가 많거든요. 그래서 '블룸버그에 실린 기사니까 의미가 있을 거야'라고 생각합니다. 실제로는 그렇지 않은데도 말이죠.

닐스: 전적으로 동의해요. 나는 때로 누가 기사를 썼는지 검색합니다. 알고 보면 우리가 하는 일과 관련된 경험이 거의 없으면서 강한 의견을 내는 경우가 많아요. 우리가 추세추종자로서 할 수 있는 일에는 한계가 있어요. 그저 계속 이야기를 들려주고, 증거를 제시하

고, 거기에 대해 이야기하고, 약간 다른 방식으로 사람들을 교육하는 거죠.

마이클: 제리 파커가 생각이 나네요. 트위터로 소통하는 일에 있어서는 그가 추세추종 분야에서 가장 선구자일 거예요. 제리 파커에게서 영감을 받은 적이 있나요?

닐스: 나는 운 좋게도 제리와 오랫동안 알고 지냈습니다. 1990년대 중반에 그의 밑에서 일했거든요. 제리가 사람들을 교육하고 소셜 미디어로 의견을 제시하는 데 뛰어났다는 말에 전적으로 동의해요. 흥미로운 점은 1990년대에는 그가 정보를 나누는 일에 훨씬 신중했다는 거예요. 터틀스, 규칙, 비법 소스를 둘러싼 의문이 여전히 많았거든요. 반면 지금은 아주 관대하게 투자자뿐만 아니라 많은 젊은 트레이더를 돕고 정보를 알려줘요.

그가 터틀 프로젝트에서 얻은 가장 중요한 소득은 리처드 데니스의 가르침이에요. 시스템을 따랐다면 돈을 잃어도 괜찮으며, 오히려 규칙을 지킨 걸 축하해야 한다는 가르침 말이에요. 트레이딩에 있어서는 심지어 별로 좋지 않은 규칙도 직감보다 나아요. 제리는 그런 핵심 개념을 전달하는 일을 아주 잘해요. 나는 운 좋게도 그걸 가까이에서 접했을 뿐만 아니라 그가 오랫동안 투자 실적을 쌓아가는 모습을 관찰할 수 있었어요.

마이클: 나는 2007년에 《터틀 트레이딩》을 출간하기 전부터 제리와 여러 차례 직접 대화를 나누었어요. 하지만 책과 관련된 이야기는 끌어내지 못했어요. 당시 관계자 중 절반은 대화에 응해주었고, 나머지 절반은 소송을 걸고 싶어 했어요. 당신 말대로 제리는 과묵하지만 존재감이 강한 쪽에 가깝죠. 요즘 나는 추세추종과 관련하여 현명한 말을 듣고 싶으면 제리의 트윗을 확인해요. 그만큼 많이 소통하는 추세추종 트레이더는 없는 것 같아요.

닐스: 맞아요. 그런 사람이 늘어났으면 좋겠어요. 같은 맥락에서 래리 하이트가 《부의 원칙》이라는 책을 출간한 걸 봤어요. 선구자들이 유산을 남기는 건 너무나 중요해요. 그래야 우리가 초기의 상황과 시대를 초월한 가르침을 상기할 수 있어요. 레이 달리오Ray Dalio 생각도 조금 났어요. 그도 은퇴할 때까지는 신중하게 언론을 상대했죠. 하지만 이후로는 정보의 보고가 되었어요. 그런 정보를 활용하지 않으면 손해예요.

마이클: 2012년에 나는 래리와 책을 함께 쓰는 문제를 의논했어요. 그러던 중 내가 아시아에서 체류하기로 결정했죠. 결국 아쉽게도 래리와 책을 같이 쓰는 건 보류되었어요. 하지만 결과적으로는 그가 공저자 없이 혼자 책을 쓴 게 훨씬 나았다고 생각해요. 그의 경험, 그의 본질, 그가 한 모든 일은 오직 그만이 말할 수 있는 거니까요. 그는 그걸 해냈어요. 아마 많은 노력을 했을 겁니다.

닐스: 래리와 대화한 걸 들었어요. 그는 대단한 사람이에요. 그가 한 말에는 좋은 정보가 아주 많이 담겨 있어요. 그는 말하는 방식도 뛰어나요. 그는 추세추종에는 마법적인 요소가 없지만 추세추종이 하는 일은 마법적이라고 말한 적이 있죠. 얼마나 대단한 말인가요? 몇 단어로 핵심을 담고 있어요.

마이클: 토론을 해볼까요? 오늘 비슷한 명칭들을 적어봤어요. 운용형 선물, CTA, 퀀트, 시스템적 추세추종 같은 것들 말이죠. 왜 명칭을 통일하지 못하는 걸까요? 왜 이 매매 스타일을 정의하는 게 쉽지 않을까요?

닐스: 바람직한 일이 아니죠. 일부 명칭은 규제당국이 해당 전략을 분류하는 방식에 따른 겁니다. CTA라는 명칭이 거기서 나왔죠. '상품 투자 자문사Commodity Trading Advisor'는 우리가 하는 일을 말해요. 혼란스러운 명칭이지만 받아들일 수밖에 없어요. 1990년대 초에는 CTA와 추세추종자들에게 힘든 시기였어요. 그래서 많은 매니저가 자신들을 헤지펀드라고 부르기 시작했죠. 그 편이 투자자에게 더 잘 받아들여질 거라고 생각했거든요. 그러다가 나중에 CTA 운용형 선물로 다시 분류되었어요. 답이 뭔지는 모르겠지만 많은 사람에게 혼란을 주는 건 분명합니다.

마이클: 제리 파커가 리처드 데니스의 가르침을 받았다고 언급하

셨는데요. 사실 나는 리처드 데니스의 말이 실린 모든 기사의 사본을 갖고 있는 유일한 사람이에요. 1970년대, 1980년대, 1990년대 그의 모든 인터뷰를 보면 복잡한 주제를 모두가 이해할 수 있도록 풀어주는 한두 줄의 비유가 담겨 있어요. 과거에 그가 했던 발언을 보면 일관되고, 시야를 열어줘요.

복잡한 문제에는 단순한 해결책이 필요하다는 사실은 거듭 증명되었어요.

닐스 : 추세추종 접근법의 강점 중 하나는 최대한 단순함을 추구하지만 너무 단순하게 만들지는 않는다는 겁니다. 이는 행동금융학에서 나온 거예요. 복잡한 문제에는 단순한 해결책이 필요하다는 사실은 거듭 증명되었어요. 금융시장과 거기서 매일 이루어지는 상호작용보다 복잡한 건 드물어요.

앞서 우리가 지금 추세추종을 적용하는 방식이 더 정교해졌다고 말했죠. 하지만 기본적인 규칙은 여전히 비교적 단순해요. 리처드 데니스는 생각을 표현하는 능력에 있어서 대가예요. 당시에 그가 했던 일은 매우 중요합니다. 자신이 가진 정보를 20명의 터틀과 나누었거든요. 게다가 우리 업계에서 어느 정도 결여된 이야기를 만들어냈어요. 그는 내게 "트레이딩을 할 때 3분의 2는 규칙을 활용하고, 3분의 1은 직관을 따른다"라고 말한 적이 있어요. 그는 전적으로 규칙에 따라 거래할 수 있는지, 그걸 증명할 수 있는지 알고 싶어 했어요. 그는 단순한 방식을 유지하면서 실험을 통해 그 일을 해냈어요.

마이클: 그는 자신의 공이라고 말하지 않을지도 모르지만 거기에는 마케팅 측면에서 탁월한 요소가 있어요. 터틀 프로젝트를 둘러싼 수수께끼, '터틀'이라는 단어, 〈월스트리트저널〉의 유명 기사가 일으킨 파장 등을 보면 그건 월가에서 가장 유명한 이야기 중 하나일 거예요. 터틀 이야기는 트레이딩에 대해 아는 사람들의 흥미를 자극해요.

닐스: 리처드 데니스는 내게 아주 겸손한 사람이라는 인상을 줘요. 월가와 관련된 다른 사람들과 달리 어떤 식으로든 명성을 바라지 않아요. 그에 대해서는 칭송할 게 많아요. 그런 사람이 업계에 기여했다는 점을 감사하게 여겨야 해요.

마이클: 당신에게 개인적으로 의미를 지니는 이야기를 들려줄게요. 배경부터 설명하자면 1983년이나 1984년에 나는 16살이었고, 농구를 했어요. 우리 팀의 감독 이름은 마틴이었어요. 현재 던 캐피털의 소유주이자 운영자인 바로 그 마틴 말이에요. 빌 던이 던 캐피털을 만들었고, 지금은 마틴이 운영하고 있죠. 정말 놀라운 인연이에요. 이 사람들과 관련된 경험이나 생각을 좀 들려주세요.

닐스: 빌에 대한 이야기부터 하자면 그는 과거의 다른 위대한 전설들과 많은 공통점이 있어요. 그들은 모두 큰 용기를 품고 자신의 일을 했어요. 명백히 그들에게는 이루고자 하는 것에 대한 의지, 끈기, 명확한 생각이 있었어요. 그리고 분명 확신을 갖고 실행하는 데

주저함이 없었죠. 그들은 수익률에 변동이 있어도 사업이 망할 일은 없다고 느껴진다면 전략을 고수했어요.

그들과 관련하여 자주 언급되지 않는 점이 있어요. 가까이서 지켜보면 그들은 아주 겸손해요. 그들은 세상뿐 아니라 시장에 대해서도 겸손한 자세를 취합니다. 가끔 힘든 교훈을 배우게 될 것임을 아니까요. 그들이 분산화를 많이 하는 이유가 거기에 있어요.

여기에는 다양한 속성들이 섞여 있어요. 내 생각에는 빌을 비롯한 많은 전설이 그런 면을 갖고 있어요. 빌 던 같은 사람은 오늘 10% 수익이 났는지, 10% 손실이 났는지 티를 내지 않아요. 일간 또는 월간 실적 변동에 감정을 개입하지 않죠. 그렇게 할 수 있다는 사실은 그 사람의 성격에 대해 많은 걸 말해줘요. 처음에 우리가 시작할 때는 컴퓨터의 성능이 지금보다 훨씬 뒤떨어졌어요. 빌과 그의 아들인, 지금도 우리 회사에서 일하는 대니얼은 말 그대로 매일 도서관에 갔어요. 그곳에는 일종의 프로그램을 돌릴 수 있는 천공카드 판독기가 있었거든요. 그걸로 그날의 매매에 필요한 계산을 할 수 있었죠. 그들은 1970년대 말이 되어서야 컴퓨터를 보유했어요.

빌은 매우 중요하고 가치 있는 플랫폼과 투자 실적을 만들었어요. 마틴은 그걸 진전시키는 데 탁월한 기여를 했죠. 빌에게는 원칙을 지키고 고객을 공정하게 대하는 미덕이 있었어요. 고객이 돈을 벌어야만 보수를 받는 우리의 특이한 보수 체계도 빌이 1974년에 만든 겁니다.

마틴은 추세추종에 대한 초점을 유지하면서 결코 거기서 벗어나지 않았어요. 그는 전통을 이어나가는 동시에 혁신과 개선이 가능한 환경을 만들었습니다. 덕분에 지금 우리가 투자하는 방식이 더욱 정교해졌어요. 우리는 추세추종에 보다 통계적인 접근법을 적용해요. 더 많은 투자자가 포트폴리오에 받아들일 만한 투자 패키지를 제공하려고 노력하죠. 추세추종 전략을 고수하기가 매우 어렵다는 걸 아니까요. 약간 더 높은 위험조정 프로필과 함께 그걸 제공하는 건 좋은 일이에요. 추세추종이 안겨주는 모든 혜택을 유지할 수만 있다면 말이죠.

나는 빌이 항상 사무실에서 하던 말을 명심하고 있어요. 그건 추세추종 전략으로 투자하기 가장 좋은 시기는 고점 대비 하락의 바닥이고, 두 번째로 좋은 시기는 오늘이라는 말이에요. 이 말은 추세추종 전략을 어떻게 바라보아야 하는지 알려주는 간단하면서도 시대를 초월한 명언입니다. 래리 하이트가 남긴 명언들과 비슷하죠.

마이클: 제리 파커와 마틴 버긴의 흥미로운 접점은 둘 다 회계 분야 출신이라는 겁니다. 〈더 울프 오브 월스트리트〉 영화가 투자로 돈을 버는 전형적인 모습을 그렸다고 생각하는 사람은 마틴 버긴과 제리 파커에 대해 우리가 이야기한 것을 눈여겨봐야 해요. 그들과 같은 자리에 있어 보면 알겠지만 그들은 〈더 울프 오브 월스트리트〉에서의 디카프리오 같은 인상을 전혀 풍기지 않아요. 많은 사람은 그걸 잘 믿지 못해요. 월가에서는 디카프리오처럼 돈을 번다고 생각하거든요.

추세추종 전략으로 투자하기

가장 좋은 시기는

고점 대비 하락의 바닥이고,

두 번째로 좋은 시기는

오늘입니다.

닐스: 당신이 책에서 던의 사무실을 처음 방문했을 때 받은 인상에 대해 말한 게 기억나네요. 회계 사무실 같아서 이상했다고 말했죠. 내가 지금까지 같이 일한 많은 회사에서도 같은 인상을 받아요. 사람들이 드라마나 영화에서 보던 모습과 다르죠. 아주 조직적인 절차를 따라요. 우리는 엄격한 규칙과 절차를 따름으로써 감정을 배제하려고 노력합니다. 시장이 출렁여도 우리가 차분하고 침착한 이유가 거기에 있어요.

마이클: 다른 이름들을 거론해볼게요. 옛날에 AHL이라는 작은 회사가 있었어요. 마틴 루엑Martin Lueck, 데이비드 하딩David Harding, 마이클 애덤스Michael Adams가 만든 회사죠. 이 회사는 크게 성공하여 애스펙트 캐피털Aspect Capital과 윈튼 캐피털Winton Capital이라는 두 개의 벤처를 만들어요. 그들은 모두 추세추종 분야의 확고한 선구자들이에요. 데이비드 하딩과 처음 그의 사무실에서 대화하던 때가 지금도 기억나요. 그는 매우 솔직하고 단도직입적이었어요. 흥미롭게도 지금 이 선구자들을 둘러싸고 약간의 논란이 벌어지고 있어요. 그들은 오랫동안 함께 하면서 추세추종으로 큰돈을 벌었죠. 거기에 대해 어떻게 생각하나요?

닐스: 세 명 모두 대단한 사람들이에요. 나는 팟캐스트를 대부분 원격으로 인터뷰해요. 하지만 마이클, 데이비드, 마틴과 창사 30주년 기념 인터뷰를 할 때는 애비 로드 스튜디오Abbey Road Studio에서 대면 인

터뷰하기로 결정했어요. 아주 오랜 시간을 함께했고, 서로 약간 경쟁하던 세 사람이 교감하는 모습을 지켜보는 건 흥미로웠어요. 그때 두 시간 반 동안 확실히 많은 걸 배웠어요.

앞서 말씀하신 논란과 관련해서 말하자면 특정한 규모까지는 추세추종이 가능하다고 생각해요. 운용 금액이 수십억 달러에 이르면 추세추종의 최대 장점을 살리기 어려워집니다. 거래비용이 과도해지지 않도록 시스템을 굴리는 속도를 늦춰야 해요. 가장 중요한 점은 상당수 상품시장을 잃는다는 거예요. 너무 작아서 분산화에 따른 혜택이 없어지거든요. 데이비드는 윈튼을 지금과 같은 규모로 키우는 데 성공했어요. 내 생각에는 그가 추세추종에만 의존하지 않고 더 나은 수익률을 올리는 다른 방법을 찾은 것 같아요. 그런 관점에서 보면 그는 상황에 맞게 올바른 판단을 내렸어요. 200억 달러나 250억 달러를 갖고 추세추종을 한다면 그와 투자자들이 바라는 수익률을 올리기 힘들 겁니다. 애스펙트, 던, 체서피크 같은 경우는 그런 문제가 없어요. 규모가 다르거든요.

데이비드가 추세추종은 통하지 않는다고 말하는 건 아니라고 생각해요. 단지 더 잘 통하는 다른 방법이 있다는 거죠. 나는 그에게 변동성을 낮추는 전반적인 개념에 대해 물었어요. 그는 고객들이 1987년 10월 19일 같은 대폭락을 겪게 하고 싶지 않다고 설명했어요. 물론 알다시피 분산된 주식 포트폴리오는 그 작은 부분이기는 하지만 말이죠. 주식 장세가 나쁜 건 추세추종에 나쁘다고 말할 수 있을까요? 나는 그렇게 생각하지 않아요.

세 분이 전하는 이야기를 들으면 많은 걸 배우게 돼요. 내게 흥미로웠던 건 그들이 그토록 오래 활동했는데도 여전히 배움과 개선을 갈구한다는 거였어요. 그들은 끊임없이 개선하려고 노력해요. 절대 안주하지 않아요.

약간의 논쟁이 있는 건 괜찮아요. 물론 기자들은 아주 신났죠. 안타깝게도 많은 사람이 데이비드가 포트폴리오에서 추세를 덜 강조한 걸 두고 추세추종이 갑자기 더 이상 통하지 않는다는 신호로 받아들였어요.

마이클: 지난 10년2010년대 동안 데이비드 하딩이 운용하는 자금의 규모는 300억 달러 정도로 급증했습니다. 지금은 그보다 줄었죠. 다른 대형 추세추종 트레이더들은 10억 내지 20억 달러를 운용해요. 투자자들이 실상을 이해하기 위해 다양한 관점을 가져야 한다는 당신의 지적은 정확해요. 300억 달러를 운용하는 것과 10억 달러를 운용하는 것은 차원이 다르니까요.

닐스: 문제는 투자자들이 보통 대형 투자사를 원한다는 겁니다. 지난 20여 년 동안 확실히 우리 업계에 기관의 자금이 훨씬 많이 들어왔어요. 그래서 다들 "기관투자자들을 끌어들이려면 변동성을 낮춰야 해"라고 말하게 되었죠. 그 결과 업계 전체의 수익률이 낮아지면서 추세추종이 통하지 않는 것처럼 보이는 거예요. 그건 의도된 겁니다. 추세추종이 통하지 않아서가 아니에요. 우리의 경우는 오히려

반대예요. 6년 동안 우리의 수익률은 지난 35년 동안보다 더 견조하고 우수했어요.

지금은 다들 평균을 추구하고, 리스크 감수를 꺼립니다. 약간 샛길로 빠지면 앞서 우리는 확신에 대해 언급했어요. 심지어 우리 업계 내에서도 일부 매니저들은 추세추종이 그다지 잘 통하지 않는다고 이야기합니다. 우리가 지난 35년 동안 수익률을 올리는 주요한 동력원으로 금리에 의존했거든요. 추세추종 전략이 오랫동안 채권시장에서 롱 포지션으로 많은 돈을 번 건 사실이에요. 내게 보기에 그 이유는 추세추종 전략은 추세가 존재할 때 확신을 갖도록 설계되어 있기 때문이에요. 이후 30년 동안 추세와 최고의 수익률이 어디서 나올지 아무것도 말해주지 않아요.

마이클: 평균을 추구한다는 지적이 재미있네요. 빌 던을 처음 만난 때가 기억나요. 엄청난 위압감이 느껴지는 악수를 나누었죠. 그처럼 잘나가는 사람을 만나면 의욕을 얻어요. 전성기의 빌 던을 만난 후에 '돌아가면 국채 금리를 확인해야겠어. 어디에 MMF 계좌를 만들었더라?'고 생각하지 않아요. '뭐든 할 수 있어. 그 사람도 했잖아. 의욕이 생겼어'라고 생각하죠. 이것이 그런 사람들을 만나면 생기는 태도예요. 그렇다고 해서 절대 큰 위험을 감수한다거나, 파산하려고 기를 쓴다는 말은 아니에요. 다만 이 전략의 경우 특정한 방식을 사용하면 수익률의 변동성이 심해지기 마련이에요.

기관투자자들이 많아지면 게임이 조금 바뀐다는 지적은 옳아요.

같은 태도를 가진 사람들을 상대하는 게 아니니까요. 투자자들은 그런 점을 고려해야 해요. 다시 기사 이야기를 하자면 약간 공부를 해야 해요. 언론에 나온 걸 맹목적으로 받아들이면 안 돼요.

닐스: 투자자들을 만나보면 한 자산군에 너무 많이 또는 너무 적게 비중을 두다가 평균에서 벗어나게 될까 봐 두려워하는 게 확연히 보여요. 다른 모든 투자자와 보조를 맞춰야 한다는 강력한 힘이 작용하죠. 우리 회사는 그렇게 하려 하지 않아요. 하지만 투자자들의 관점에서 그런 걸 많이 봅니다. 안타까운 일이죠.

추세추종 전략의 변동성을 받아들이지 않는 경향에 대해 이야기하다 보니 빌 드라이스와 나눈 대화가 생각나네요. 내가 보기에는 그도 전설적인 인물이에요. 빌은 투자자들에게 순조롭게 수익을 안기려는 많은 전략이 결국에는 리스크를 쌓아두다가 망한다고 말했어요. 롱텀 캐피털 매니지먼트Long-Term Capital Management처럼 말이죠. 우리 추세추종자들은 리스크를 매일 인식해요.

마이클: 실시간으로 리스크를 인식하죠.

닐스: 맞아요. 우리는 리스크를 지속적으로 깨닫고 있기 때문에 완전히 달라요. 사모펀드는 그런 전략 중 하나예요. 적어도 포지션을 홍보할 필요가 없었고, 변동성이 작은 안전한 투자 유형이라는 잘못된 인상을 만들어낼 수 있었던 오랫동안은 말이죠.

마이클: 아주 좋은 지적이에요. 사람들은 사모펀드나 벤처 캐피털을 살피고 싶어 해요. 하지만 누구도 이면에서 어떤 일이 이루어지는지 몰라요. 커튼 뒤에 있는 오즈의 마법사 같은 세계죠.

닐스: 다만 벤처 캐피털 같은 경우는 추세추종자들이 하는 일과 직결되는 부분이 있어요. 수많은 베팅을 한 다음 그해에 5개의 투자에서 대박이 나서 모든 손실을 충당하는 거죠. 사람들이 특정한 투자 방식을 선택하는 경향을 보이는 건 재미있어요. 우리는 그 이유를 알아요. 그건 인간의 행동 방식이에요. 애초에 그렇게 만들어진 거죠. 놀랄 일은 아니에요. 그래도 사람들이 느낌에 따라 증거의 특정한 부분을 선택하고 다른 부분을 무시하는 모습을 관찰하는 건 흥미로워요.

마이클: 누구도 추세추종과 비교해서 벤처 캐피털의 전략이 나쁘거나 부정적이라고 공개적으로 비판하지 않아요. 근본적으로는 사고방식이 같은데도 말이죠. 던 캐피털에서 한 해를 시작하면 추세와 관련해서 어떤 일이 생길지 몰라요. 무슨 일이든 생기는 대로 받아들일 뿐이죠. 같은 사고방식인데도 한쪽에서는 칭송받고, 다른 쪽에서는 비판받는 게 재미있어요.

닐스: 맞아요. 당신이 말하는 대로 인간의 본성이란 건 흥미로워요.

마이클: 내가 흥미롭게 생각하는 사람이 있어요. 그에 대한 아주

좋은 NPR 인터뷰와 오디오 기사들이 있어요. 바로 제이슨 블룸Jason Blum이에요. 영화제작사인 블룸하우스 프로덕션Blumhouse Productions의 대표죠. 그도 같은 사고방식을 갖고 있어요. 그걸 토대로 수많은 공포영화를 제작하면서 탁월한 활동을 펼쳤죠. 그는 "10편의 영화에 각각 100만 달러를 할당합니다. 그중 9편은 망하겠지만 1편은 2억 달러를 벌어들일 거예요"라고 말해요. 같은 사고방식이죠.

추세추종의 경쟁력은 무엇을 모르는지 아는 거예요.

닐스 : 맞아요. 다시 추세추종의 뿌리인 래리 하이트에게로 돌아가 봅시다. 모든 것은 손실을 줄이는 데서 출발해요. 성공한 투자자는 알아서 그걸 해결해요. 손실을 키우지 않는 정신력과 절제력을 갖추는 것 자체가 아주 뛰어난 첫 번째 규칙이에요.

투자 방식을 아주 단순하게 유지하는 또 다른 사례는 알렉스 그레이저만이에요. 그는 오랫동안 민트에서 래리 하이트와 같이 일했습니다. 그는 내게 민트에서 면접을 볼 것이며, 래리에게서 회사의 진정한 경쟁력이 무엇인지 알아낼 거라고 말했어요. 그는 학자적인 사람으로 뭔가 화려한 걸 기대했어요. 그러니 래리가 "무엇을 모르는지 아는 것"이라고 대답했을 때 얼마나 실망했을지 상상해보세요.

지금 알렉스에게 추세추종의 경쟁력이 뭔지 물어보면 바로 그렇게 대답할 겁니다. 무엇을 모르는지 아는 것이라고요. 그건 달러 가치가 오르거나 내리는 이유에 대한 주관적인 글로벌 매크로 매니저의 거창한 설명과 비교하면 투자자들을 이해시키기에 그다지 매력적인 이야기가 아니에요. 무엇을 모르는지 아는 건 그런 면에서는 부족하지만 그래도 아주 강력해요.

7장

에릭 크리텐든

- Eric Crittenden -

올 웨더 접근법

에릭 크리텐든은 스탠드포인트 애셋 매니지먼트의 최고투자책임자다. 그는 20여 년 동안 투자 전략을 설계하고 운용했으며, 뮤추얼 펀드와 헤지펀드 부문의 시스템 트레이딩에 전문성을 갖추고 있다. 합리적인 투자 전략을 수립하는 능력에 더하여 복잡한 내용을 단순하게 전달하는 그의 능력은 다른 투자 매니저들과 분명히 차별화되는 부분이다. 에릭의 경험과 조사는 그의 올 웨더 접근법경제 여건 및 시장 상황과 무관하게 분산화를 통해 적절한 수익을 내도록 설계된 접근법-옮긴이이 자산군과 투자 스타일을 분산화하여 집중의 위험으로부터 투자자를 보호하는 동시에 탄탄한 수익을 제공한다는 사실을 증명했다.

☑ 마이클의 노트

에릭 크리텐든은 추세추종 트레이더로서 20여 년간 경력을 쌓았다. 그는 오랜 경험을 통해 온갖 시장 환경을 접했으며, 뛰어난 관점을 갖고 있다. 또한 그가 보유한 펀드의 의장이 바로 톰 바소다.

마이클 코벨(이하 마이클): 일전에 어떤 글을 끄적여서 페이스북에 올린 적이 있어요. 어디에 나온 내용인지는 모르겠어요. 그때 나는 끊이지 않는 감정적 사고에 지쳐가고 있었어요. 이 글은 우리가 좋아하는 것과 좋아하지 않는 것을 나누고 다스릴 수 있다고 말해요. 이런 내용입니다.

> — *나의 사고 절차는 다음과 같다. 첫째, 비판적으로 사고한다. 둘째, 논리적 오류를 드러낸다. 셋째, 위선을 제거한다. 넷째, 성역을 파괴한다. 다섯째, 편파적 관점을 조롱한다. 여섯째, 연극적 행동을 비판한다. 일곱째, 감정에 호소하는 사람들을 잡아낸다. 여덟째, 정체성 정치를 공격한다.*

이 글이 논란을 일으킬 거라고는 생각하지 않았어요. 그냥 생각하게 만들 거라고 짐작했죠. 우리는 지난 몇 년 동안 뭔가를 잃어버린 것 같아요. 사람들은 더 이상 생각을 하지 않아요.

에릭 크리텐든(이하 에릭): 그 문제를 안전하게 다루는 방법은 이유에 대해 이야기하는 거예요. 왜 이 모든 걸 해야 하는지 묻는 거죠.

마이클: 마음에 들어요?

에릭: 네. 다만 민감한 주제들이에요. 사람들은 그런 말을 들으면

자신이 비난받는다고 생각해요. 자신에 대한 비판으로 받아들이는 거죠. 그래서 바로 방어적인 태도를 취해요. 참호를 파고 그곳에 들어가서 전투 준비를 해요.

하지만 이 모든 걸 건너뛰고 이유 부분으로 들어가면 진전에 대한 비전을 제시할 수 있어요. 그걸 대다수 사람이 좋아하는 결과와 묶는 거죠. 어떤 사람에게 입 냄새가 난다고 말할 때 얻어맞게 만드는 방식이 있고, 평생 친구가 되게 만드는 방식이 있어요. 같은 정보인데도 말이죠. 왜 이렇게 다른 결과가 나올까요?

마이클 : 하지만 요즘은 그런 일을 잘하기가 정말 힘들어요. 사업을 하든, 친구를 설득하든 마찬가지예요. 너무 부드럽게 말하면 요점이 전달되지 않아요. 너무 멀리 가는 것과 충분히 멀리 가지 않는 것은 종이 한 장 차이예요.

에릭 : 나는 그걸 영업 절차라고 부르지만 사실은 합의 절차죠. 그 절차는 우리가 원하든 원하지 않든 간에 단계별로 진행됩니다. 그러니까 누군가를 만나서 한 번의 대화로 그 사람의 마음을 바꾸기는 힘들어요. 쉽게 영향받는 사람이 아니라면 말이죠. 안타까운 일이지만 사람의 마음을 바꾸거나 다른 관점을 취하도록 만드는 영업 절차는 신뢰와 진실성 그리고 결과에 기반한 예측 가능한 단계들을 거칩니다. 한 번의 대화로는 안 돼요. 이 말은 무엇이 바뀌었느냐는 당신의 질문이 약간의 답을 제공할 겁니다.

사람의 마음을 바꾸는 영업 절차는
신뢰와 진실성 그리고 결과에 기반한
예측 가능한 단계들을 거칩니다.

우리는 모든 것이 즉각적으로 이루어져야 하는 시대를 살고 있어요. 소셜 미디어가 그런 일을 하죠. 소셜 미디어는 정신적인 불량식품이에요. 모두에게서 최악의 측면을 이끌어냅니다. 내가 보기에 진정한 의사소통에 필요한 것들을 허용하지 않아요.

마이클 : 비판적 사고에 대해 사람들에게 어떻게 말하나요? 어떻게 설명합니까? 그게 중요한 이유가 뭐죠?

에릭 : 사실 당신이 말하는 비판적 사고라는 말의 의미를 모르겠어요. 비판적으로 생각한다는 것에 대한 당신의 정의가 이 맥락에서 어떤 의미인지 확실하지 않아요. 내가 방어적인 성향이거나, 잃을 게 있거나, 당신을 믿지 않는다면 그런 것에 대해 일단 부정적인 반응을 보일 거예요. 그걸 소셜 미디어로 즉각적 만족을 얻는 환경과 결합하면 자연스럽게 잘못된 길로 접어들게 되죠.

그래도 당신의 질문에 답하자면 사람들에게 그냥 말하기보다 의도를 설명하는 편이 통할 가능성이 커요. 그러기 위해서는 안타깝게도 다시 신뢰와 진실성 그리고 여러 번의 대화가 필요한 영업 절차로 돌아가야 합니다.

마이클 : 내가 대화 초반에 사람들을 화나게 만들기 위해 폭탄을 던지려 한다는 뜻인가요?

에릭: 과거에는 그런 방식이 통했겠죠. 그게 나쁜 건 아니에요. 좋은 방식일 수도 있어요. 앞서 당신이 말한 대로 언젠가는 사람들의 주의를 끌어야 하니까요. 또한 영향력을 얻으려면 언젠가는 우리의 기반이 되는 사람들을 만족시켜야 해요. 문제는 대화를 통해 얻으려 하는 게 무엇이냐는 거예요.

마이클: 나의 경우는 문제를 분석하는 겁니다. 나는 사안을 비판적으로 사고하기 위해 일정한 수준으로 문제를 환원해요. 그러면 사안을 구성하는 요소들이 보이죠. 그 요소들에는 감정이 개입하지 않아요. 하지만 내가 보기에 사람들이 겁을 먹으면 궁극적으로 그 수준까지 도달하기 어려워요.

에릭: 그건 당신의 청중과 동기에 달려 있어요. 나는 청중들이 적대적인 경우 순서를 뒤집어요. 결론부터 시작해서 거꾸로 가죠. 청중들은 혼란에 빠져서 한동안 객관적인 태도로 열린 자세를 취해요. 그러면 스텔스 모드로 그들의 대공망을 피해서 요점을 전달할 수 있어요. 그 과정에서 똑똑한 사람들이 먼저 요점을 파악하기 시작하죠. 이건 아주 효과적인 방법이에요. 나는 그걸 역행이라고 불러요. 버크셔 해서웨이의 찰리 멍거는 역행의 대가예요. 항상 역행하죠. 결론부터 시작해요. 왼쪽에서 오른쪽으로 가는 게 아니라 오른쪽에서 왼쪽으로 가요. 왼쪽에서 오른쪽으로 가면 사람들은 아주 멀리서부터 당신이 오는 걸 보니까요.

마이클 : 추세추종 운용형 선물을 예로 들어봅시다. 당신 앞에는 적대적인 청중들이 있어요. 그들은 아주 똑똑하고, 여러 시장에 투자한 경험이 있어요. 하지만 당신의 강연을 듣는 건 처음이에요. 그들은 운용형 선물이나 추세추종을 잘 몰라요. 이런 상황에서 당신은 앞서 말한 대로 결론에서 시작해야 해요. 어떻게 이야기를 거꾸로 전개할 건가요? 그들은 주식으로만 포트폴리오를 구성할 수 있고, 수익률을 높이는 동시에 리스크를 줄이는 투자 방식이 있다는 말을 들으면 좋아할 겁니다. 하지만 그게 어떻게 가능한지를 거슬러 설명하는 일은 쉽지 않아요. 그렇지 않나요?

에릭 : 추세추종은 좋은 예입니다. 당신은 추세추종이 뭔지 잘 모르는 사람들을 제시했지만 그게 뭔지 알고, 좋아하거나 원하지 않는다고 이미 결론을 낸 사람들이 더 힘들어요.

얼마 전에 유튜브에 '블라인드 맛 테스트The Blind Taste Test'라는 영상을 올렸어요. 운용형 선물을 좋아하지 않는 사람들을 이해시키고 싶을 때 내가 가장 좋아하는 수단 중 하나죠. 정말로 간단해요. 내가 하는 건 일련의 자산군이 뭔지 밝히지 않고 명칭 없이 색상별로 제시하는 것뿐이에요. 주식은 빨간색, 채권은 노란색, 운용형 선물은 보라색, 이런 식으로요. 또한 채권과 주식 혼합형은 파란색, 운용형 선물과 주식 혼합형은 오렌지색으로요. 다만 그게 뭔지는 말해주지 않고 연간 수익률, 총수익률, 변동성, 손실 연수, 고점 대비 하락률 등은 알려줘요. 그리고 어떤 것이 끌리고, 끌리지 않는지 가리키도록 요청

해요. 객관적 태도로 선택하도록 만드는 거죠. 펩시와 콜라가 옛날에 하던 블라인드 맛 테스트와 같아요.

물론 나는 이미 답을 알아요. 이전에 수백 번 했으니까요. 사람들은 운용형 선물과 주식 혼합형을 압도적으로 많이 골라요. 또한 어떤 것인지 모르고 하나의 자산군을 제거하라고 요청하면 주식을 압도적으로 많이 골라요. 고점 대비 하락률과 변동성이 가장 크거든요.

뭘 선택했는지 밝히면 사람들은 크게 놀랍니다. 어떤 사람들은 믿지 않으려 해요. 도저히 믿을 수가 없거든요. 어떤 사람들은 약간 화를 내요. 그래도 객관적인 태도를 취했을 때 50%가 추세추종 운용형 선물을 선택했다는 사실을 간과하지는 못해요. 그러면 이제 내게 발판이 생겨요. 그건 놀라운 효과를 발휘합니다. 운용형 선물에 대해 비판적인 글을 쓰던 사람들도 어느 정도는 열린 자세와 호기심을 보여요. 어쩔 수 없이 객관적인 태도를 취했을 때 운용형 선물을 선택한 이유를 알고 싶은 거죠. 그러면 그냥 "저는 운용형 선물 매니저입니다"라고 말하죠. 그러면 알파, 공적분cointegration, 공분산covariance, 분산화 같은 걸 이야기할 때보다 더 많은 걸 얻을 수 있어요. 그런 방식으로는 아무것도 얻지 못해요.

마이클: 그 사례를 들었으니 나도 옛날이야기를 들려주고 싶네요. 나는 중학생 때 과학 경진대회에서 우승했어요. 대회를 준비할 때 바로 옆자리에 친구가 있었어요. 그는 응급실에서 일하는 외과의사가 되었어요. 중학교 때부터 다들 그 친구가 외과의사가 될 거라는 걸

알았어요. 똑똑했거든요. 그 친구가 대회에서 한 게 블라인드 맛 테스트였어요. 다들 '와, 우승하겠는걸'이라고 생각했죠.

우리 아버지는 치과의사예요. 그래서 나는 치과 질환을 보여주는 온갖 이상한 사진들을 봤어요. 잇몸이 썩는 사진 같은 거죠. 나는 치과 질환에 대해 멋진 발표를 했어요. 내게는 다른 중학생들은 갖지 못한 사진들이 있었어요. 덕분에 대회에서 우승했죠. 어떤 측면에서 이 일은 당신이 이야기한 것과 거의 맞아떨어져요. 당신은 충실히 자료를 조사하고 블라인드 맛 테스트를 보여줘요. 하지만 온갖 사진을 보여주면서 요란한 이야기를 하는 사람이 관심을 끌고 칭찬을 받죠.

에릭: 유혹은 효과가 있어요. 충격 요법도 효과가 있죠. 당신은 시장에서 충족되지 않은 수요를 충족했어요. 아마 그게 그때는 청중들에게 흥미로웠겠죠. 거기에는 이야깃거리가 있잖아요.

마이클: 샘 해리스Sam Harris가 한 말을 당신에게 들려주고 싶어요. 운용형 선물이 뭔지 아는 사람들이 여전히 관심을 갖지 않는 이유와 맞아떨어지는 말이에요. 그건 "심리적 문제를 철학적 문제로 혼동하지 않기 위해 최선을 다하자"예요.

운용형 선물을 아는 사람들이 거기에 발을 들이지 않는 이유와 관련해서는 많은 심리적 요소가 있어요. 내면 깊은 곳에 자리한 그 요인은 뭘까요? 당신과 나는 수십 년 동안 이 일을 해왔어요. 우리는 내용을 알아요. 더 위험한 투자를 하면, 그러니까 다른 것과 비교해서 위험하다는 게 아니라 주식과 채권 포트폴리오에 수익률이 다른 걸 추가하면 멋진 결과를 얻을 수 있어요. 계산은 아주 단순해요. 영리하고, 흥미롭고, 깔끔해요. 하지만 사람들은 심리적 측면에서 실질적인 장애물을 갖고 있어요. 그렇지 않나요?

우리 업계는 자신의 경력을 위험에 빠뜨리고 싶어 하지 않는 사람들로 가득해요.

에릭 : 맞아요. 놀라운 일이죠. 그건 내가 가장 좋아하는 주제 중 하나예요. 우리가 하는 일에서 인지심리학은 매우 중요해요. 다만 내가 보기에는 접근법이 틀린 것 같아요. 대개는 적대적인 자세로 설교하려고 들어요. 그런 방법은 트위터에서 조회 수를 올리고 싶을 때는 효과적일 수 있어요. 하지만 다른 사람의 돈을 운용하면서 그들과 관계를 다질 때는 좋은 방법이 아니에요. 나는 다른 접근법을 취할 수밖에 없었어요. 어쩔 수 없는 일이었지만 힘들지는 않았어요. 어차피 갈등을 좋아하지 않으니까요.

이 문제에는 분석해야 할 요소들이 많아요. 그러니까 문제를 단순하게 만들고 중요한 부분에 집중해야 해요. 저항의 큰 부분은 원래 사회적인 성격을 지녀요. 우리 업계는 자신의 경력을 위험에 빠뜨리고 싶어 하지 않는 위험회피적인 사람들로 가득해요. 일반적으로 따르는 관행들이 있죠. 자금의 60%나 70%를 주식에 넣는 건 전적으로 수용 가능해요. 어떤 것도 정당화할 필요가 없어요.

채권도 사회적 측면에서 전적으로 수용 가능해요. 게다가 주식과 비상관적이거나 상관적이도록 만들 수 있어요. 무위험 채권 또는 투자등급 채권을 보유했다고 해서 곤란해질 일은 절대 없습니다. 그냥 무사통과할 수 있어요. 반면에 채권과 거의 동일한 걸 만들어도 채권이 아니면 문제가 생겨요. 주식시장이 상승하다가 하락하는 순간 문제가 생기는 거죠. 이는 다른 사람의 돈을 운용하는 데 따르는 순전한 사회적, 정치적 압력이에요. 기준에서 이탈하는 것에 대한 두려움을 극복해야 해요.

마찬가지로 흥미로운 건 포트폴리오의 수익률에 영향을 미치는 요소들이 지닌 반직관적 성격이에요. 포트폴리오에 대한 계산은 세상에서 가장 많이 오해하는 것 중 하나예요. 내가 변동성이 심하고, 따로 놓고 보면 좋아 보이지 않는 걸 만들었다고 가정합시다. 하지만 그걸 주식에 편중한 포트폴리오에 더하면 모든 게 바뀌어요. 대부분의 시장 환경에 면역된 안정적이고 균형 잡힌 복리 기계가 만들어지게 됩니다. 인플레이션, 디플레이션, 시장 폭락 등 온갖 것에 대비할 수 있어요. 그래서 '모두가 이걸 원할 거야. 아주 대단할 거야'라고 생각하게 되죠.

지금 약간 인기를 얻어가고 있는 테일 리스크를 회피하는 일부 상품에서 그런 걸 볼 수 있어요. 하지만 사람들에게 그걸 팔아서 만족하게 만들기는 힘들 겁니다. 왜냐고요? 장기적으로 포트폴리오에 기여하는 바를 토대로 평가하지 않으니까요. 대신 그걸 떼어내

기준에서 이탈하는 것에 대한 두려움을 극복해야 해요.

서 따로 평가하죠. 이는 우리가 이야기한 사회적, 정치적 압력을 극대화해요. 사람들은 그게 잘못된 평가 방식이라는 걸 이해하지 못해요. 그건 요리에 들어가는 하나의 재료예요. 계피만 숟가락 가득 먹는 사람은 없어요. 맛이 별로니까요. 하지만 계피를 조금 넣으면 요리가 아주 맛있어지죠.

마이클 : 플로리다주 스튜어트에 46년 동안 투자 실적을 쌓아온 던이라는 작은 회사가 있어요. 던의 수익률은 따로 놓고 봐도 언제나 매우 흥미로워요. 사람들이 어떤 요소를 추가한다는 생각을 하지 못할 뿐 아니라, 그걸 따로 판단한다는 당신의 지적은 현명해요. 하지만 다른 한편으로 데이터를 객관적으로 살펴보면 단독으로도 타당하다는 사실을 알 수 있어요.

에릭 : 좋은 지적이에요. 그 사람들은 똑똑해요. 순수주의자들이기도 하죠. 그들이 자신들의 투자 방식을 믿고 그걸 희석하지 않으려 한다는 뜻이에요. 그들은 내가 하는 것처럼 운용형 선물을 다른 자산군과 혼합하는 방식을 절대 사용하지 않을 거예요. 그래도 나는 그 점을 존중합니다. 다만 그들은 그걸로 먹고사는 입장에 있어요. 그들은 아마 개별적으로 아주 부자일 겁니다. 오랫동안 엄청난 성공을 거두었으니까요. 나는 약간 다른 관점을 갖고 있어요. 내가 하는 일은 시장에서 충족되지 않은 수요를 충족하는 겁니다. 재무상담사들이 "샤프지수가 3이고 손실이 난 해가 없는 걸 원해요"라는 식으

로 말하면, 그러니까 합리적인 태도로 현실적인 이야기를 하면 그렇게 힘들지 않아요.

그들이 원하는 건 강세장에서 전통적인 투자 상품에 너무 뒤처지지 않으면서도 적대적인 시장 환경에서 상당히 양호하게 버티는 상품이에요. 이런 요구는 내게 이렇게 소리치는 것 같아요. 그들은 운용형 선물과 주식을 영리하게 혼합한 상품을 원한다고요. 그들은 합리적인 보수, 합리적인 세금을 원해요. 또한 그들이 내가 내 돈으로 투자하는 방식을 원하면, 나는 그렇게 투자해요. 나는 순수주의자가 되고 싶어 하는 사람들을 존중합니다. 단지 약간 다른 방식을 사용해요. 시장에는 우리 모두를 위한 여지가 있습니다.

마이클: 당신은 20여 년 동안 이 일을 해왔어요. 또한 회사의 대표이고 활발하게 사회 참여를 하죠. 하지만 본질적으로는 시스템, 데이터, 코드를 아는 사람이에요. 당신은 오랫동안 중추적인 자리에 있었어요. 시스템을 테스트하고, 통합하고, 비교하고, 대조하고, 운용하는 핵심적인 작업에 얼마나 오랜 시간과 노력을 기울였나요?

에릭: 아주 오랜 시간을 들였어요. 시스템과는 애증관계에 있죠. 시스템 설계를 처음 접한 건 대학생이던 1997년이었어요. 나는 언제나 데이터를 다루었어요. 금융학으로 바꾸기 전에 기상학과 과학을 배웠죠. 나는 역동적이고 복잡한 시스템을 좋아해요. 그 세계에서 생존하려면 의도치 않은 결과와 비선형적 관계를 이해해야 해요. 생태

계에서 하나의 종을 제거하면 전체 생태계가 무너질 수 있어요. 그 양상은 반직관적이에요. 자본시장은 내게 천성적으로 잘 맞았어요. 의도치 않은 결과와 오해로 가득한 궁극적인 비선형적 복합 시스템이라고 생각하기 때문입니다.

대학에 다니던 초반에 자연과학에서 금융학으로 전공을 바꾸었어요. 이후 바로 데이터에 이끌렸죠. 데이터베이스 설계, 데이터 수집, 데이터 정제, 데이터 모형화 같은 것들이요. 나를 겸손하게 만드는 경험이었어요. 내가 처음 설계한 기계적 시스템은 52주 저가에서 매수하고 52주 고가에서 매도하도록 되어 있었어요. 추세추종과는 반대죠. 백테스트 결과는 놀라웠어요. 자만심에 부풀었죠. 벌써 섬을 사들일 생각부터 하고 있었어요. 큰돈을 벌 것이라고 생각했어요.

금융학 강의 중에 수업의 일환으로 한 학기 동안 기계적 매매 시스템을 운용하는 게 있었어요. 그 결과가 점수에 반영되었죠. 그런데 내가 만든 시스템을 운용해보니 계속 손실이 나는 거예요. '내가 세상에서 제일 운 나쁜 사람인 걸까? 대체 왜 이러는 거지?'라는 생각이 들었어요. 중요한 건 이거예요. 백테스트를 다시 해보니까 계속 수익이 났어요. 그러니까 백테스트로는 돈을 버는데, 현실에서는 가상계좌에서 실제로 돈을 잃었어요. 그건 내게 실패가 아니었어요. 오히려 아주 중요한 걸 배울 수 있는 기회였어요.

모든 회계와 매매 신호를 검토하는 데 며칠이 걸렸어요. 그제야 내가 소위 생존 편향에 빠졌다는 걸 깨달았죠. 나는 그걸 사후예측 오류라고 불러요. 현실에서는 주식 가치가 0이 될 수 있어요. 파산

위기에 처한 기업의 주식이 그렇죠. 하지만 그런 주식은 상장폐지 되는 순간 데이터베이스에서 사라져요. 더 이상 백테스트에서 드러나지 않는 거죠. 마찬가지로 현실에서 인수되는 기업의 주식을 공매도한 경우 주가가 상승할수록 엄청난 손실이 나요. 그러다가 인수가 완료되면 해당 주식은 상장폐지를 거쳐 데이터베이스에서 사라지죠. 그래서 어느 때든 데이터베이스를 확보해서 백테스트를 돌려도 약 절반의 종목밖에 보지 못해요. 나머지 절반은 파산이나 인수로 상장폐지 되니까요.

이 두 유형에 속한 주식의 공통점은 뭘까요? 바로 추세예요. 파산을 앞둔 기업의 주식은 갈수록 하락하는 추세를 만들고, 인수되는 기업의 주식은 갈수록 상승하는 추세를 만들다가 역대 최고점에서 인수됩니다. 이런 산포dispersion, 데이터가 퍼져 있는 정도–옮긴이는 놓칠 수밖에 없어요. 실상을 모르면 데이터베이스의 양 꼬리 부분을 놓칩니다. 모든 기업의 동향, 모든 상장폐지 종목을 확인하지 않는다면 말이죠. 그러기 위해서는 비용과 시간이 많이 들어요. 그래서 누구도 하려고 들지 않아요. 하지만 실제 역사에서 전개된 양상을 모형으로 만들려면 그런 작업을 해야 해요. 시스템으로 일을 하려면 그런 기술을 갖춰야 해요. 그건 보상이 주어지지 않고, 누구도 이야기하고 싶어 하지 않고, 홍보자료에도 나오지 않아요. 그래도 성공할 가능성을 얻고 싶다면 해야 해요.

마이클: 나는 다른 측면에서 그 이야기에 공감해요. 아마 1990년

대 초반이었을 거예요. 서로 관련이 없는 다양한 트레이더들이 추세 추종 전략으로 운용형 선물을 운용한 데이터를 봤어요. 아주 복잡하게 보이지는 않았어요. 하지만 그때는 내가 데이터에서 본 걸 검증하는 그 어떤 것-조사나 데이터 또는 다른 사람들의 의견-도 없었어요. 그래도 흥미로운 데이터였죠. 약 15명의 트레이더가 같은 기간에 비슷한 수익이나 손실을 내고 있었거든요. 그들 사이에는 어떠한 관련도 없었죠. 그건 어떤 것이든 데이터 세트를 파고들면 깨달음의 순간이 찾아온다는 당신의 말과 관련이 있는 것 같아요. 당신은 "잠깐만, 왜 다른 사람들은 이것에 대해 이야기하지 않는 거지?"라고 말하죠.

에릭: 왜 더 많은 관심을 받지 못하는지 모르겠어요. 나는 거기에 관한 글을 블로그에 올리고 논문도 썼어요. 그래서 긍정적인 반응을 많이 얻었죠. 하지만 그건 나와 비슷한 관심사를 가진 소규모 집단에게서 나온 것이었어요. 크게 보면 대다수 투자자에게는 그 내용이 너무 지루하고 공부할 게 많은 것 같아요. 지금까지 20년 넘게 투자를 했는데, 해마다 새롭고 중요한 걸 배워요. 하루 종일 노력해야 해요. 나는 그런 것에 관심이 있고요.

세상에서 충만한 삶을 살아가는 사람들을 시기하지는 않아요. 그들은 회사를 운영하고, 가정을 꾸리고, 부동산을 사고, 그밖에 다른 일들을 해요. 그들이 데이터의 핵심을 파고들어서 이런 사실을 이해하기에 충분한 시간을 낼 방법은 없어요. 그래도 이야기를 들을 수는 있죠. 나는 그것을 4~5가지 중요한 요소로 잘 나누려고 해요. 그렇게 하는 일에는 어느 정도 성공한 것 같아요. 하지만 사람들이 10년, 15년, 20년을 기다려서 모든 걸 파악하고, 우리처럼 이런 개념에 익숙해지기를 기대할 수는 없어요.

마이클: 돌이켜 보면 우리가 너무 어렸고, 너무 일찍 시작했던 것 같아요. 경력이 달린 중대한 시스템을 갖고 있고, 수많은 사람이 완전히 다른 방식으로 돈을 벌고 있을 때는 변화에 오랜 시간이 걸려요. 사람들이 장기 보유 전략을 쓰는 나쁜 뮤추얼 펀드에 투자하게 만들면 많은 보수를 받아요. 그렇지 않나요?

에릭: 회전 톱 같아요. 오래되고 거대한 산업이죠. 거기에 침투해서 다른 일을 하는 건 해당 생태계에 속한 모든 사람의 행동을 조금 바꾸게 만들어요. ETF 업계나 뮤추얼 펀드 업계에서 대안 투자 상품을 출시하는 건 크게 환영받는 일이 아니죠. 그래도 거기에는 여지가 있어요. 그 세계에는 충족되지 않은 수요가 있습니다. 하지만 CTA 업계나 헤지펀드 업계에는 충족되지 않은 수요가 있는 것 같지 않아요. 이미 좋은 상품들이 많이 있으니까요.

방법을 찾아야 해요. 일부 사람들에게는 그게 분란을 일으킨다는 당신의 말이 맞아요. 그래서 사람들을 아주 잘 대해야 해요. 대가를 지불할 수 없으니까요. 신탁 규정과 관련된 모든 규정 때문에 대가를 지불할 능력은 사라졌어요. 그래서 지금 수많은 단절과 변화가 일어나고 있어요. 그만큼 기민하게, 열린 자세로, 필요할 때 방향을 전환하는 게 중요해요.

마이클: 분산화에 대해 이야기해보죠. 당신이 재무상담사가 아닌 청중을 상대로 회사의 규모에 대해 이야기한다고 가정해봅시다. 당신의 회사는 직원 수가 많지 않아요. 뒤이어 당신은 분산화를 강화하는 것에 대해 이야기해요. 모든 청중은 주식과 채권을 보유하고 있어요. 그들은 당신이 펀더멘털 같은 걸 연구하고 있다고 생각해요.

그러다가 당신이 여러 지역에 걸쳐 상품과 외환을 거래하는 능력에 대해 이야기합니다. 그러면 청중은 '잠깐, 이 사람은 어떻게 전 세계에 걸쳐서 이 모든 다양한 투자 상품과 시장을 다룰 수 있는 기술과 지식을 갖춘 거지? 바다에 유조선들이 어디 있는지 말해주는 똑똑한 직원들이 비밀 사무실에 가득 있는 걸까? 어떻게 이런 걸 할 수 있지?'라고 생각해요.

에릭: 과거에 몇 번 그런 경우가 있었어요. 사람들은 우리가 전 세계에 걸쳐 60개, 70개, 80개에 달하는 선물시장에서 매매한다는 걸 알면 가장 먼저 "육우는 누가 담당하나요? 대두는 누가 담당해요? 옥수수는 누가 분석해요?"라고 물어요. 각 부문에 대해 근본적인 의견이 있어야 시장에 참여할 수 있다고 믿는 거죠. 과거에 그런 질문에 답하기 위해 이런저런 접근법을 시도해봤어요. 그중에서 가장 성공적이었던 건 앞서 말한 것처럼 전체 대화의 흐름을 뒤집는 거였어요. 시스템 규칙을 기반으로 한 접근법으로 수많은 시장에 참여한

결과를 먼저 보여준 다음 거기서부터 거꾸로 이야기를 풀어가는 거죠.

마이클: 역설계를 하는 거네요. 왜 70명의 직원이 다른 매매 데스크를 운용하지 않는지 해명하는 게 아니라, "펀더멘털을 몰라도 해당 시장에서 돈을 벌 수 있어요"라고 말하는 게 아니라, 표준화된 모든 시장에 걸쳐서 동일하게 적용되는 규칙 기반 절차를 따르는 게 어떤지 보여주는 거죠. 이에 대해 모르는 사람들에게는 눈이 번쩍 뜨일 내용일 거예요.

당연히 사람들은 회의적인 반응을 보여요. 속으로는 '옥수수 거래 전문가가 있으면 훨씬 나을 거야. 밀 거래 전문가나 은 거래 전문가도 그렇고'라고 생각할 테니까요. 이에 대해 나는 "S&P 500이 특정 업종이나 개별 기업의 전문가인가요?"라고 질문해요. 아니죠. 러셀 3000은요? 역시 아니에요. 그런데도 이 지수들은 사실상 적극적인 모든 매니저를 이기지 않나요? 왜 그럴까요?

그다음에 우리는 논의를 시작했고, 수많은 CFA가 모든 펀더멘털을 연구하는 전통적인 뮤추얼 펀드에서 얻은 화려한 마케팅 자료가 큰 가치가 없을지 모른다고 깨닫기 시작해요. 이 두 가지 이야기를 하고 나면 청중들이 훨씬 수용적인 태도로 변해요. 지금은 그런 말이 더 이상 많이 나오지 않죠. 그 이유는 아마 운용형 선물이 실제로 사람들에게 하나의 자산군이 되었기 때문일 거예요. 10년 전에 내가 처음 뮤추얼 펀드시장에 진출하기 시작했을 때만 해도 사람들은 운용형 선물이 뭔지도 몰랐어요.

잠깐만 당신에 대해 깊이 이야기해보죠. 선불교의 격언을 인용하고 싶어요. 나는 트위터로 선불교에 대한 피드를 두어 개 팔로우해요. 10개 중 5개는 추세추종 전략에 따른 운용형 선물에 맞는 내용인 것 같아요. 내가 인용하려는 격언은 "높은 이해는 아무것도 이해하지 못하는 데서 온다"라는 거예요.

에릭: 더 자세히 말해줄 수 있어요? 그 말이 당신에게는 어떤 의미죠?

마이클: 펀더멘털과 직결되는 말이에요. 펀더멘털은 파고들면 끝이 없고, 수없이 많은 데이터 세트가 있을 수 있어요. 펀더멘털을 이해할 수 없다는 사실을 인정하고 나면 뭐가 남죠? 다른 어떤 방식으로 이 상황을 바라보고 더 높은 차원의 이해에 이를 수 있을까요? 무엇이 흥미로울까요? 무엇이 유용할 수 있을까요?

에릭: 동의해요. 하지만 내가 누군가로 하여금 거기서 지혜를 얻도록 만드는 방식은….

마이클: 선불교의 격언을 들려줄 건가요?

에릭: 네, 나는 그걸 좋아해요. 내가 가장 좋아하는 책은 《이솝우

화》예요. 나는 거기에 나오는 대부분의 이야기를 추세추종 전략에 따른 운용형 선물에 적용할 수 있다고 생각해요. 선불교의 격언과 같은 경우 아닌가요?

이 점은 중요해요. 더 많은 정보가 더 낫고, 숙제를 해야 하고, 자신이 하는 일을 알아야 한다는 타고난 성향을 극복하기는 어려워요. 당신이 말하는 바는 어떻게 하면 그게 잡음에 불과하고, 인간은 그 모든 정보를 부정확하게 활용하여 거래나 투자를 망칠 것이라는 사실을 사람들이 인정하게 만드느냐는 거죠.

나는 사람들에게 주로 사례를 제시해요. 스포츠에 대한 비유도 즐겨 하죠. 가령 "시호크스Seahawks와 카디널스Cardinals가 붙으면 누가 이길 것 같나요?"라는 식으로 물어요. 그해에 시호크스의 전력이 카디널스보다 훨씬 강했다고 가정해보죠. 대부분의 해에 그렇지만요. 사람들은 "당연히 시호크스죠"라고 대답해요. 나는 "좋아요. 만약 카디널스의 가산점이 4.5점이라면요?"라고 물어요. 그러면 그들은 더 많이 생각해야 해요. "잠깐만 기다려 봐요"라고 말하면서요.

그리고 그들이 뭘 할까요? 바로 펀더멘털 측면부터 살펴요. 선수들에 대해 이야기하기 시작하죠. 어떤 선수가 부상에서 회복되었느니 하면서 말이죠. 그런 모든 점을 살펴요. 나는 "그런 점들은 가산점에 이미 반영되지 않았을까요? 모든 참가자, 가산점을 계산하는 사람들, 스포츠 베팅업체들, 라스베이거스, 폭스 스포츠 등이 당신보다 가산점을 더 잘 계산하지 않을까요? 가산점이 5.5점이 되면 어떨까요? 7.5점이 되면요?"라고 물어요. 그들은 "그러면 뭔가가 분명하게 바뀐 거죠"라고 말해요. 나는 "당신은 그 변화가 무엇일지 몰랐어요. 그런데도 가산점을 믿어요. 공정할 거라고 생각하는 거죠"라고 말해요.

그러면 사람들은 우리가 말하는 할인 메커니즘에 대해 생각하기 시작해요. 할인 메커니즘이 당신으로부터 달아나기 시작하면, 당신이 펀더멘털을 얼마나 잘 분석하는지는 상관없어요. 현실에서, 실제 돈으로, 실시간으로 그것들을 반영하죠. 당신의 지성이 집단지성보다 뛰어나지 않다면 세금, 거래비용, 모든 조사 작업 등에 대한 비용을 극복해야 해요. 당신이 훨씬 더 뛰어나지 않다면 펀더멘털 분석은 그다지 도움이 되지 않을 거예요.

이런 식으로 설명하면 사람들은 마지못해 "말이 되네요. 알겠어요"라고 말해요. 하지만 그들의 지적 토대에는 여전히 구멍이 있어요. 거기에 의존할 수 없다면 어떻게 해야 할까요? 이게 더 큰 주제예요.

마이클: 라스베이거스에서 스포츠 펀드를 운영하는 최대 스포츠 플레이어들은 마치 결과를 내다볼 수 있는 초능력자 같은 아우라를 갖고 있어요. 하지만 이면에서는 모든 걸 코딩으로 처리하고 퀀트 시스템을 이용해요. 우리가 하는 일과 크게 다르지 않죠.

에릭: 짧은 이야기를 하나 들려줄게요. 나는 데이터 덕후예요. 도박은 안 하지만, 스포츠 데이터베이스에 접속하곤 했죠.

나는 농구와 야구에 대한 모든 통계를 내려받아서 데이터베이스로 만들었어요. 그다음에 간단한 추세추종 시스템을 만들고 베팅 내역을 기록했어요. 그걸 누적 확률분포로 그려서 나란히 놓았죠. 나는 사람들에게 그걸 보여주며 어느 게 야구인지 물었어요. 야구는 투수, 타율, 출루율, 장타율을 활용했어요. 농구는 리바운드, 가로채기 등을 비롯한 수많은 요소를 선수별, 팀별, 기간별로 분류했죠. 누구도 둘을 구분하지 못했어요. 팻 테일, 연속 기록, 추세, 뭐든 똑같았어요. 사람들은 차이를 구분하지 못했고, 나도 그랬어요. 경쟁은 그렇게 팻 테일, 연속 기록, 추세를 만들어요. 그게 삶의 팩트예요.

마이클: 나는 도박을 한 적이 없어서 잘 몰라요. 그래도 흥미로운 건 팀으로 블랙잭을 할 때 고릴라 역할을 맡는 거예요. 〈트렌드 팔로잉〉에서 인터뷰한 MIT 블랙잭 팀의 리더가 그 이야기를 해주었어요. 고릴라 역할을 맡은 사람은 전체 기획의 일부는 아니지만 확률이 유리해졌을 때 거액을 베팅하죠. 그는 내게 과정이 어떻게 진행되는지 보여주고 싶어 했어요. 나중에 때가 되면 나도 한번 해보고 싶어요.

에릭: 도박이나 스포츠 베팅, 시스템 트레이딩 사이에는 비슷한 점이 많아요. 그래도 내게는 엄청난 의미를 지닌 큰 차이점이 있어요. 하나는 경제와 사회에 보탬에 되지만 다른 하나는 기생한다는 거예요. 비난하려는 게 아니에요. 내게는 그 점이 중요하다고 말하는 거예요. 선물 거래는 의견을 표현하고, 비대칭 베팅을 설계하고, 필요한 시기에 상업적 위험회피자commercial hedger, 특정 상품의 가격 변동 위험을 감수하지 않으려는 자들에게 유동성을 제공하는 방법이에요. 이론적으로는 그 대가로 지

속 가능한 위험 프리미엄을 누려요. 그들이 당신을 상대로 손해를 보면 당신은 이득을 얻어요. 하지만 그들도 이득을 봐요. 그들이 하는 거래는 그들이 재무상태표에서 제거하려는 리스크와 큰 음의 상관관계를 이루거든요. 그래서 투자에서 레버리지를 활용하거나 투자를 확대할 자신감을 부여하죠. 이는 추세추종자와 위험회피자들이 이루는 공생적이고 상호적인 관계예요. 그래서 오랫동안 지속된 것이고, 50년 동안 효과가 있었던 것입니다.

마이클: 비난하지 않는다니 당신은 성격이 좋은 사람이네요. 나는 라스베이거스 카지노에 가서 도박은 하지 않고 음식을 먹으며 즐거운 시간을 보냈어요. 하지만 슬롯머신 앞에 앉아서 돈과 시간을 날리는 수많은 노인을 보면 서글펐어요. 몇 년 전에는 버니지아주 리치먼드의 복권 판매소 밖에서 여러 대의 카메라를 동원하여 한 청년을 인터뷰했어요. 그는 순진한 공무원이었는데, 복권을 사는 이유가 은퇴자금을 마련할 수 있는 유용한 수단이기 때문이라고 태연하게 말하더군요. 그의 태도는 진지했어요. 그는 수학적으로 유리하기 때문에 계속 복권을 사면 은퇴자금을 마련할 수 있다고 생각했어요.

도박은 그런 측면에서 해로워요. 당신도 그렇게 생각해서 가까이 하지 않았겠죠. 나는 그 부분에 있어서는 자유주의적 입장이에요. 사람들이 복권을 사는 건 괜찮아요. 도박을 하는 것도 괜찮아요. 다만 사람들이 복권에 중독되도록 정부가 부추기는 건 조금 못마땅해요. 내가 생각하기에 사람들이 자유 의지로 라스베이거스에 가서 즐기고 싶어 하는 것과는 완전히 다른 문제예요.

추세추종자와 위험회피자들은 공생적이고 상호적인 관계에 있습니다.

에릭 : 그 말에 동의해요. 나도 그 부분은 인정하지 않아요. 사실 1990년대 말에 대학에서 학생들을 가르친 적이 있어요. 비즈니스 수학과 컴퓨터공학 기초를 가르쳤죠. 두 강의에서 첫 시간에 가르친 게 도박꾼의 오류였어요. 앞서 언급한 복권 청년은 계속 같은 숫자에 걸면 언젠가는 맞을 거라고 생각했을 겁니다. 그건 도박꾼의 오류예요. 여러 개념을 혼합해서 동시에 두 가지 방식으로 가르치는 방법이 있어요.

마이클 : 많은 사람이 투자라고 하면 이 해에, 이 시장에서 꾸준하게 이루어지는 일이라고 생각해요. 그래서 뭔가가 일어날 거라고 큰 기대를 하죠. 하지만 당신의 사업에서 운용형 선물 부문을 보면 그 해의 결과가 어떻게 될지 알 수 없어요. 어느 시장이 수익이나 손실을 안길지 예측할 수 없어요. 사람들에게 그 점을 어떻게 설명하나요?

에릭 : 두 가지 접근법이 있어요. 하나는 솔직하게 밝히는 겁니다. 종종 상징과 비유를 써서 요점을 전달해요. 가령 벤처 캐피털에 비유하기도 해요. 나는 실리콘 밸리에서 8년 동안 살았어요. 거기서 일하는 사람들을 알고, 벤처 캐피털과 그들의 성과 구조가 어떻게 되는지

아주 잘 알아요. 그들과 비공식적으로 이야기해보면 그들도 자신들이 투자한 50개의 스타트업 중에서 어디가 잘될지 모릅니다. 그냥 그중 한두 개가 100배의 수익을 안길 거라는 데 베팅하는 거죠. 나머지 스타트업의 경우는 투자한 돈을 고스란히 잃어요. 데이터를 보면 그런 양상이 꾸준하게 전개됩니다. 극소수가 모든 수익을 책임지죠. 그들이 잘될 때 단단히 붙잡아야 하고, 잘되지 않는 나머지 스타트업에 대한 손실을 제한해야 해요. 벤처 투자자들이 당신을 솔직하게 대한다면 어떻게 돌아가는지 말해줄 거예요.

내가 즐겨 비유하는 건 NFL 신인 선수 선발전이에요. 당신이 좋아하는 팀이 1차, 2차, 3차에서 선수를 지명했는데 알고 보니 형편없었던 경우는 얼마나 되나요? 지금까지의 NFL 신인 선수 선발전을 평가하면 아마 2차 후반, 3차 초반이 가장 좋을 겁니다. 1차 지명 선수들에게는 거액을 지불해야 하거든요. 금액 대비 성과로 따지면 대부분은 2차 후반, 3차 초반인 셈이죠.

이는 다소 반직관적이에요. 신인 선수를 지명할 때 그중에서 누가 슈퍼스타가 될지에 대한 단서가 없습니다. 데이터는 지표에 기반하여 무작위적으로 선택하는 방식이 (대부분의 단장이나 감독들처럼) 직관에 의존하는 방식보다 효과적이라고 말해요. 시호크스는 예외적인 경우죠. 그들은 해냈어요. 신인 선수로 파란을 일으켰죠. 그게 운이었는지 기술이었는지는 모르겠어요.

마이클: 무작위적 선택이라, 그건 사람들을 아찔하게 만들 수 있

어요. 그래도 벤처 캐피털, 실리콘 밸리, 스포츠를 비유한 건 아주 멋지네요. 좋아요. 벤처 캐피털에 대한 비유는 쉽게 이해할 수 있어요. 수많은 검색 엔진이 있었는데 구글이 승리했죠. 사람들은 그걸 이해할 수 있어요. 신인 선수 선발전에 대한 비유도 이해할 수 있어요. 타당하니까요. 그런 마음가짐을 가지면 '세상에는 거래할 수 있는 수많은 시장이 있어. 그러니 신인 선수 선발전에 대한 새로운 사고방식을 시장에 적용하면 어떨까?'라고 생각하게 되죠.

에릭 : 내가 사람들에게 말하는 건 우리의 투자 절차를 믿는다는 겁니다. 그건 약간 벤처 캐피털과 비슷해요. 우리는 원두가 수급 불균형을 겪을지, 급등할지 급락하지 몰라요. 은이 대박을 칠지, 독일 채권이 대박을 칠지 몰라요. 그런 걸 미리 알 수 있는 방법은 없어요. 다만 우리는 우리의 투자 절차를 믿어요. 우리는 상향 돌파에 매수 포지션을 잡고, 하향 돌파에 공매도 포지션을 잡아요. 또한 포트폴리오의 상황을 참고하여 특정한 거래에 대한 리스크를 조정해요. 그다음에 손실이 나면 엄격하게 손절매하고 같은 절차를 진행해요. 그걸 반복하는 거죠.

대다수 사람은 우리의 투자 절차를 이해하고 나면 '일정한 기간 동안 통하는지 보고 싶어'라고 생각해요. 그다음에 20%의 거래에서 수익의 80%를 올린 성과 기여 현황을 보면 "와, 그 20%를 미리 파악할 수 있다면 좋겠네요"라고 말해요.

나는 "물론 좋겠죠. 하지만 그러려면 세상의 모든 돈을 가져야 해요. 당연히 그건 현실적이지 않아요"라고 말해요. 나는 S&P 500이 거대하고 멍청한 추세추종 시스템이라고 설명해요. 엄청 느리게 움직이고, 절세 효과가 있으며, 가성비 좋은 거래가 가능하죠. 하지만 비중이 큰 기업일수록 더 큰 가중치를 부여해요. 어떤 기업의 주가가 하락 추세를 보이기 시작하면 더 낮은 등급으로 재조정되고, 결국에는 퇴출되죠. 대부분의 사람이 S&P 500이나 러셀 3000으로 정의하는 주식시장을 믿는다면 이미 추세추종 시스템을 믿는 겁니다.

마이클: 큰 그림에 대해 이야기해보죠. 지난 20년 동안 바뀐 게 있나요? 우리가 가진 이야기의 요점은 둘 다 수정구슬을 갖고 있지 않다는 것입니다. 하지만 연준이 구조적 측면에서 행동을 취했다는 거죠? 정부의 행동이 있었나요? 새로운 편향이 있었나요? 심리적 붕괴가 있었나요? 역사적으로 볼 때 지금은 뭔가 다른가요? 우리는 변화에 직면해 있나요, 아니면 과거와 다를 게 없나요? 그래서 새로운 기회나 블랙 스완이 나타나면 당신은 혜택을 볼 포지션에 있나요?

에릭: "아무것도 바뀌지 않았어요. 우리는 늘 하던 대로 할 겁니다"라고 말할 수 있었으면 좋겠어요. 하지만 그건 사실이 아니에요. 현재의 금리 수준은 현대사에서 우리가 접한 어떤 수준과 비교해봐도 게임 체인저예요. 근래에 한 고객과 프로젝트를 진행했어요. 나는 금리가 올라갈 수 있는 거의 모든 경로에 대해 몬테카를로 시뮬레이션Monte Carlo simulation, 불확실한 상황에서 의사결정을 하기 위해 확률적 시스템을 활용하는 시뮬레이션–옮긴이을

돌렸어요. 그리고 그에 따라 다양한 채권의 수익률이 어떻게 될지 고객에게 보여주었죠. 그 의도는 모든 경우를 조망하는 것이었어요. 사람들은 금리가 급등하거나, 마이너스가 되거나, 횡보하거나, 그 사이에 있는 모든 양상을 머릿속으로 그릴 수 있어요. 하지만 채권 포트폴리오의 수익률이 어떻게 될지는 몰라요. 미국과 전 세계의 수많은 자금이 채권에 투자되어 있어요. 대다수 전통적인 포트폴리오는 리스크 관리 차원에서 30%나 40%, 50%의 자금을 채권에 할당해요.

시뮬레이션의 결과는 흥미로웠어요. 안 좋았거든요. 향후 플러스 수익률이 나오는 경우가 드물었어요. 그 이유를 파악하는 건 어렵지 않아요. 지금의 수익률은 아마 미 국채 10년물 수익률 대비 70베이시스포인트일 거예요. 그걸 전체 채권시장의 대리지표로 삼아봅시다. 역사적으로 채권 투자에 따른 거의 모든 수익은 이자 부분에서 나와요. 자본 이득도 때로 의미 있게 보일 수 있어요. 하지만 장기적으로는 평균이 거의 0에 수렴해요. 사실 10년물 채권을 계속 보유하고 롤오버할 경우 현재 수익률을 10년에 걸친 연평균 수익률에 대한 아주 정확한 예측 지표로 삼을 수 있어요.

거기에 일반적인 자문 수수료인 1%를 감안하면 채권에 대한 기대수익률이 상당한 마이너스가 됩니다. 게다가 인플레이션까지 감안해야 해요. 역사적 수치의 절반만 잡아서 1.5% 정도를 빼면 연수익률이 -3%에서 -5%입니다. 이것이 전체 몬테카를로 시뮬레이션 결과의 중윗값이에요. 그래서 나는 실제로 돈을 버는 경우를 분리해보기로 결정했어요. 국채를 비롯한 거의 모든 투자등급 채권 중에서 향후 10년에 걸쳐 긍정적인 실질 수익률을 거둔 경우는 3% 미만이었어요. 아주 중대한 사실이죠. 나는 과거로 돌아가 그게 현실이었던 시대를 볼 수 없어요. 또한 앞서 말한 대로 채권시장에는 상당한 자금이 들어와 있어요.

또 다른 점이 있어요. 사람들은 채권을 효과적인 위험회피 수단으로 삼는 데 익숙해졌어요. 주식시장이 의미 있게 하락할 때마다 무위험 국채의 가격이 상승할 거라고 기대했죠. 그런 추세가 약해지고 있어요. 시간이 갈수록 더 그래요. 지금 대다수 사람은 나이가 어려서 1990년대 이전에는 채권과 주식이 음의 상관관계가 아니라 양의 상관관계를 이루었다는 사실을 몰라요. 채권은 양호한 위험회피 수단이었지만 아주 좋은 건 아니었어요. 지금도 채권과 주식의 상관관계가 조금씩 높아지는 게 보여요. 매 분기 조금씩 높아져요. 이 두 가지를 결합하면 광범위한 재난의 불씨가 되고, 사람들은 기대에 훨씬 못 미치는 결과를 얻게 될 겁니다. 내가 보기에 위기가 다가오고 있어요.

이것이 내가 이 일을 하도록 동기를 부여했습니다. 채권을 신뢰할 수 없다면 주식에 대한 효과적인 분산 수단으로 다른 뭐가 있을까요? 선택의 폭이 아주 좁아요. 어떤 사람들은 금을 내세워요. 금은 분산 수단으로서 타당한 효력을 지닙니다. 하지만 항상 그런 건 아니에요. 주식처럼 급락하는 때도 있어요. MLP Master Limited Partnership, 마스터합자회사는 주식과 다소 비상관성을 지니지만 뛰어난 분산 수단은 아니에요. 적어도 적대적인 시장 여건에서는 그래요. 나의 관점에서 최고의 분

이제는 이전보다 운용형 선물에 더 열의를 가져야 합니다.

산 수단은 운용형 선물입니다. 지난 50년 동안 채권보다 더 효과적이었어요. 또한 내가 보기에는 지금의 채권처럼 침체에 빠질 일이 없어요. 내가 말하려는 바는 이제는 이전보다 운용형 선물에 더 열의를 가져야 한다는 거예요. 누구도 진지하게 받아들이지 않는 이 끔찍한 문제를 해결할 진정한 잠재력이 있거든요.

마이클: 1997년, 1998년이 생각나네요. 회계사와 의논하면서 처음 자산관리를 시작할 때였어요. 당시에는 나이가 어려서 재산이 많지 않았어요. 회계사는 "아주 간단해요. 부채 없이 200만 달러를 은행에 넣고 6% 이자를 받으면 모든 준비가 끝나요"라고 말했어요. 그게 1998년도식 논리였죠. 지금은 무슨 오즈의 마법사에나 나올 법한 환상 같은 이야기죠. 상상도 하기 힘들어요.

당신이 한 말과 관련된 또 다른 문제는 사람들이 나이가 들어가도 더 이상 채권처럼 매달 월세로 쓸 현금을 은행에 넣어주는 상품을 갖고 있지 않는다는 거예요. 우리는 그 밥그릇을 치웠어요. 이제 남은 선택은 약간 더 위험한 걸 좇든지 굶든지예요. 당신의 몬테카를로 시뮬레이션이 보여주는 대로 채권의 가치는 사라졌어요.

에릭: 맞아요. 그래도 순서대로 하면 그걸 사람들에게 설명하기가 어려워요. 앞서 말한 대로 나는 순서를 자주 바꿔요. 운용형 선물과

그것이 해결하는 문제에 대해 이야기하는 게 아니라 다른 관점에서부터 시작해요. 그다음에 올웨더 투자와 내가 그것을 좋아하는 이유에 대해 이야기합니다. 나는 대비하는 걸 좋아해요. 또한 균형 잡힌 게 아니라 안정된 걸 좋아하죠.

안정성과 균형 사이에는 큰 차이가 있어요. 안정성은 상황이 바뀔 때 균형을 유지하는 능력이에요. 균형은 현재 상태죠. 물구나무를 선 사람은 현재 균형을 잡고 있어요. 그렇다고 그게 안정된 자세인가요? 꼭 그런 건 아니에요. 올웨더 투자를 이야기하려면 포트폴리오에 주식과 채권에 더하여 외환과 상품을 넣는 것에 대해 이야기해야 합니다. 그게 운용형 선물이 하는 일이니까요. 이 네 가지 다른 자산군에 존재하는 크고 지속적인 추세를 활용하는 것 말이에요.

다른 두 개의 크고, 깊고, 유동적인 자본시장의 위험 프리미엄을 취해야 해요. 외환시장에는 큰 추세들이 존재합니다. 50년 동안 그랬어요. 상품시장은 숏 포지션이나 롱 포지션으로 돈을 벌 수도 있고 잃을 수도 있는 또 다른 대칭적 시장이에요. 그래도 포트폴리오에 넣어야 한다고 생각해요. 그게 탁월한 분산 수단이 되지 못할 이유가 없어요.

이렇게 올웨더 접근법에서 시작해서 내 돈으로 투자할 때도 이 방법을 따른다고 이야기해요. 그리고 역사적으로 어떤 성과가 있는지 보여줍니다. 좋은 예로서 올웨더 접근법을 따르면서 성공한 투자자들이 있어요. 평범한 일반 투자자도 그렇게 할 수 있어요. 모든 걸 주식과 채권에 몰아넣을 필요는 없어요. 지금도 대부분의 사람은 여전히 그렇게 해요. 그것도 괜찮지만 다른 선택지도 있어요.

마이클 : 새 회사를 만들고 사업을 시작한 걸 축하드립니다. 또한 내가 〈트렌드 팔로잉〉에서 가장 좋아하는 게스트 중 한 명인 톰 바소를 의장으로 모신 것도 축하드려요.

에릭 : 톰을 안 지는 20년이 넘었어요. 대단한 사람이죠. 뛰어난 CTA를 운영했어요. 그는 자신이 하는 일을 잘 알아요. 그래서 회사에 큰 도움이 됩니다. 지난 20년 동안 아주 많을 걸 배웠어요.

말한 적이 있는지 모르겠지만 1999년에 그의 회사에 지원한 적이 있어요. 그는 내게 불합격 통보문을 보냈어요. 당시 회사 대표도 따로 불합격 통보문을 보냈어요. 그런데 그 내용이 아주 정성스러웠어요. 여러 문단으로 되어 있었고, 매우 일관성이 있었어요. 매매 시스템을 구축하고, 진입 지점과 지표 같은 것에 초점을 맞추는 일을 피해야 하는 이유를 제시하는 내용이었죠. 그들은 내게 투자를 한 거예요. 그건 그 어느 때보다 기분 좋은 실패였어요. 나는 그 점을 명심하고 그들에게서 많은 걸 배웠어요.

톰은 내가 애리조나로 이사 가서 마침내 그를 만났을 때 자신이 그랬다는 걸 기억조차 하지 못했어요. 그래도 그를 우리 팀에 둘 수 있어서 아주 기뻐요. 그는 투자를 잘 알고 있고 나보다 경험도 많고 아주 오랫동안 투자를 했어요. 1980년대에 대형 CTA를 운영했고, 내게는 환상적인 배움의 원천이죠.

마이클: 그는 시대를 뛰어넘어요. 지금은 소셜 미디어로 두 번째 인생을 사는 것 같아요. 아주 많은 사람이 그의 통찰에 관심을 갖고 그걸 원해요. 당신들이 협력해서 새 회사를 일으킬 기회를 얻게 되었다니, 정말 잘되었어요.

에릭: 그는 나이를 먹지 않아요. 지금도 40살처럼 보여요. 활동적이고, 골프를 치고, 전 세계를 여행해요. 대단한 라이프스타일을 갖고 있어요. 나중에 나도 그렇게 살았으면 좋겠어요.

마이클: 관심사 중에서 우리가 아직 이야기하지 않은 게 있나요? 회사와 직접적인 관련이 없더라도 당신이 끌리는 거라면 뭐라도 괜찮습니다.

에릭: 근래에 하는 생각은 우리가 너무나 많은 좋은 것을 눈앞에서 놓치고 있다는 겁니다. 소셜 미디어, 불안, 코로나, 실업, 사회보장, 이 모든 사안 때문에 사람들은 눈앞에 있는 좋은 것을 간과하고 있어요. 과거보다 더 그래요.

이게 우리가 존재하는 양상의 한 일화에 불과해서 어서 지나갔으면 좋겠어요. 우리가 할 수 있는 건 주어진 패를 받아서 능력껏 최선을 다해 플레이하고, 차트의 오른쪽에서 거래하는 것입니다. 우리는 앞으로 나아가 불확실성에 대처해야 해요. 나는 약간 냉소적인 사람입니다. 하지만 진보적인 사람과 이야기하든, 보수적인 사람과 이야기하든 세상에는 여전히 좋은 게 아주 많아요. 문제는 그게 눈앞에 있는데도 우리가 놓치고 있다는 겁니다. 우리가 퇴보한 수준을 보면 조금 우울해요. 이 일화가 어서 끝났으면 좋겠어요. 그것과 우리의 직업 사이에는 약간의 공통점이 있어요.

마이클: 당신이 알지도 모르겠지만, 나발 라비칸트Naval Ravikant라는 엔젤 투자자가 있어요. 일전에 트위터에서 그의 말을 인용한 글을 봤어요. "언론의 목표는 모든 문제를 당신의 문제로 만드는 것이다"라는 내용이었어요. 이 말은 당신이 말하는 것과 맞닿아요. 그것은 모두 선전이니 꺼버리라고 했죠. 그다음에 주위를 둘러보고, 스스로 조사하고, 독자적인 일을 하라는 거예요. 그러면 그들이 매일 던져주는 미리 만들어진 오트밀을 먹는 것보다 훨씬 흥미로운 삶을 살 수 있는 뭔가를 찾게 돼요.

에릭: 정보는 지혜가 아니에요. 모든 정보가 유용한 것도 아니고요. 내가 보기에 소셜 미디어는 상당 부분 정신적인 불량식품이에요. 물론 좋은 일에 쓰는 사람도 있지만 사람들에게서 최악의 모습을 끌어내요.

마이클: 나는 블로그를 운영합니다. 나는 다른 사람들이 하는 말은 크게 신경 쓰지 않아요. 가끔 댓글을 보긴 하죠. 그게 유용하면 뭔가를 배워요. 나에게 블로그는 공적 일기장이에요. 무엇이든 관심

이 가는 게 있으면 거기 올려요. 그게 저술가들이 하는 일이죠. 하지만 많은 사람은 그걸 정보나 통찰을 나누는 수단으로 보지 않아요. 정신 나간 설전의 장으로 보죠. 그런 측면에서는 위험해요.

에릭: 나는 그걸 고속도로 운전에 비유해요. 고속도로를 달리다 보면 못된 인간들이 있어요. 대부분의 운전자는 그냥 집이나 일터로 갈 뿐이에요. 하지만 고속도로 운전은 불안이 쌓이게 만들고, 사람들이 지닌 최악의 면을 끌어내요. 몇 명만 잘못해도 모두가 피해를 보죠. 그런 점을 알아야 해요.

정보는 지혜가 아니에요. 모든 정보가 유용한 것도 아니고요.

8장

도널드 위조렉

- Donald Wieczorek -

누적 수익률 592%, 공격적인 추세추종자

도널드 위조렉은 퍼플 밸리 캐피털Purple Valley Capital의 설립자 겸 대표다. 그는 윌리엄스칼리지Williams College에 다닐 때 JP모건의 주식자본시장그룹에서 여름 동안 애널리스트로 일하면서 금융계 경력을 시작했다. 그는 2008년에 대학을 졸업한 후 퍼플 밸리 캐피털을 공식 출범했다. 이후 시스템적 위험관리 전략을 활용하여 고객의 자본을 전문적으로 운용하기 시작했다. 그는 퍼플 밸리 캐피털의 매매 전략과 고객 서비스를 책임지며, 회사의 전략적 방향을 설정한다.

☑ 마이클의 노트

도널드 위조렉은 추세추종 부문에서 잘 알려진 사람은 아니다. 하지만 그는 대박을 노린다. 그는 1970년대와 1980년대에 봤을 법한 투자 실적을 보유하고 있는데, 이는 빌 던과 존 헨리, 리처드 데니스를 유명하게 만든 투자 실적과 비견할 만하다. 그가 2019년부터 2022년까지 추세추종 부문에서 한 일은 스테로이드를 맞은 베이브 루스Babe Ruth의 모습과 같다.

마이클 코벨(이하 마이클): 2004년에 처음 대화를 나눈 후 당신의 투자 실적을 확인했어요. 그해는 당신에게 아주 좋은 해였어요. 수익률이 87%였죠? 하지만 2014년 이후에는 수익률이 가파르게 하락했어요. 나는 '모든 걸 걸었고, 전적으로 시스템을 고수하고 있어. 고위험, 고수익을 노리는 거야. 버티기로 작정했군'이라고 줄곧 생각했어요. 그러다가 2020년이 찾아왔어요. 당신은 폭주 기관차처럼 달려와 모두를 제쳤어요.

도널드 위조렉(이하 도널드): 분명히 격정적인 몇 년이었어요. 2014년에 우리가 마지막으로 대화를 나눈 무렵에 두어 해 동안 좋은 수익을 올렸어요. 추세가 나타났고, 많은 선물시장은 좋은 동향을 보였어요. 그 직후에 2015년부터 2019년 말까지 5년에 걸친 하락기로 접어들었죠. 2014년의 전고점에서 70%나 하락했어요.

그때는 힘들었어요. 추세를 찾을 수 없었거든요. 인플레이션도 없었고, 디플레이션도 없었어요. 경제 성장이나 대규모 경기 침체도 별로 없었어요. 대형 추세를 만들 만한 촉매가 많지 않았어요.

마이클: 한 걸음 물러서 보죠. 당신은 대다수 전통적인 추세추종자들보다 약간 더 높은 위험과 보상 수준에서 이 게임을 하고 있죠?

도널드: 나는 공격적으로 고수익을 추구하는 구세대 추세추종 전략을 운용해요.

마이클 : 당신의 전략이 얼마나 공격적으로 고수익을 추구하는지 사람들에게 알려줄게요. 당신의 2020년 수익률은 193%였어요. 정확히는 193.2%였죠. 당신은 10억 달러짜리 펀드를 운용하는 건 아니지만, 그래도 엄청난 수치죠. 1970년대에는 이런 수익률로 투자를 시작한 사람들이 많았어요. 어린 세대들은 "비트코인 수익률에 비하면 193%는 아무것도 아냐"라고 말할지도 모르지만요.

2020년 1월로 접어들었을 때 코로나는 이미 아시아를 덮치기 시작했어요. 그러더니 쾅, 하고 시장에 폭탄이 떨어졌죠. 다른 사람들은 무슨 일이 일어나고 있는 건지 알기도 전에 당신은 2월에 17%의 수익을 올렸어요. 3월에 미국의 모든 사람이 제정신을 잃기 전에 당신은 이미 2월에 시장에서 뭔가 일이 터질 것임을 알았어요. 당시 상황을 설명해주실 수 있나요? 그것은 마치 지진을 감지한 새들이 미리 날아가는 것과 같았어요. 추세추종으로 뭔가를 일찍 감지한 거니까요.

도널드 : 맞아요. 시장은 탄광의 카나리아와 약간 비슷해요. 추세추종 매매 신호는 시장이 추세를 이루기 시작할 때 포지션을 잡도록 해줘요. 거대한 추세가 만들어지고 있다는 걸 대중이 인식하기 훨씬 전에 말이죠. 2월에 주식시장이 약간 돌아서기 시작했어요. 채권시장은 조금씩 상승하기 시작했고요. 시장에 어느 정도 스트레스가 있었어요. 대다수 사람은 '일반적인 조정일 뿐 별것 아냐. 저가에 매수하자. 이전 추세가 계속될 거야'라고 생각했어요. 반면 나의 전략은 이런 진입들을 보고, 예를 들어 원유를 공매도했어요. 이런 시장들 다

수에서 추세가 반전되었어요. 우리는 포지션을 잡기 시작했고, 2월에 좋은 수익을 올렸죠. 일이 터진 건 3월이었어요. 그때 주식시장이 무너지기 시작했어요. 미국에서는 경제 활동이 멈추기 시작했죠.

마이클 : 2020년 3월에 역대 최고 수익률을 기록했죠?

도널드 : 맞아요.

마이클 : 56.5% 수익률을 기록했어요. 숫자만 말해도 즐겁네요.

도널드 : 5년 동안 수익률이 하락한 다음이라 날아갈 것 같은 기분이었어요. 4, 5개월 전만 해도 다른 추세추종자들에게 "다음 추세가 나올지 모르겠어요. 5년 동안 아무런 추세가 없었고, 어디서 나올지 모르겠어요. 언제 나올지도 몰라요"라고 말하곤 했죠. 5년 동안 수익률이 하락했다는 건 2,000일 동안 아침에 일어나면 "아직도 수익률이 하락하고 있어. 좋은 여건이 언제 다시 생길지 모르겠어"라고 말했다는 거예요.

마이클 : 수익률 하락이라고 말했지만, 분명히 해둘 필요가 있는 게 당신이 최상단에 있는 다른 투자 실적들도 봤어요. 그러니까 말하자면 당신은 차를 빠르게 운전하는 편인 것 같아요.

도널드: 맞아요. 다만 리스크는 관리해요.

마이클: 당연히 그렇겠죠. 당신은 도박꾼이 아니에요. 당신은 이 게임을 선택했고, 처음부터 리스크 관리가 뭔지 알았어요. 이전 세대 투자자들의 모범을 따랐죠. 당신과 이야기를 하는 동안 수치를 적어 봤는데, 당신의 회사에서 가까운 플로리다주 스튜어트에 있는 던의 최고 수익률이 얼마였죠? 67%였나요?

도널드: 맞아요. 그들도 우리와 비슷하게 4, 5년 동안 침체기를 겪었어요. 추세추종을 하다 보면 그런 일이 있어요. 게다가 나는 공격적으로 자금을 운용하는 편이죠. 그건 스포츠카를 운전하는 것과 같아요. 그래도 여전히 시속 25킬로미터에서 30킬로미터밖에 되지 않아요. 대부분의 기간 동안 70~80%는 현금으로 갖고 있거든요. 마진의 20~30%로만 매매해요. 이 사실은 선물 거래가 얼마나 많은 화력을 제공하는지, 그리고 안타깝게도 수많은 사람이 실패해서 1년 이상 버티지 못하는 이유가 무엇인지 보여줘요.

마이클: 지난번에 우리가 이야기한 후로 당신의 자산은 크게 변하지 않았어요. 당신은 아직도 친구와 가족의 돈을 운용해요. 어쩌면 두어 명의 프로가 들어왔을지도 모르죠. 당신이 2020년을 헤쳐 나온 후로 사람들이 당신에게 말하는 게 약간 달라졌나요?

도널드: 지금 700~800만 달러를 운용하고 있어요. 대학을 졸업하고 처음 투자를 시작할 때의 소액과 비교하면 큰돈이죠.

마이클: 10만 달러였죠?

도널드: 맞아요. 이제는 일자리도 만들 수 있어요.

마이클: 비판하려는 게 아니라, 비교해보려는 거였죠. 대부분의 사람은 데이비드 하딩의 운용 규모에 이르지 못해요. 사람들은 당신처럼 되고 싶어 해요. 독자적으로 일하니까요. 아마 당신은 가족과 많은 시간을 보내고, 차를 몰고 사무실로 출근할 일도 없을 거예요.

마진의 20~30%로만 매매해요.

도널드: 맞아요. 에드 세이코타가 어떻게 하면 추세추종자가 되어서 대형 펀드를 운용할 수 있냐는 질문을 받고 했던 말이 기억나요. 그는 "백지를 꺼내서 하고 싶은 일을 적어요. 솔직하게 적어야 해요. 실제로 이룰 수도 있으니까요"라고 말했어요. 나도 그렇게 했어요. 처음부터 솔직했죠. 그래서 친구와 가족 그리고 나의 전략을 믿고 나와 함께하려는 사람들을 위해 자금을 운용했어요. 대형 기관투자자들에게는 그다지 관심이 없어요. 그들은 본질적으로 나처럼 여러 해 동안 수익률이 하락하는 전략으로 투자할 수 없거든요. 하지만 그게 내가 여전히 여기 있고, 수많은 펀드처럼 문을 닫지 않은 이유예요.

마이클: 당신은 잘못된 자금을 받지 않았어요. 그러니까 문제가 생기는 순간 빠져나갈 자금이 아니라는 거죠.

본질적으로 하락기를 겪게 되어 있어요.

도널드: 맞아요. 앞서 데이비드 하딩을 언급했죠? 그는 몇 년 전에 기관투자자들의 자금을 많이 받으면 이 일을 하기가 힘들다고 말했어요. 수많은 사람이 전략을 바꾸고 "추세추종은 죽었어요. 우리는 추세가 돌아올 거라고 생각하지 않습니다. 우리는 변화를 주고, 더 많은 주식을 추가하고, 추세추종에서 멀어져야 해요"라고 말했어요. 그렇게 할 수밖에 없었던 매니저들이 많았어요. 대형 기관투자자들에게 압력을 받았거든요. 나는 자산이 많이 바뀌었다는 점에서 운이 좋았어요. 살아남으려고 노력했죠.

마이클: 당신은 해냈어요. 살아남았잖아요. 그래서 우리가 이야기를 나누고 있는 거예요. 재미있는 이야기니까요.

도널드: 하지만 힘들어요.

마이클: 한창 일들이 일어날 때 어떤 걸 했나요? 누구와 이야기했나요? 일종의 멘토링을 받았나요, 아니면 그냥 잭슨빌에서 독자적인 방식을 고수했나요?

도널드: 글을 많이 읽었어요. 당신의 책들을 다시 읽거나, 에드 세이코타의 '트레이딩 트라이브Trading Tribe' 사이트를 자주 방문했죠. 다른 성공한 추세추종자들이 어떻게 투자했는지, 하락기를 어떻게 견뎌냈는지 알아내려고 노력했어요. 손실이 이어질 수 있고, 투자 방식을 바꿀 필요가 없다는 사실을 상기시켰어요. 그건 힘든 부분이에요. 골프와는 달라요. 여러 번 예선에서 탈락하고 고전할 때는 약간의 변화를 줘서 더 잘하려고 노력해야 해요. 매주 예선을 통과해서 우승을 노리는 게 목표니까요. 하지만 추세추종에서는 그럴 수 없어요. 변화를 주고 싶은 욕구에 맞서야 해요. 본질적으로 하락기를 겪게 되어 있어요. 힘든 시기를 지나게 되어 있죠. 그렇다고 변화를 줘서는 안 돼요.

내가 고객과 이야기하고 정보를 공유할 때 나 자신에게 계속 상기시키는 핵심적인 사실은 우리가 힘든 시기를 지나고 있다는 거예요. 나는 추세가 나오지 않는 이유를 이해해요. 내가 원하는 건 그 시기를 견뎌내고 좋은 환경에서 잘하는지 확인하는 겁니다. 좋은 환경에서 부실한 성과를 낸다면 투자 방식을 재고해야 해요.

마이클: 우리는 연준이 영구적으로 돈을 뿌리는 일에 대해 이야기하는 상황을 지켜보고 있어요. 그것도 헬리콥터가 아니라 여러 대의 747 항공기로 뿌리는 수준이에요. 하늘에서 인쇄기가 돈을 뿌려대고 있어요. 현대 통화 이론가들은 실제로 이 모든 게 결국에는 통할 거라고 생각해요. 하지만 나의 관점은 이렇습니다. 미국이 사실상

"우리는 무슨 일이든 하고 싶은 대로 할 거고, 나라가 곤경에 처할 때마다 달러의 가치를 떨어뜨릴 겁니다. 다른 나라들은 그걸 감수해야 해요"라고 말하면 결국에는 그 전략이 통하지 않을 수 있어요. 그런 일이 생긴다면 2020년 수익률로 볼 때 당신이 1,000% 이상의 수익률을 올리는 첫 추세추종 트레이더가 될 거예요.

도널드: 오늘 향후 5년에서 10년을 위한 투자 전략을 만든다면 추세추종 상품 선물 전략을 만들 거예요. 향후 5년에서 10년은 그런 전략을 쓰기에 아주 좋을 겁니다. 거의 버블 경제와 같을 것이기 때문이죠. 거의 모든 곳에서 거대한 움직임과 추세가 나올 겁니다. 지금도 비트코인이나 게임스톱 같은 많은 분야에서 그런 현상이 나타나고 있어요. 연준은 초저금리를 유지함으로써 사람들에게 수익률을 추구할 동기를 부여했어요.

마이클: 비트코인은 분명 수익률을 크게 추구하는 수단이에요. 사람들은 거기서 보상을 얻고 있어요. 젊은 세대는 비트코인의 변동률과 수익률을 보면서 자랐어요. 당신의 투자 실적과 성과는 0.5%의 수익률이라도 올리기를 바라는 베이비붐 세대보다 그들에게 훨씬 구미가 당길 거예요.

도널드: 그 말에 동의해요. 나의 투자자는 대부분 젊고 위험 감수도가 높아요. 그리고 나는 전략을 언제나 분산 수단으로 홍보해요.

이미 주식과 채권을 보유하고 있는 가운데 포트폴리오의 작은 부분으로 삼아야 한다고 말이죠. 나는 변동성을 크게 신경 쓰지 않아요. 내 생각에 변동성은 리스크와 달라요. 리스크는 돈을 잃을 가능성이고, 변동성은 기대수익률의 분산이에요. 내게 변동성은 더 높은 곳으로 오르기 위해 필요한 엘리베이터 같은 겁니다. 더 높은 층으로 가려면 엘리베이터가 오르내려야 하잖아요. 반면 리스크는 그 엘리베이터가 얼마나 잘 만들어졌는지, 케이블이 얼마나 튼튼한지, 엘리베이터가 추락할 가능성은 얼마나 되는지 말해줍니다. 엘리베이터가 잘 만들어졌다면 변동성은 문제가 되지 않아요.

마이클: 2008년에 투자를 시작했을 때부터 2021년 2월 말까지 당신의 투자 통계를 보면, 누적 수익률이 592%예요. 반면 S&P의 누적 수익률은 291%예요. 거의 10년 동안 S&P의 2배에 가까운 수익률을 달성한 거죠. 그런데 왜 사람들은 당신에게 작은 비중의 자금만 맡길까요? 다들 "전체 포트폴리오에서 5%만 우리에게 줘요"라고 말한다는 걸 알아요. 하지만 현실적으로 내가 말한 수치가 맞으면, 당신에게 자금을 맡긴 사람은 지난 10년 동안 S&P에 투자한 사람보다 훨씬 많은 돈을 벌었을 거예요. 이런 상황이 공정한가요?

도널드: 공정해요. 다만 나한테 돈을 맡긴 사람은 몇 번 마음고생을 했을 거예요.

리스크는 돈을 잃을 가능성이고,

변동성은 기대수익률의

분산이에요.

마이클: S&P도 2008년에 폭락을 겪었어요. 하지만 지난 10년 동안에는 아직 대규모 하락이 나오지 않았어요. 언제 그런 일이 일어날지 몰라요. S&P가 마침내 전형적인 50% 하락을 겪으면 당신의 실적은 어떻게 될까요? 예측을 하려는 건 아니지만, 당신과 나는 주가가 50%, 60%, 70% 하락할 때 추세추종 트레이더들에게 일반적으로 어떤 일이 생기는지 알고 있어요.

도널드: 맞아요. 새로운 추세가 많이 생길 것이고, 추세추종자는 위기 알파crisis alpha, 위기 상황에서 플러스 수익률을 올릴 수 있는 전략–옮긴이를 만들 수 있어요. 우리는 역사적으로 그걸 해낼 수 있는 뛰어난 능력을 갖추었어요.

마이클: 잠깐만 가정을 계속해보죠. 당신은 300%에 가까운 S&P의 누적 수익률 대비 600%의 누적 수익률을 달성했어요. S&P가 50% 하락할 때 당신이 100% 정도의 수익률을 낸다면, 여전히 사람들에게 자본의 일부만 받겠다고 말할 건가요?

도널드: 그 두 가지를 섞는 게 좋아요. 그게 더 나아요. 이 이야기는 앞서 말한 마음고생 문제로 다시 돌아가요. 지금까지 내가 좋은 성과를 올린 건 맞아요. 하지만 돌이켜 보면 여전히 "더 이상은 못 견디겠어요"라면서 바닥에서 돈을 빼는 투자자들이 있었어요.

마이클: 그런 사람들과 여전히 친구나 지인으로 지내나요?

도널드: 네, 가끔 연락해요. 좋은 친구들이에요. 돈을 빼는 건 순전히 마음고생 때문이니까요. 그들은 월간 실적을 보면 "수익률을 회복하다니 대단해요"라고 말해요.

마이클: 바닥에서 돈을 뺀 후에도요?

도널드: 네, 그건 고통의 한계였어요. 정말 그랬어요. 내가 상상했던 것보다 더 심한 침체였어요.

마이클: 그들이 거의 10년 동안 당신의 시스템이 돌아가는 걸 보고 지금 어떤 심정인지 당신에게 압박감을 주는 말을 한 적이 있나요?

도널드: 재미있는 점은 그들이 "지금은 너무 늦었을까요?"라고 말한다는 거예요. 그들은 자신이 기회를 놓친 건 아닌지, 다시 들어가기에는 너무 늦었는지 물어요.

마이클: 2년 동안 200%가 넘는 수익률을 올린 후에 말이죠.

도널드: 그래서 투자 방식을 고수해야 한다는 사실을 깨달았어요. 어떻게 해야 그게 통하는지 알았어요. 시장에 심리적 요소가 존재한다는 걸 안 덕분에 지난 4, 5년 동안 침체를 견딜 수 있었어요. 나의 투자 방식이 분명히 다시 통할 것이고, 추세가 분명히 다시 나

올 거라고 생각했어요. 시장에는 심리적 문제들이 존재하고, 앞으로도 항상 그럴 거니까요. 150년 전에 쓰인 《어느 주식투자자의 회상》에 담긴 모든 이치는 지금도 유효해요.

심한 침체기에도 내가 계속 나아갈 수 있었던 이유는 추세가 다시 나올 거라고 믿었기 때문입니다. 솔직히 가장 잘하는 고객들은 투자한 돈을 거의 잊고 지내요. 그들은 처음에 돈을 넣고 잊어버려요. 아주 가끔씩만 확인하죠.

마이클: 지금은 모두 바닥에서 당신을 버린 걸 후회하겠네요.

도널드: 힘든 일이에요. 고객들에게 이메일을 보내서 설득했지만 곧 망할 것 같은 사람한테 누가 돈을 맡기고 싶겠어요?

마이클: 퍼플 밸리의 이름을 바꿔야겠네요. '곧 망할 것 같은 회사'로 말이에요.

도널드: 추세추종 분야의 일부 거물들은 "추세는 끝났어. 지금은 새로운 시대야. 연준은 추세가 나타나도록 허용하지 않아"라고 말해요.

마이클: 어떤 사람들은 분명 당신의 투자 실적을 보고 "돈을 넣어야겠어"라고 생각하겠지만 실은 부적절한 고객일 거예요. 그들은 지난 2년 동안의 실적만 보기 때문에 현실을 이해하지 못해요. 고객들

을 어떻게 걸러내나요? 근본적으로 성향이 맞지 않는 고객을 걸러내야 하잖아요.

도널드: 사실을 설명하고 기대치를 설정하려고 노력해요. 사람들이 잘못된 기대를 할 때 문제가 발생합니다. 그들은 좋은 성과가 영원히 계속될 것이고, 내가 해마다 돈을 벌 것이라고 생각해요. 나는 하락기가 있을 것이고, 하락 폭이 클 것임을 미리 알게 하려고 노력해요. 나는 공격적인 투자를 하며, 적어도 5년은 지나야 그 투자 전략의 잠재력을 실현할 수 있다고 말이죠. 그런 부분을 이해시키기 힘들어요. 지금 우리처럼 과거 실적을 보면서 "3, 4년 정도 하락했군. 별것 아냐. 봐, 하락기에서 벗어났잖아"라고 말하기는 쉽지 않아요. 실제로 그런 상황이 되면 나중에 뒤돌아볼 때와 너무 달라요.

마이클: 지금 비트코인 시장에서 일어나는 일을 보세요. 지난 7, 8년 동안 대규모 하락이 나온 게 몇 번인가요? 아주 많아요. 그런데도 투자자들은 'HODL'이라고 말해요. '죽을 때까지 버틴다Hold On for Dear Life'라는 뜻이죠. 그들이 비트코인에 대해서는 당신이 했던 말을 하지 않는 게 재미있어요. 그들은 "어차피 한번 사는 인생인데 가보자"라고 말해요. 그게 부분적으로 규제 환경 때문인 건 알아요. 그 세계에서는 그런 식으로 말해야 해요. 또 어쩌면 베이비붐 세대와도 약간 관련이 있을지 몰라요.

도널드: 맞아요. 기득권과 월가에 맞선다는 태도가 깔려 있죠. 추세추종도 약간 그런 면이 있어요. 우리는 어떤 것도 예측하지 않아요. 우리는 기사를 읽지 않아요. 우리는 화려하거나 특별한 걸 시도하지 않아요. 이런 태도는 추세추종 전략에 자금을 넣는 고객에게 적절한 태도예요. 아주 잘 맞죠.

마이클: 당신은 신세를 한탄할 수도 있어요. 하락 폭이 깊다든가 하는 것들에 대해서 말이죠. 하지만 투자 실적을 보면 모든 게 나와 있어요. 거기에 위험과 보상이 그대로 드러나요. 많은 사람이 "지난 10년 동안 이 사람한테 투자했으면 S&P에 투자했을 때보다 2배나 더 벌었겠는걸"이라고 말할 거예요.

도널드: 하락기를 버텨낸 게 자랑스러워요. 그건 나의 세 번째 하락이었어요. 이전에 상승세에서 4, 5번 좋은 수익을 냈죠. 그걸 누구도 내게서 가져갈 수 없다는 게 자랑스러워요. 나는 항상 그 수치들을 볼 수 있어요. 감사를 거쳐서 확정된 실제 돈이죠.

마이클: 심연의 가장자리를 걸어온 지금, 약간 무적이 된 것 같은 기분이 드나요?

도널드: 처음 시작할 때보다 자신감은 더 생겼어요. 그건 확실해요.

마이클: 내가 아는 사람 중에 추세추종 전략을 사용하는 그 누구도 당신처럼 공격적으로 투자해서 크게 오르내리는 실적을 낸 사람이 없어요. 당신의 투자 실적은 1970년대에 투자를 시작한 전설적인 트레이더들과 아주 비슷해요. 나는 항상 사람들에게 추세추종 트레이더들의 오랜 투자 실적을 확인하라고 말해요. 거기서 많은 걸 배울 수 있거든요.

도널드: 그 점이 나를 흥분시켜요. 내가 만들고 싶은 게 그거예요. 나는 그 트레이더들에 대해 많은 글을 읽었어요. 그리고 1970년대의 투자 환경이 환상적이었다는 점을 고려해서 비슷한 성과를 내는 전략을 만들려고 노력했어요. 내 생각에 우리는 그때와 비슷한 또 다른 인플레이션 환경의 문턱에 있을지도 몰라요. 내가 향후 5년에서 10년을 크게 기대하는 이유가 거기에 있어요. 나는 나의 전략을 보고 "힘든 하락기가 있었지만 추세가 없다면 예상할 수 있는 일이야"라고 말할 수 있는 게 자랑스러워요.

마이클: 하락기에 대한 이야기는 이제 그만하도록 하죠. 당신은 2020년에 193%의 수익률을 올렸어요. 2021년 2월 말에는 44%의 수익률을 올렸고요. 그런데도 하락기에 대한 이야기만 할 건가요?

도널드: 실적이 좋았던 기간에는 아무것도 하지 않았어요. 좋은 시기에는 저절로 수익이 납니다. 하락기에 대해 마지막으로 하고 싶

은 말이 그거예요. 하락기를 버티는 건 어려워요. 기운, 정신력, 절제력을 빼앗아가죠. 지금처럼 추세가 잘 나오는 환경은 쉬워요.

마이클: 앞서 우리가 인플레이션 환경의 문턱에 있을지 모른다고 말씀하셨는데요. 상당히 타당한 말인 것 같아요. 지금 경제가 돌아가는 양상을 이해한다면 말이죠. 다만 당신의 의견이 우리가 이야기한 성과에는 개입하지 않는다는 사실을 분명히 하고 싶어요. 그러니까 당신에게 독립적인 의견이 있을 수 있지만 트레이딩 시스템에 영향을 미치지는 않는다는 거죠.

도널드: 맞아요. 나는 특정한 시장에 대해 많은 의견을 가질 수 있어요. 하지만 그건 내가 포착하는 추세와 전적으로 무관해요. 비트코인을 예로 들어보죠. 나는 비트코인 선물에 롱 포지션을 잡았고, 지금까지 성과가 좋았어요. 하지만 개인적으로 나는 비트코인을 싫어할 수도 있어요. 엄청난 거품이 끼어서 오늘 폭락할 거라고 생각할 수도 있어요. 하지만 개인적 의견은 전혀 추세추종에 반영되지 않아요. 거기에 대해 사람들과 토론하면 흥미롭고 재미있죠. 하지만 나이가 들고 경험이 쌓이면서 책을 덜 읽고, 의견도 줄었어요. 지금은 그냥 사람들을 위해 추세를 포착하고 싶어요.

마이클: 언제 비트코인을 포트폴리오에 넣기로 결정했나요?

추세가 잘 나오는 환경은 쉬워요.

도널드: 약 1년 반 전에 CME가 비트코인 선물을 매수했을 때 추가했습니다. 그러다가 약 한 달 반 전에 그들이 빠져나왔을 때 다른 선물을 추가했어요. 나는 비트코인 시장을 좋아합니다. 내가 매매하는 다른 상품시장에 분산화를 더해주거든요. 내 생각에 비트코인 선물은 역사상 최고의 거품 중 하나가 될 잠재력이 있어요. 놀라운 속성을 갖고 있죠.

마이클: 당신은 추세추종 포트폴리오 구조 안에서 비트코인에 롱 포지션을 잡았어요. 당신이 말한 대로 비트코인 가격은 엄청난 거품일 수 있습니다. 비트코인 가격이 다른 방향으로 나아가기 시작하면 당신의 전략은 어떻게 전개될 것인지 말씀해주세요.

도널드: 나는 추세추종자로서 거품을 두려워하지는 않아요. 추세추종의 핵심은 큰 움직임이나 거품을 포착하는 것이니까요. 조지 소로스가 말한 대로 거품은 큰돈을 버는 최선의 수단 중 하나예요. 우리는 거품이 생기기를 원합니다. 큰 거품을 포착하기를 원해요. 비트코인이 오르면 우리는 롱 포지션을 잡을 겁니다. 지난 두어 달에 걸친 조정에 나가떨어지지 않을 만큼 장기로 볼 거예요. 강세장에서 절대 포지션을 잃어서는 안 되니까요. 어떤 정의를 따르든 비트코인은 강세장이에요. 지금 비트코인 시장에는 정확한 포지션이 딱 하나 있어요. 바로 롱 포지션이죠. 나의 전략이 적어도 간헐적으로 움직임이

> **나의 개인적 의견은 추세추종에 반영되지 않아요.**

끝났다고 말하기 전까지는 롱 포지션을 가져갈 겁니다. 아마 두어 달 동안 방향이 바뀐 후에는 나가떨어질 겁니다. 그다음에는 숏 포지션을 잡아야 할 거예요. 그러면 하락 움직임에 올라탈 수 있죠.

나는 하락장에 들어가는 걸 좋아하지 않습니다. 수학적 관점에서 위험보상비율이 상승장만큼 좋지 않거든요. 수익 잠재력도 그래요. 상방으로 움직일 때보다 급락이 훨씬 빨리 일어날 수 있거든요.

마이클: 당신이 가장 좋아하는 전설적인 투자자, 당신에게 영감이나 영향을 준 투자자를 세 명 꼽아줄 수 있을까요?

도널드: 가장 먼저 언급할 사람은 에드 세이코타예요. 그는 1970년대에 공격적으로 투자했어요. 아마 10년 정도의 기간 동안 연평균 100%라는 말도 안 되는 실적을 올렸을 거예요. 지금도 자신의 사이트에서 질문에 답해주는 매우 현명한 트레이더죠. 그 사이트에 방문할 때마다 뭔가를 배워요. 그다음에는 그의 제자인 데이비드 드류스David Drews를 꼽을 수 있어요. 하와이에서 활동하는 추세추종자인데 응급의사였다가 트레이더가 되었어요.

마이클: 두 사람을 만날 기회가 있었나요?

도널드: 아주 오래전에 두 사람과 잠깐 통화를 했어요. 데이비드 드류스가 내게 전화했을 때가 기억나요. 동부에 있었는데, 그는 하와이에서 밤 11시에 전화를 했어요. 나는 침대에서 벌떡 일어났죠. 아내가 그걸 보고 "왜 그렇게 급하게 일어나?"라고 물었어요. 나는 "드류스 박사 전화야. 실은 내가 연락해달라고 부탁했어"라고 말했어요. 그에게 이메일을 보냈었죠. 그때 나는 초보 투자자였어요. 그래서 몇몇 트레이더의 조언을 구하려고 노력했습니다. 이후로는 거의 그렇게 하지 않았어요. 우리는 모두 자신의 성과를 내세웠고, 스스로 만든 전략을 고수했어요. 나는 아주 가끔 그들에게 이메일을 보내서 안부를 묻고, 다들 여전히 트레이딩을 하는 모습이 보기 좋다거나, 좋은 한 해를 보낸 걸 축하한다는 등의 말을 전해요. 더 이상 조언을 구하지는 않아요. 우리 자신의 시스템을 고수하는 게 더 중요하니까요.

마이클: 세 번째는 빌 던이라고 말했던 것 같은데요.

도널드: 맞아요. 그는 약간 장기 전략으로 운용해요. 아마 이동평균을 활용할 거예요. 하락 폭도 깊은 편이에요. 그는 공격적인 전략을 운용해요. 그의 펀드는 자산 기준으로 규모가 더 커요. 그는 마케팅을 통해 비즈니스적인 측면을 키우는 일을 잘했습니다. 그 부분을 존경해요.

네 번째로는 세일럼 에이브러햄Salem Abraham을 꼽겠어요. 그는 내가 처음 투자를 시작하던 무렵에 아주 중요한 존재였어요. 그의 전략과

추세추종의 핵심은 큰 움직임을 포착하는 것입니다.

펀드에 대한 자료를 읽고 배우려 노력했죠. 지금은 그의 추세추종이 더 이상 통하지 않아서 주식 쪽으로 많이 기운 사례예요. 그래서 주식의 비중을 훨씬 많이 높였죠. 그런 일정한 움직임이 있었어요. 데이비드 하딩도 추세추종에서 약간 멀어지는 움직임을 보였죠.

마이클 : 그들은 추세추종자들이 모든 문제의 가장 나쁜 부분에 대해 한탄하도록 만들어요. 어떤 사람들은 그런 말을 듣고 '도널드는 성과가 마음에 들지 않는 모양이야. 좋지 않은 일이야. 어려움을 겪고 있어'라고 생각할 수 있어요.

도널드 : 나는 감독기관을 만족시키려고 노력해요. 균형을 잡아야 해요.

마이클 : 나는 그들의 영향권에 속하지 않아요.

도널드 : 네, 알아요. 과거의 성과는 미래의 성과를 말해주지 않아요. 오해하지 말아요. 나는 향후 5년에서 10년에 대해 더없이 큰 기대를 갖고 있어요. 나는 당신이 말한 대로 연준이 돈을 뿌려댄 게 두 가지 결과 중 하나로 끝날 거라고 봅니다. 바로 부채 위기 아니면 엄청난 인플레이션이에요. 정치적 관점에서 보면 인플레이션이 훨씬 구

미가 당기죠.

마이클: 특히 신참 트레이더들이 퍼플 밸리의 투자 실적을 살펴보면 큰 교훈을 얻을 수 있어요. 당신이 한 일을 이해하면 배우는 게 있을 거예요. 약간 시간이 걸리겠지만 말이죠. 그래도 당신의 투자 전략을 역설계로 파악하는 건 가치 있는 공부가 되지 않을까요?

도널드: 당연하죠. 터틀스를 다룬 당신의 책《터틀 트레이딩》도 좋은 출발점이에요. 나는 선물에 대한 장기 추세추종 전략을 개발하려고 애쓰던 시절에 그 책으로 시작했어요. 많은 추세추종자의 성과는 상관성을 지닐 겁니다. 대개 탈출 지점과 보유 기간으로 결정되죠. 좋은 시기에는 모두가 같은 추세를 잡아요. 같은 것들이 움직이죠. 지금은 비트코인과 곡물이 움직여요. 또한 모두가 채권에서 숏 포지션을 잡고 있어요. 나는 던 캐피털보다 더 중기로 가는 경향이 있어요. 그리고 더 공격적이죠. 매매당 약 1%의 리스크를 감수해요.

마이클: 자신의 발언에 신경 쓰는 편인가요? 팩트라고 해도 말이죠. 당신의 투자 실적은 팩트이고, 공식 기록으로 남아 있어요. 하지만 때로 정부는 당신이 거기에 대해 이야기하는 걸 원치 않아요. 이런 자리에 나올 때 약간 불안을 느끼나요?

도널드: 약간 그래요. 시간이 지나면서 익숙해지기는 했지만 사업

적 관점에서 자금을 끌어들이는 걸 어렵게 만들기는 해요. 그런 측면에서 인터넷에 어떤 글을 올릴지, 어떤 말을 할지, 어떤 행동을 할지 생각해야 해요. 하지만 크게 영향을 끼치지는 않아요. 어차피 그런 걸 좋아하지 않으니까요. 나는 대단한 마케터는 아니에요. 사업적 측면에서도 대단하지 않아요. 나는 수학, 트레이딩, 투자 실적을 좋아해요. 그게 대신 말하도록 만들죠. 거기에 대해 이야기할 때 약간 신중해야 해요. 그래도 이야기하는 걸 좋아해요. 재미있거든요. 추세추종은 추세를 포착하려고 시도하는 놀라운 절차예요. 나는 상품과 선물에 대한 추세추종을 좋아해요. 폭넓은 시장에 접근할 수 있게 해주니까요.

나는 어릴 때부터 항상 움직이는 것, 인기 있는 것, 새로운 고점이나 저점을 만드는 것과 함께하고 싶었어요. 본질적으로 우리는 그런 것들과 함께하죠. 오늘 신문에 신고점이나 신저점에 이른 것으로 나오는 상품이 있다면 내가 거기에 들어가 있다고 봐도 돼요. 그런 부분이 좋은 것 같아요.

마이클: 당신의 투자 현황을 간단하게 소개하려고 해요. 당신이 마지막 보고서를 제출한 지 30일 정도가 지났지만 대략 감을 잡을 수 있을 겁니다. 호주 달러 롱, 비트코인 롱, 영국 파운드 롱, 옥수수 롱, 면화 롱, 원유 롱, 난방유 롱, 생우 롱, 나스닥 롱, 뉴질랜드 달러 롱, 니케이 롱, 천연가스 롱, S&P 롱, 대두 롱,

나는 수학, 트레이딩, 투자 실적을 좋아해요.

대두유 롱, 설탕 롱, 채권 숏, 유로 달러 숏, 팔라듐 숏, 미국 달러 숏. 이 현황을 보면 당신의 전략, 당신이 들어가는 시장의 유형, 롱과 숏의 조합에 대해 감을 잡을 수 있을 거예요.

도널드: 맞아요. 지금의 환경으로는 숏 포지션보다 롱 포지션을 더 많이 잡을 겁니다. 반면 코로나가 덮친 2020년 3월에는 거의 정반대였죠. 많은 시장에서 숏 포지션을 잡고 미국 달러와 채권에서 롱 포지션을 잡았어요. 시장이 적절하게 분산되어 있죠. 그런 게 좋아요. 어느 때든 대개 두어 개의 시장에서 움직임이 나와요. 지금은 그 수가 많죠. 덕분에 이렇게 오래 버틸 수 있는 거예요.

마이클: 내가 나열한 모든 시장에서 항상 롱 포지션이나 숏 포지션을 잡나요?

도널드: 아니에요. 약 40개에서 50개 정도의 상품 선물시장을 살펴요. 그중에서 10개, 20개 정도에 항상 들어가 있죠. 당신이 나열한 것들은 2021년 2월 말에 들어간 것들이에요. 그 후로 몇 가지 바뀐 게 있어요. 나는 어디든 움직임이 나오는 시장에만 들어갑니다. 대개 전체 시장의 약 3분의 1에서 절반이 거기에 해당해요. 모든 시장이 한꺼번에 추세를 만들지는 않아요. 움직이지 않는 시장에는 들어가고 싶지 않아요. 어떤 사람들은 모든 시장에서 롱 포지션이나 숏 포지션을 잡으려고 해요. 그런 방식은 수익률의 변동성을 둔화시키죠.

나는 많이 움직이는 시장에 들어가고 싶어요.

마이클: 앞서 당신의 고객들이 바닥에서 돈을 뺐는데 갑자기 모든 게 급반등했을 때 어떤 기분이었을지 이야기했잖아요. 반대로 끝까지 버틴 고객도 최소한 몇 명은 있을 거예요. 그들은 당신을 인기 스타처럼 보겠네요.

인내심과 절제력이 있으면 수익을 낼 수 있어요.

도널드: 좋아하죠. 그들 중 다수는 친구예요. 그래서 내가 포기하지 않은 걸 더 대견하게 여기거나, 자신이 동참한 걸 기쁘게 생각해요. 그런 이야기를 좋아하죠. 그들은 여러 시장에 접근할 수 있는 것과 큰 수익을 올린 걸 좋아해요.

나의 고객 기반 내에서도 그 자체로 거의 추세추종이 이루어졌어요. 지금은 수익을 올린 소수의 훌륭한 고객들이 남았죠. 나와 맞지 않는 고객들은 저절로 걸러졌어요. 사람들이 빠져나가는 양상을 보면 재미있어요. 바닥에서 빠져나가는 사람도 있고, 본전을 되찾았을 때 빠져나가는 사람도 있어요. 그 후로 지금까지 상당한 상승을 포착한 사람들도 있어요. 그건 시장이 전반적으로 돌아가는 방식, 사람들이 계속 돈을 잃는 이유, 돈을 버는 이유, 내가 처음에 추세추종 전략을 만든 양상을 말해줘요.

마이클: 고객을 걸러내기 위해 하는 말이 앞서 이야기한 내용과 비슷한가요? 하락기가 주는 엄청난 고통에 대해 이야기했잖아요. 모든 신규 고객에게 5년 동안 잠을 제대로 못 자고, 화장실도 제대로 못 가고, 밥도 제대로 못 먹고, 체중이 20킬로그램이나 감소했다는 식으로 이야기하나요?

도널드: 맞아요. 그래도 계속 이야기하려는 사람들은 고통 부분을 통과한 거예요.

마이클: 말 그대로 고객이 될지도 모르는 사람들에게 겁을 주는 거네요? 그게 공정한 평가 방식일까요?

도널드: 그렇게 볼 수도 있겠네요. 나는 한 번도 그렇게 생각한 적이 없어요. 그래도 당신이 틀렸다고 생각하지 않아요. 나는 그 점에 대해 최대한 솔직하려고 노력해요.

마이클: "지난 10년 동안 그랬던 것처럼 앞으로 10년 동안 S&P 수익률보다 2배 높은 수익률을 올릴 가능성이 있다는 이유로 내 고객이 되려고 하지 마세요"라고 말하는 셈이네요. 회사의 홍보 문구를 다시 만들죠. "다시 S&P 수익률보다 2배 높은 수익률을 올릴 수 있지만 고객이 되지는 마세요"라고요.

도널드: 인내심과 절제력이 있으면 수익을 낼 수 있어요. 나 자신은 그게 더 쉬워요. 전략을 만들었고, 매일 작동하는 걸 보니까요. 고객을 불쌍하게 여기지는 않아요. 그래도 자신이 만든 게 아니고, 매일 작동하는 걸 보지 못하는 뭔가를 고수하는 건 더 어렵죠. 그들은 당신과 나만큼 추세추종을 잘 이해하지 못할 수도 있어요.

우리는 주식이 안 좋을 때만 좋은 성과를 올리는 게 아닙니다. 우리는 주식이 좋을 때도 좋은 성과를 올릴 수 있어요.

마이클: 당신의 투자 실적을 보면 배울 게 너무 많아요. 공부할 가치가 있어요. 흥미로운 점은 10년 동안 하락기를 거치며 완전한 주기를 지났다는 거예요. 같은 기간에 S&P는 타격을 입지 않았어요. 당신은 하락기를 겪었음에도 S&P를 쉽게 앞질렀어요. 현재 S&P는 역사상 최고점에 있어요. S&P가 급락할 때 보면 추세추종이 탁월한 성과를 내요. 다른 모든 시장이 요동치기 시작하거든요. 당신이 지난 두어 해 동안 추세추종으로 한 일은 시작에 불과할 수 있어요. S&P가 다시 하락하도록 허락받는다면 말이죠. 다시 가정해보는 거예요. 누가 알아요. 연준이 영원히 S&P를 떠받치고 금리와 맞추기 위해 달러의 가치를 0으로 만들지도 몰라요.

도널드: 맞는 말이에요. 다시 말하지만 그래서 내가 향후 5년, 10년을 크게 기대하는 겁니다. 주식과 채권이 폭락하는 환경이 조성될

수 있으니까요. 채권시장은 1970년대부터 줄곧 강세장이었다는 걸 기억해야 해요. 그때는 금리가 아주 높았고, 이후 30년 동안 떨어졌죠.

마이클: 어쩌면 베이비붐 세대는 나이가 들면서 "카지노 같은 주식시장에 시달리는 건 지쳤어. 다시 이자 소득을 얻을 수 있을까?"라고 말할지도 몰라요.

도널드: 맞아요. 주식과 채권의 비율을 6대 4로 맞추는 방식은 압박을 받을 거예요. 실제로 이미 그런 일이 일어나고 있어요. 스태그플레이션이 발생하면 주식과 채권이 동시에 타격을 받을 수 있어요. 그러면 인플레이션 때문에 갑자기 상품시장이 돌진하기 시작하겠죠.

내가 향후 5년, 10년, 20년 동안 추세추종에 따른 상품 투자를 크게 낙관하는 이유가 거기에 있어요. 해당 자산으로 엄청난 자금이 옮겨갈 수 있어요. 지금까지 주식시장으로 돈이 흘러들어간 이유는 연준이 인센티브를 제공했기 때문이에요. 그 수조 달러에 달하는 자금이 다른 곳으로 쏟아져야 해요. 그래서 지금 상품, 비트코인, 주택시장에서 보금자리를 찾고 있죠.

마이클: 많은 사람이 영화 〈빅 쇼트〉를 봤어요. 크리스찬 베일이 마이클 버리Michael Burry를 연기했죠. 모두가 2008년까지 이야기가 어떻게 전개되는지 알아요. 하지만 그 후로 어떤 다른 일이 생겼는지 아무도 생각하지 않는 것 같아요. 사실 2008년 이후로 구린 일들이 아

주 많았어요. 그 대가를 치를 날이 오면 〈빅 쇼트 2〉를 만들 거예요.

도널드: 맞아요. 10년, 15년마다 어김없이 그런 일이 일어나요. 사람들은 기억력이 나빠요. 지금 모두가 데이 트레이딩으로 돈을 벌고 있어요. 버핏이 말한 대로 언젠가는 물이 빠질 거고, 그러면 누가 발가벗은 채 수영하고 있는지 알게 될 겁니다. 그때 추세추종자들이 큰 움직임을 포착할 수 있기를 바랍니다.

지난 10년간 S&P가 상승하는 동안에도 내가 좋은 성과를 올렸다는 당신의 말로 돌아가 보죠. 추세추종에 대해 약간의 오해가 있는 것 같아요. 우리가 시장에 위기가 발생했을 때만 좋은 성과를 올린다는 거죠. 맞아요. 우리는 그런 시기에 좋은 성과를 올리는 경향이 있어요. 큰 추세가 나오니까요. 하지만 우리는 주가가 오를 때도 좋은 성과를 올릴 수 있어요. 흥미로운 점은 그게 완전히 비상관적이라는 거예요. 완벽한 역상관관계에 있는 게 아니에요. 우리는 주식이 안 좋을 때만 좋은 성과를 올리는 게 아니에요. 그 반대의 경우도 마찬가지고요. 우리는 주식이 좋을 때도 좋은 성과를 올릴 수 있어요. 운용형 선물과 관련해서 그 부분이 많이 간과되죠.

통계적 시스템을 활용해서 손실은 잘라내고, 수익은 계속 불려요.

마이클: 당신이 운용형 선물이라고 하니까 혈압이 올라요. 왜 많은 사람이 추세추종이라는 용어를 쓰려고 하지 않는 거죠? 추세추

종이라는 모두가 아는 핵심 용어가 있는데 왜 사람들은 시계열 분석이니, 모멘텀이니, 운용형 선물 같은 다른 용어들을 사용할까요?

도널드: 손실은 잘라내고, 수익은 계속 불리는, 그저 통계적 시스템일 뿐이에요. 그게 다예요.

마이클: 심리학 같은 다른 분야에서 영향을 받나요? 특정 분야의 책을 읽나요? 무엇이 의욕을 심어주거나, 균형을 유지하게 해주나요?

도널드: 요즘은 책을 많이 읽지 않지만, 예전에는 아주 많이 읽었죠. 이제는 전반적인 삶의 관점에서 균형을 유지하는 게 중요해요. 내게는 어린 두 아들이 있어요. 아이들을 쫓아다니면서 많은 시간을 보냅니다. 그러다 보면 매일 오르내리는 시장에 대한 생각에서 벗어날 수 있어요. 시장의 움직임은 단기적으로 무작위적이에요. 하루 종일 시장을 지켜보면서 뭔가를 할 수 있다고 생각하다가는 에너지를 많이 낭비할 수 있어요. 그럼에도 그렇게 하는 사람들이 많죠. 그러면 특히 하락기에 곤경에 처할 수 있어요. 뭔가 변화를 주고 조정을 해야 할 것 같은 기분이 들거든요.

나는 자주 낚시를 하거나 골프를 치려고 해요. 낚시는 트레이딩과 비슷해서 좋아해요. 어디에 고기가 있는지 모르죠. 고기가 미끼를 물지, 내가 통제할 수 있는 건 없잖아요. 통제하고 싶다면 강에 들어가는 수밖에 없어요. 고기를 많이 잡으려면 추세추종처럼 매일 강에 가서 발을 담가야 해요. 여건이 맞고 고기가 있으면 월척을 낚을 수도 있겠죠.

추세추종은 블루핀 참치 낚시와 비슷해요. 1년 내내 두어 마리의 대물을 잡는 게 전부죠. 배스 낚시나 블루길 낚시하고는 달라요. 이건 하루 종일 작은 걸 많이 잡는 거예요. 시장에서 매일 돈을 버는 것과 같아요. 며칠, 몇 주, 몇 달 동안 아무것도 잡지 못하다가 한 번에 대어를 잡는 거예요. 시장이 지닌 대단히 매력적인 점은 아웃라이어나 팻 테일 유형의 거대한 움직임을 잡아낼 수 있다는 것입니다. 그런 게 나올 때 대물을 낚으려면 그 자리에 머물면서 모든 낚싯대를 걸어둬야 해요.

이렇게 나는 낚시를 하고, 야외에 나가고, 평온한 생활을 유지하고, 가끔 다른 추세추종자들과 이야기를 나눠요. 하지만 이것도 이전처럼 많이 하지는 않아요. 이제는 자신이 생겼거든요. 나는 너무나 많은 주기를 겪었어요. 그래서 더 이상 다른 사람 말을 듣고 뭘 바꾸거나 하지는 않아요. 내게는 나만의 시스템이 있어요. 에드 세이코타는 이런 멋진 말을 했어요. "시스템은 두 가지 것으로 구성된다. 하나는 실제 트레이딩 시스템이고, 다른 하나는 그것을 고수하는 능력이다." 나는 지난 12년 동안 이 두 가지에 대해 스트레스 테스트를 했어요. 그리고 이제는 만족한 수준에 이르렀습니다. 시장이나 세계 경제에 어떤 일이 생겨도 불안하지 않아요. 다 겪어본 일이니까요. 그래서 편안해요. 이제는 그 자신감과 편안함을 고객들에게도 전해주려고 해요. 그들도 나처럼 편안하게 만들려고 해요. 그래야 이 여정을 영원히 함께할 수 있으니까요.

마이클: 하루 종일 화면만 쳐다보고 있지는 않는다고 말씀하셨는데요. 가끔 인터넷에 올라온 트레이딩 데스크의 사진을 보면 스크린이 무려 6개나 돼요. 그걸 사용하는 사람들은 자신의 판단에 따라 트레이딩한다고 말해요. 그런 모습을 보면 '당신은 인간이고, 눈은 2개뿐인데 앞에 있는 건 6대의 27인치 스크린이야. 그 모든 걸 보면서 판단한다고?'라는 생각이 들어요. 언제 그게 헛소리라는 게 드러날까요?

도널드: 그런 게 먹혀요. 섹시하고, 멋있고, 재미있어 보이잖아요. 데이트레이더들은 많이 그렇게 해요. 중독되는 거죠. 고점과 저점이 뇌에 자극을 주는 거예요. 솔직히 말해서 바로 그런 점 때문에 처음 시작할 무렵에 추세추종과 트레이딩이 더 흥미로웠어요. 상승과 하락에 맞춰서 매매하고, 가격이 오르내리는 걸 보는 게 재미있었어요. 하지만 오래하면 지루한 트레이딩이 좋은 트레이딩이라는 걸 알게 돼요. 그래서 더 이상 그런 부분에 대해 이야기하지 않는 거예요. 사람들은 내게 시장에 대해 어떻게 생각하는지, 시장이 어디로 갈 것 같은지 물어보면 그냥 모른다고 대답해요. 내가 어떤 포지션을 잡았는지 말해줄 수 있어요. 그걸 참고하면 돼요. 그게 다예요. 지금 나의 관점은 그래요. 추세가 있으니까 여기에 롱 포지션을 잡고 저기에 숏 포지션을 잡아요. 다음 달에는 약간 달라질 거예요. 그것 말고는 특별할 게 없어요.

> **지루한 트레이딩이 좋은 트레이딩이에요.**

마이클: 나는 투자 실적을 보는 걸 좋아합니다. 10여 년에 걸쳐 월별 수익률을 보면 어떤 이야기가 있어요. 시장에 대해 잘 모르는 사람도 당신이 코로나가 덮친 2020년 3월에 56.5%의 수익률을 올렸다는 기록을 보면 머릿속에 전구가 켜질 거예요. '어떻게 코로나 때 이렇게 많은 돈을 벌었지? 다들 박살난 줄 알았는데'라고 생각해요. 그러면 또 다른 전구가 켜져요.

존 헨리가 1995년 초에 기록한 실적을 보고 베어링스Barings 은행과 반대 포지션을 잡은 모양이라고 짐작하던 기억이 나요. 투자 실적과 현실에서 일어난 일을 맞춰보는 건 상당한 교육적 가치가 있어요. 나는 어딘가에 존 헨리가 1만 6,000달러로 처음 투자할 때 제출한 공시 자료 원본을 보관하고 있어요.

도널드: 존 헨리는 그로부터 수십 년 후에 레드삭스를 인수했죠.

마이클: 혹시 훗날 레드삭스를 인수하게 되면 최소한 나한테 좋은 자리라도 줘야 해요.

9장

로버트 카버

- Robert Carver -

장단기 시스템 트레이딩 전략

트레이딩, 빠르고 느리게

로버트 카버는 독자적으로 활동하는 장단기 투자자로서 시스템 선물 투자를 한다. 또한 저술가이자 리서치 컨설턴트이기도 하다. 현재 그는 런던의 퀸메리 대학Queen Mary University에서 시간 강사로 학생들을 가르치고 있다. 그는 그의 책에서 확인할 수 있는 투자법에 따라 자신의 돈으로 장단기 투자를 한다. 그는 2013년까지 대형 시스템 헤지펀드이자 맨 그룹의 자회사인 AHL에서 일했다. 거기서 그가 맡은 일은 펀더멘털 글로벌 매크로 전략을 수립하는 것이었다. 주요 저서로는 《시스템 트레이딩: 장단기 투자 시스템을 설계하는 새롭고 고유한 방식Systematic Trading: A unique new method for designing trading and investing systems》, 《레버리지 트레이딩: 외환, 주식 마진 거래, CFD, 스프레드 베팅, 선물에 대한 모든 트레이더를 위한 전문적 접근법Leveraged Trading: A professional approach to trading FX, stocks on margin, CFDs, spread bets and futures for all traders》, 《스마트한 포트폴리오: 현명한 투자 포트폴리오를 구축하고 유지하기 위한 실용적 가이드Smart Portfolios: A practical guide to building and maintaining intelligent investment portfolios》가 있다.

> ☑ **마이클의 노트**
> 로버트 카버는 런던에 기반을 두고 있다. 그는 이전에 바클레이즈 은행과 마이크 애덤스, 데이비드 하딩, 마틴 루엑이 만든 유명한 추세추종 펀드인 AHL에서 일했다. 그는 독자의 투자 경험이 많든 적든 간에 시스템 트레이딩과 관련된 가장 중요한 사안들을 조명한다. 비법은 없다. 블랙박스는 없다. 마법은 없다. 하지만 상식은 있다.

마이클 코벨(이하 마이클): '시스템'이라는 단어가 당신의 삶 속으로 들어오기 전에는 돈과 시장을 어떻게 이해했나요? 그 모든 일은 어떻게 일어났나요?

로버트 카버(이하 로버트): 사실 아주 어린 나이에 금융 쪽에서 경력을 쌓기 시작했어요. 어릴 때 두어 가지 일을 하다가 그만두고 24살 때 학교로 돌아가 학위를 따기로 결심했죠. 대학교 4학년 때 AHL이라는 퀀트 트레이딩 회사에서 인턴을 했어요. 트레이딩을 시스템적 방식으로 생각한 건 그때가 처음이었어요. 투자은행에서 일하거나, 내 돈으로 트레이딩을 하거나, 다른 사람들이 인생 초반에 할 법한 일들을 하기 전이었죠. 시스템 트레이딩은 비교적 어렸던 20대 때부터, 투자 경력 측면에서는 거의 첫날부터 내 생각의 일부였어요.

어떤 식으로든 시스템과 별개로 금융에 대해 생각한 적이 없어요.

마이클: AHL에서 일한 게 언제였나요?

로버트: 2001년 여름에 인턴을 한 후 졸업하기 위해 복학했죠. 그 후로 투자은행에서 두어 해 동안 일하면서 소위 주관적 매매도 했어요. 그러다가 경제연구소에서 일하는 동안 퀀트 트레이딩 기술을 연마했습니다. 이후 2006년에 AHL로 돌아가 2013년까지 머물렀어요. 금융계에서 일하기에는 아주 흥미로운 동시에 무서운 기간이었죠.

마이클: 2008년 금융위기를 다루기 전에 시스템 부분을 조금 더 깊이 파고 싶어요. 대학 연수 프로그램의 일환으로 처음 AHL에서 일할 때 뭘 알게 되었나요? 특정한 사람이나 사건 때문에 시스템을 접하고 갑작스런 깨달음을 얻었나요, 아니면 점진적이었나요?

로버트: 점진적이라고 말하는 게 맞을 겁니다. 어떤 식으로든 시스템과 별개로 금융에 대해 생각한 적이 없어요. 투자은행에서 일하기가 어려웠던 이유 중 하나는 직감에 의존하거나 즉흥적으로 트레이딩을 하는 것처럼 보였기 때문이에요. 나는 숫자를 다루고, 정해진 틀을 따르고, 알고리즘을 통해 사고 절차를 정하는 게 편해요.

마이클: 당신이 쓴《시스템 트레이딩》의 첫 부분을 소개하고 싶어요. 대니얼 카너먼의 글을 인용한 건데요. 오늘 우리가 나눌 대화의 기조를 정하기에 아주 좋은 것 같아요.

——— *모든 경우에 알고리즘이 전문가의 정확도에 필적하거나 그것을*

넘어섰다. 왜 전문가가 알고리즘보다 뒤떨어질까? 한 가지 이유는 전문가는 예측을 할 때 똑똑하게 보이고, 틀을 벗어난 생각을 하고, 복잡한 속성들의 조합을 고려하려 애쓰기 때문이다. 복잡성은 특이한 경우에는 통할지 모른다. 그러나 대개는 타당성을 저해한다.

이는 당신이 가고자 하는 방향을 완벽하게 정리한 말 같아요.

대다수 사람은 자신이 생각하는 것만큼 트레이딩을 잘하지 못합니다.

로버트 : 맞습니다. 내가 전하고 싶은 단 하나의 가장 중요한 메시지가 있다면, 대다수 사람은 자신이 생각하는 것만큼 트레이딩을 잘하지 못한다는 겁니다. 아이러니하게도 자신이 많은 지식과 경험을 지녔고, 트레이딩에 많은 시간을 들이는 전문가라고 생각하는 사람이 자신의 능력을 과신하고 과대평가할 가능성이 가장 커요.

사람들이 자신을 비판적으로 평가하고, 주관적 거래를 얼마나 잘했는지 적절하게 판단하는 경우는 드물어요. 그들은 통계를 적절하게 살펴서 정말로 시스템보다 훨씬 나은 성과를 냈는지 분석하지 않습니다. 세상에는 자신을 속이는 사람들이 많아요. 그들은 단순한 시스템을 따르는 편이 훨씬 낫습니다.

오해하지 마세요. 엄청나게 뛰어난 트레이더들도 있어요. 하지만 그들은 금융 부문에 참여하는 사람들 중 소수에 불과해요. 나까지 포함해서 내가 생각하는 평범한 사람들의 대다수는 시스템을 활용하는 게 확실하게 나아요.

마이클: 투자 세계에서 사용하는 트레이딩 시스템을 어떻게 정의하나요?

로버트: 시스템은 객관적이어야 하고, 반복 가능해야 하고, 이전 가능해야 해요. 많은 사람, 특히 기술적 분석을 통해 패턴을 맞추는 오랜 전통을 따르는 사람들은 차트를 들여다보면서 패턴을 찾습니다. 그들은 자신이 시스템 트레이더라고 주장하죠. 하지만 그들은 패턴이 보일 때만 실제로 매매를 해요. 문제는 형식화해서 컴퓨터 알고리즘으로 바꿀 수 있도록 객관적 규칙을 써달라거나, 아무 경험이 없는 사람도 같은 패턴을 인식할 수 있을 만큼 자세한 내용을 써달라고 요청하면 못한다는 겁니다.

그건 그들의 투자 방식이 시스템을 따르는 게 아니라는 뜻이에요. 다트판에 다트를 던지는 수준은 아니지만 그래도 완전히 객관적인 것도 아니에요. 다른 사람에게 이전할 수도 없어요. 게다가 같은 사람이 결과를 반복할 수 없을지도 몰라요. 그래서 다른 날에 약간 다른 패턴을 보고는 "이건 매수 신호고, 저건 매도 신호야"라고 말하죠. 이건 알고리즘으로 형식화할 수 있는 완전히 객관적인 규칙을 적용하는 게 아니에요. 따라서 같은 결과를 매번 반복할 수 없어요.

다른 사람이 당신의 시스템을 이용해서 같은 결과를 얻지 못한다면, 당신도 다른 날에 활용할 때마다 같은 결과를 얻지 못해요. 그렇다면 내 의견으로는 시스템 트레이더가 아닙니다.

마이클 : 어떤 사람이 예전에 가격 동향 기반 시스템에 대한 이메일을 보냈어요. 그 사람이 뒤이어 질문한 건 "그래도 차트를 봐야 하는 거죠?"였어요. 이처럼 사람들은 올바른 경로로 들어섰다가도 여전히 차트 분석의 법칙에 이끌려요. 이는 당신의 객관적인 시스템 투자 방식을 사람들에게 이해시키는 데 있어서 확실히 혼란스런 부분이에요.

로버트 : 부분적인 문제는 과신에 따른 착각이에요. 투자를 잘하려면 전문가가 되어야 한다는 시각이 있어요. 두어 줄의 코드나 두어 개의 단순한 단계 또는 대여섯 칸의 스프레드 시트로 나타낼 수 있다면 좋은 투자법일 수 없다는 시각이 있어요. 너무 단순해서 전문성이 없다는 거죠. 차트를 10년이나 20년 동안 들여다보지 않아도 할 수 있는 일이거든요. 그래서 사람들은 그런 게 도움이 될 수 없고, 통하지 않을 거라고 생각해요. 패턴이 복잡하고 주관적일수록 더 좋아하죠. 그러면 논리적으로 그걸 제대로 분석할 수 있는 소수 중 한 명이 되고, 따라서 돈을 더 벌 가능성이 커지니까요. 나는 그런 시각에 전혀 동의하지 않아요.

마이클 : 왜 회의론자들은 스스로 증거를 찾지 않을까요? 과거의

시스템은 객관적이어야 하고,

반복 가능해야 하고,

이전 가능해야 해요.

성과가 미래의 성과를 좌우한다는 보장은 없어요. 그래도 지난 수십 년 동안 일부 시스템 트레이더가 기록한 월별 수익률을 보고 거기서 뭔가를 얻어내는 일은 상당히 흥미로워요.

대다수 사람은 통계적 유의성이라는 개념을 직관적으로 이해하지 못해요.

로버트: 대다수 사람은 무엇이 좋은 증거이고, 무엇이 나쁜 증거인지 판단하지 못해요. 그들은 통계적 유의성이라는 개념을 직관적으로 이해하지 못해요. 그들에게 투자 실적이 얼마나 오래되어야 판단의 근거로 삼을 수 있을지, 그게 요행이 아니라는 데 95%의 가능성을 부여할 수 있을지 물어보세요. 아마 실제로 현실에서 판단을 내리는 데 필요한 시간과 데이터의 양을 엄청나게 과소평가할 겁니다. 트레이더가 아주 능력이 뛰어나거나, 트레이딩 시스템이 엄청나게 좋지 않다면 말이죠. 고빈도 매매 분야에 속한 게 아니라면 굉장히 많은 역사적 자료가 있어야 능력인지 운인지 판단할 수 있어요. 수십 년에 걸친 자료가 있어야 해요.

나는 트레이딩 시스템을 분석할 때 충분한 데이터가 있어야 적어도 과거에는 수익성을 갖췄다고 판단해요. 반면 개인 트레이더는 아주 오랫동안 투자했고, 트레이딩 스타일이 바뀌지 않아서 그 모든 데이터를 활용할 수 있지 않는 한, 실제로 "난 운이 좋은 게 아니라 정말로 능력이 좋아"라고 말할 수 없어요.

대다수 사람은 운과 능력을 혼동해요. 이건 문제예요. 다트판에 다트를 던지는 식으로 투자한다고 해도, 차트에 아예 가치가 없다고 해도, 트레이딩 초반 두어 해 동안 돈을 버는 데 성공할 확률이 상당히 높거든요. 그러면 한 발 물러서서 "사실 이 투자 방식은 가치를 더하지 못해"라고 말하기 어려워요. 어떤 식으로든 충분한 증거를 갖지 못할 테니까요. 사람들이 갖는 자연스런 경향은 자신이 실제보다 훨씬 뛰어난 트레이더라고 보는 거예요. 그래서 두어 해 동안 돈을 번 건 차트를 분석하는 능력 때문이라고 생각하죠.

마이클: 투자 기간별로 시스템 트레이딩을 나눠서 이야기해보죠. 고빈도 매매가 한 극단에 있고, 느린 형태의 추세추종이 다른 극단에 있죠. 두 전략 다 시스템을 통해 구현할 수 있지만 많이 달라요. 많은 투자자가 그 차이를 놓치고 있어요. 그렇지 않나요?

로버트: 맞습니다. 대다수 사람은 시스템 트레이더라고 하면 소위 알고리즘 트레이더라고 가정해요. 단타를 하는 줄 아는 거죠. 그 극단적인 형태인 고빈도 매매는 1초도 안 되는 동안만 포지션을 유지해요. 같은 시스템 트레이딩이라도 다른 영역에서 투자하려면 완전히 다른 태도가 필요하다는 걸 이해시키는 일은 상당히 어려워요.

유명 인사들을 예로 들어보죠. 한 명은 데이비드 하딩이에요. 그는 윈튼을 운영하지만 AHL의 공동 창업자 중 한 명이기도 해요. 다른 한 명은 로버트 디페어즈Robert Defares예요. 그는 네덜란드의 고빈도 트레이딩 회사인 IMC를 운영하죠. 두 사람 모두 똑똑하고 성공한 사람입니다. 각자 선택한 영역에서 아주 뛰어난 성과를 내서 억만장자가 되었죠. 하지만 두 사람이 자리를 바꿔서 다른 사람의 전략을 사용하게 하면 고전할 겁니다. 완전히 다른 세계이거든요.

나는 고빈도 트레이더들이 뭘 하는지 거의 모릅니다. 그들은 저빈도 분야에서는 전혀 말이 되지 않는 기법을 써요. 훨씬 많은 통계 데이터를 살펴야 하니까요. 전술적 자산 배분 모형 같은 걸 사용하는 저빈도 추세추종에서는 그만큼 많은 데이터가 없어요. 대신 단기 데이터에서 나타나는 일련의 이상한 명목적 패턴을 찾기보다 경제적 또는 직관적 타당성을 지니도록 전략을 훨씬 잘 운용해야 해요.

마이클: 두 사람의 자리를 바꾸면 완전히 헤맬지는 몰라도 그 공통적인 뿌리는 카너먼의 연구 아닌가요? 그 내용은 인간 행동과 직결되죠. 우리는 합리적 존재가 아니에요. 고빈도 매매든 추세추종이든 통하는 시스템을 고수하는 데는 상식적인 이유가 있어요.

로버트: 맞아요. 크게 성공한 시스템 트레이더들이 나름의 타당성을 지니는 시스템을 운영하는 건 확실해요. 고빈도 접근법이 타당한 이유는 근본적으로 호가 스프레드를 통해 묵시적으로 하든, 리베이트와 미 증시를 통해서든 시장에서 유동성을 제공하는 대가를 받기 때문이에요. 그보다 느린 접근법의 경우 추세추종이 과거에 통했고, 나의 개인적 믿음으로는 미래에도 통할 이유에 대해 온갖 이론들이 있어요. 내가 가장 좋아하는 이론 중 하나는 전망 이론이라는 행

동금융학 이론이에요. 카너먼이 공저자로 참여한 논문에서 주장한 것이죠. 그 내용은 근본적으로 사람들이 수익과 손실을 다르게 인식한다는 거예요. 전망 이론은 사람들이 추세추종 전략에 투자하는 데 애를 먹는 이유와 그 전략이 감정적 사고에 시달리지 않는 컴퓨터에게 유리한 이유를 명확하게 설명해요.

스펙트럼의 양극단에 속한 사람들이 공유한 두 번째 속성은 시스템을 고수한다는 거예요. 그들은 시스템을 신뢰해요. 고빈도 분야에서는 달리 선택이 없어요. 매매 속도가 너무 빨라서 시스템이 하는 일에 인간이 개입할 수 없어요. 완전히 자동으로 매매할 수밖에 없죠. 반면 그보다 느린 시스템 트레이더의 경우 시스템에 개입하거나, 매개변수를 바꾸거나, 특정한 상황에서 시스템을 무시하고 싶은 유혹을 더 강하게 받아요. 그 점에서 더 위험하지만 나는 그런 유혹을 피할 수 있다면 더 성공할 거라고 믿어요.

마이클: 당신은 책에서 헤지펀드 업계를 떠난 후 한 트레이딩 회사를 방문한 일에 대해 좋은 이야기를 썼어요. 그 이야기를 들려줄 수 있나요? 아마 청취자들에게 도움이 될 거예요.

로버트: 헤지펀드 업계를 떠난 직후에 지역의 자기자본 트레이딩 회사에 컨설팅을 제공하고 일부 자본을 운용하는 문제를 논의했어요. 거기에는 흔히 그렇듯 중년의 런던국제금융선물옵션거래소LIFFE 출신 트레이더들과 순진한 청년 트레이더들이 뒤섞여서 종일 소수

의 선물 계약을 매매하고 있었죠. 대표는 특히 두어 명의 20대로 구성된 퀀트팀을 자랑스러워했어요. 그들은 여러 대의 컴퓨터를 갖추고 백테스트용 기성 소프트웨어를 돌리고 있었어요. 대표는 "이 친구는 일한 지 한 달밖에 되지 않았는데 벌써 백테스트를 통해 수익성이 증명된 새로운 트레이딩 규칙을 50개나 만들었어요"라고 설명했어요. 그 트레이더는 "맞아요. 이 소프트웨어는 놀라워요. 하루에 수백 개의 규칙을 자동으로 테스트할 수 있어요"라고 덧붙였어요. 나는 애써 담담한 표정을 지으며 최대한 외교적으로 대꾸했죠. "분명 그중 몇 개는 통할 겁니다"라고요.

마이클: 트레이딩 룸에 들어갔을 때 분위기가 잔뜩 들떠 있었던 모양이네요. 아마 "우리는 최고의 최신 백테스트 프로그램을 갖추고 있어요. 또한 선물 거래의 베테랑들도 있고, 눈이 빛나는 20대 밀레니엄 세대도 있어요. 모두 나아갈 준비가 되어 있어요. 세상에, 몇 분 만에 두어 가지를 백테스트했더니 모든 걸 파악할 수 있었어요"라는 식으로 말했겠죠. 물론 시간이 한정되어 있어서 모든 요소를 파고들 수는 없어요. 그래도 폭넓은 관점에서 어떤 기분이 들었는지 설명해 주세요. 그때는 외교적으로 문제를 피해갔지만 말이죠.

로버트: 그 일이 내게 인상적이었던 부분적인 이유는 정도는 다르지만 나도 그랬기 때문입니다. 백테스트 프로그램을 손에 넣었고, 좋은 아이디어를 갖고 있으면 이런저런 조작을 해보고 어떤 일이 일어

나는지 보고 싶기 마련이에요. 하지만 거기에는 두어 가지 잘못된 점이 있어요.

첫 번째 문제는 이해하기 쉬운 건데, 그게 근본적으로 꼼수라는 겁니다. 즉 타임머신을 이용하는 거죠. 당신이 확보한 데이터를 백테스트한 후 결과를 보고 "이 모형은 좋아. 계속 써야겠어"라거나, "이 모형은 나빠. 쓰지 말아야겠어"라고 판단하는 건 문제가 있어요. 가령 백테스트의 시작점을 1975년으로 잡았다면 그때는 할 수 없었던 일을 하고 있는 거죠. 두 모형을 장기간에 걸쳐 같이 운용하면서 어느 게 더 나은지 차츰 파악해야 해요.

두 번째 문제는 통계적 측면이에요. 수많은 트레이딩 전략을 테스트하면, 평균적으로 모두 나쁜 것이라도 일부는 특정한 기간에 좋아 보이기 마련이에요. 예를 들어 당신이 아주 엄격하게 '백테스트에서 샤프지수가 최소한 1이 나오는 것만 고려하겠어'라고 생각한다고 가정하죠. 당신은 뒤이어 100개의 규칙이나 변형을 테스트해요. 아주 많아 보이지만 많은 백테스트 프로그램을 쓰면 쉽게 할 수 있어요. 그렇게 테스트하는 규칙들은 100개의 완전히 다른 규칙들이 아니에요. 매개변수가 약간 다를 뿐 주제는 같은 100가지 변형일 뿐이죠.

평균적으로 100개의 규칙 중에서 샤프지수 최소치를 1로 잡으면 16개는 좋은 것처럼 보여요. 실제로는 하나도 수익성이 없는데도 그래요. 백테스트 기간에 이 16개의 규칙이 아주 잘 통한 건 운 때문이에요. 이 문제는 기하급수적으로 악화돼요. 따라서 테스트할 규칙의 수를 크게 줄여야 합니다. 그렇지 않으면 나쁜 규칙이 그물을 빠져나

갈 수 있어요. 너무 많은 규칙을 테스트하면 그렇게 됩니다. 여기서 얻을 수 있는 교훈은 모든 데이터를 살피는 일은 엄격하게 피하고, 매개변수의 수를 줄이려고 노력해야 한다는 거예요.

어떤 아이디어가 통할 거라고 믿고 백테스트를 해보면 두 가지 일 중 하나가 생깁니다. 하나는 백테스트 결과가 나쁜 거예요. 그래도 "아이디어가 나빴어"라고 말하기 어려워요. 특히 다른 사람 밑에서 일하고 있고, 그 사람이 당신이 밥값을 하기를 기대할 때는 더욱 그래요. 그래서 아이디어를 다듬어서 매개변수를 바꾸고 오버레이 overlay, 리스크를 낮추기 위한 조정 요소–옮긴이를 추가하면서 시간을 들이고 싶은 유혹이 생겨요. 백테스트 결과가 잘 나올 때까지 전반적으로 주물러서 개선하는 거죠. 이건 자신을 속이는 짓이에요.

그만큼 나쁜 다른 대안은 백테스트에서 잘 통하는 규칙이 있으면 그걸 시도해보고 개선하는 거예요. 이런 모든 변화는 백테스트로 나오는 성과를 개선할 수 있을지는 몰라요. 하지만 실제 돈으로 매매해보면 성과가 완전히 박살 날 가능성이 커요.

마이클 : 그 회사에 갔을 때 어떤 기분이었는지 궁금하네요. 그걸 데이터에만 의존하는 백테스트를 통한 개발로 봤나요, 아니면 실제로 그들에게 아이디어가 있다고 생각했나요? 아이디어와 데이터의 차이, 그리고 그 이면의 복잡성에 대해 이야기해보죠. 둘을 선택하는 게 꼭 쉽지만은 않잖아요?

로버트: 그렇죠. 사람들이 트레이딩 시스템과 트레이딩 규칙을 고안하는 두 가지 주된 방식에 대해 내가 붙인 명칭이 있어요. '데이터 우선'은 대다수 사람이 시스템 트레이더라고 하면 떠올리는 방식입니다. 기계 학습, 신경망, 빅 데이터 같은 개념들이 유행하면서 이런 인식이 갈수록 흔해지고 있어요. 사람들은 시스템 트레이더가 모든 가격 데이터를 확보해서 일종의 거대한 최적화 장치에 넣으면, 모든 데이터 포인트에서 뛰어나고 수익성 있는 곡선을 만들어주는 트레이딩 규칙이 나오는 줄 알아요. 하지만 그 규칙은 아예 말이 되지 않을 수 있어요. S&P 500이 화요일에 하락하고 보름달이 뜨면 목요일에 돈육을 매수하라는 것만큼 무작위적일 수 있어요. 또는 실제로 좋은 규칙이어서 통할 수도 있고요.

르네상스 캐피털Renaissance Capital의 짐 시몬스Jim Simons 같은 사람의 경우, 이런 이상한 비선형적 트레이딩 규칙을 오랫동안 성공적으로 따랐어요. 하지만 그렇다고 해서 그의 접근법이 모두에게 통할 거라는 뜻은 아닙니다. 통계적 유의성 같은 것에 엄청나게 신중해야 하거든요. 아주 정교한 기법을 써야 해요.

내가 '아이디어 우선'이라고 부르는 대안은 아이디어에서 출발합니다. 그건 "중앙은행들이 실업률 수준과 물가 상승률에 따라 금리를 정한다"처럼 경제적 기반을 가질 수 있어요. 그래서 물가상승률이 오르고 실업률이 내리면 금리가 오른다는 쪽에, 또는 그 반대의 경우에 베팅하는 모형을 만드는 거죠. 아니면 행동에 기반을 둘 수도 있어요. 어떤 이유로든 추세추종이 통한다는 생각이 들면 추세추종 모형을 만드는 겁니다. 그다음에 어떤 아이디어를 얻고 그걸 구현하는 규칙을 갖추면 테스트해보는 거죠.

중요한 건 두 경우 모두 테스트를 거쳐서 통하는지 확인해야 한다는 거예요. 다만 아이디어 우선 접근법의 경우 통하는 이유를 아는 추가 검증이 필요합니다. 나는 그 추가 확증, 추가 확인을 좋아해요. 내가 이해하는 모형을 운영할 때가 훨씬 편안해요. 특히 돈을 잃고 있을 때는 더욱 그렇습니다. 그러면 지금은 특정한 효과가 작용하지 않기 때문이라고 이해할 수 있거든요. 트레이딩 전략이 어디서 나왔는지 이해하지 못하면 돈을 잃는 이유도 이해하지 못할 수 있어요. 그러면 계획을 고수하면서 그대로 매매하기가 훨씬 어렵죠.

데이터 우선 기법을 나쁘게 활용하는 사람들을 보면 약간 우울해요. 두 접근법은 다 통해요. 다만 다른 시나리오에서 더 잘 통하죠. 데이터 우선 접근법은 속도가 빠른 매매에서 더 잘 통하는 것 같아요. 반면 아이디어 우선 접근법은 속도가 느린 매매에서 더 잘 통하는 것 같아요. 다루어야 할 데이터가 적으니까요. 다만 일반적으로 보면 약간의 데이터로 시작해서 시장 상황과 트레이딩 시스템 이면의 아이디어에 대해 생각하지 않은 채 분석하는 사람들이 시스템을 설계하지 못하거나 오용하는 경우가 훨씬 많아요.

내가 이해하는 모형을 운영할 때가 훨씬 편안해요.

마이클: 2008년, 2009년으로 돌아가 보죠. 당신이 보기에 현장에

서 일어난 어떤 일이 당신을 변화시켰나요? 그 일은 어떻게 시스템을 활용하고 종교적으로 따를 용기를 주었나요?

로버트: 2008년, 2009년의 위기는 우리가 미래를 잘 예측하지 못한다는 사실을 내게 가르쳤어요. 신용위기가 다가오고 있다는 사실을 예견한 소수의 사람들이 있었어요. 존 폴슨John Paulson 같은 사람이 유명하죠. 그는 시장에서 베팅을 해서 좋은 성과를 거두었습니다. 하지만 2007년 1월로 돌아가 보면, 거시경제를 예측하는 사람 가운데 2년 후에 미국이 심각한 불경기에 빠질 거라고 말하는 사람은 한 명도 없었어요. 은행이나 주택대출기관에서 일하는 애널리스트 중에서 "두어 해 후에 우리가 매우 복잡한 분석법으로 살피는 모든 기관이 파산하거나 정부 구제를 받을 겁니다"라고 말하는 사람은 한 명도 없었어요. 누구도 감을 잡지 못했습니다. 하지만 그 시기에 트레이딩 시스템은 어떤 일이 일어날지 예측하려고 들지 않았어요. 단지 2008년 중반에 "주식시장이 하락할 것 같아. 주식시장의 롱 포지션을 정리한 다음 숏 포지션을 잡고, 채권시장에서 롱 포지션을 잡을 거야"라고 말했을 뿐이에요.

2008년, 2009년의 위기는 우리가 미래를 잘 예측하지 못한다는 사실을 깨닫게 했어요.

마이클: 그건 육감이 아니라 시스템이 알려준 거죠?

로버트: 맞아요. 시스템이 알려준 거예요. 반면 2007년 초반에 우리는 주택저당증권 시장에 대한 뉴스와 2007년 2월에 망한 베어스턴스Bear Stearns의 자회사들에 대한 뉴스를 따라가고 있었어요. 그게 신용위기의 첫 신호탄이었어요. 나는 시스템 주식 펀드를 운용하는 동료에게 "주식시장에서 대규모 투매가 나올 것 같아"라고 말했죠.

내가 무슨 천재적인 예측 능력을 갖추었다고 자랑하려는 게 아닙니다. 앞서 말한 대로 나는 주관적 매매를 할 만큼 뛰어나지 못하다고 생각해요. 그런 사람은 드물 겁니다. 나의 예측은 맞았지만 엄청나게 이른 것이기도 했어요. 그 점에서 트레이딩 시스템은 달랐죠. 훨씬 나중까지 계속 롱 포지션을 유지했거든요. 그러다가 시장이 돌아서자 자동적으로 포지션을 바꾸었고, 놀라운 성과를 올렸죠.

반면에 위기가 한창 진행 중인데도 어떤 일이 생길지 전혀 모르는 사람들이 많았어요. 그들은 여전히 은행의 연 매출 성장률이 5%에 이를 거라고 예측했습니다. 그들과 달리 어떤 일이 생길지 예견한 소수의 사람들이 있었어요. 그들은 베팅을 잘해서 실제로 돈을 벌었죠. 그리고 나 같은 사람도 있었어요. 딱히 특별한 능력이 있어서 그런 게 아니라 그냥 어떤 일이 생길지 예견했지만, 그걸 활용하지 못한 사람들이요. 다른 한편으로, 트레이딩 시스템은 어떤 일이 생길지 전혀 몰랐고, 또 신경 쓰지 않았지만 시장의 움직임에 따라 포지션을 조정했습니다.

이런 양상을 단적으로 보여주는 사실은 위기의 한복판, 그러니까 AIG와 리먼이 파산 위기에 있고, 프레디맥Freddie Mac과 패니메이Fannie Mae

가 위기에 처했을 때 우리는 사무실에 앉아서 완전히 공포에 질려 있었다는 겁니다. 마치 정신이 나간 것처럼 허둥대면서 "어떻게 하지? 어떻게 해야 해? 시장이 박살났어. 세상이 망할 거야"라고 말했죠.

그때 우리 회사에서 사람이 매매 결정을 내렸다면 모든 걸 다 팔아서 골드 바를 산 다음 스위스로 이주했을 겁니다. 하지만 우리는 컴퓨터 시스템을 돌리고 있었기 때문에 '이걸 꺼야 하나? 계속 돌려도 안전할까?'라고 진지하게 고민했습니다. 그동안에 컴퓨터 시스템은 우리가 겁먹은 걸 몰랐고, 신경 쓰지 않았어요. 또한 시장에서 들려오는 온갖 나쁜 소식을 몰랐고, 신경 쓰지 않았어요. 그저 가격 패턴만 보고 적절한 포지션을 잡았을 뿐이죠.

2008년에 그 펀드는 역대 최고의 수익을 올렸어요. 겁을 먹고 감정에 휘둘리는 인간과 감정이 없고, 겁먹지 않고, 항상 하던 일을 계속하는 컴퓨터 시스템의 차이를 제대로 보여준 거죠. 시장은 움직였어요. 컴퓨터 시스템은 적절한 리스크를 감수했습니다. '지금은 무서운 상황이야'라고 생각하지 않았어요. 시장에서 확인되는 리스크에 따라 포지션의 규모를 키웠고, 덕분에 수익을 올렸죠.

마이클: 극심한 혼란의 와중에도 시스템을 고수하는 시스템 트레이더의 좋은 사례를 들었네요. 시스템을 완고하게 따르는 일의 부정적인 측면은 없나요?

로버트: 몇 가지가 있어요. 첫째, 나는 트레이딩 시스템보다 훨씬

나은 성과를 올릴 수 있는 사람들이 일부 있다고 믿어요. 가격 패턴을 살피고, 경제적 영향과 예측에 대해 생각할 수 있는 놀라운 트레이더들 말이에요. 폴슨 같은 사람들이 그런 예죠. 트레이딩 시스템으로는 폴슨이 2007년까지 그랬던 것처럼 모기지에 대해 숏 포지션을 잡지 못해요. 반복 가능성이라는 요소가 없거든요. 2007년의 상황을 보면 집값이 유례없는 수준에 이르렀어요. 주택저당채권에 낀 거대한 거품도 유례없는 규모였죠. 그런 일이 이전 30년에 걸쳐 1년에 한 번씩 일어났다면, 그걸 활용하는 모형을 만들 수 있어요. 그게 첫 번째 단점이에요. 시스템 트레이더는 절대 최고의 주관적 트레이더만큼 뛰어날 수 없어요. 대다수 사람은 최고의 주관적 트레이더가 되지 못해요. 그러니까 애초에 포기하고 시스템을 따라야 해요.

둘째, 트레이딩 시스템에 개입해야 하는 드문 경우가 있습니다. 나도 지금까지 두어 번 그런 경우를 겪었어요. 한 번은 태국에서 쿠데타가 발생했어요. 우리는 외환 거래가 중지되고 자본 통제가 이루어질 확률이 아주 높다는 걸 알았어요. 그래서 태국 바트화에 대한 포지션을 빠르게 정리했죠. 시스템은 그걸 몰랐어요. 우리가 시스템보다 가격 움직임을 더 잘 예측할 수 있다고 생각한 건 아니에요. 단지 우리는 해당 시장의 매매가 불가능해질 것이기 때문에 최대한 빨리 중단해야 한다는 사실을 알았을 뿐입니다.

두 번째 상황은 우리의 주요 중개사인 MF 글로벌MF Global에 심각한 문제가 생긴 것이었어요. 이번에도 우리는 어떤 일이 일어날지 며칠 전에 알았어요. 그래서 유일한 주요 중개사인 그들과 거래하던 포지션에서 빠져나왔어요. 안 그러면 고객의 돈을 잃을 위험에 처할 수 있었어요.

그게 시스템에 개입하는 게 적절했던 두 번의 경우였어요. 아마 17년 경력 동안에 서너 번 더 그런 경우가 있었을 거예요. 그만큼 그런 일은 드물어야 해요. 그때그때 리스크에 대한 인식에 따라 매달 시스템을 바꿔야 한다고 말하는 게 아니에요.

마이클: 존 폴슨 같은 탁월한 주관적 트레이더들에 대해 언급했는데요. 나도 마이클 버리가 생각나네요. 세상에 폴슨이나 버리 같은 사람이 아무리 많다고 해도, 그들이 리스크를 정의하는 방식은 시스템 트레이더 대부분을 매우 불안하게 만들 겁니다. 그들은 같은 아이디어를 가졌지만 타이밍을 제대로 잡지 못했거나, 비슷한 베팅을 했지만 역사의 뒤안길로 사라졌어요. 탁월한 주관적 트레이더들이 생각하는 리스크는 우리가 말하는 시스템 매매의 리스크와 많이 다른 것 같아요.

로버트: 그 문제를 두어 가지 다른 방식으로 조명해보죠. 하나는 나심 탈레브Nassim Taleb가 그의 많은 책에서 말한 관점을 취하는 겁니다. 즉 트레이더로서 경력을 시작한다면 주관적 트레이더가 될지, 시스템 트레이더가 될지 정해야 합니다. 또한 시스템 트레이더가 될 거라면 과도한 리스크를 지지 않고 연평균 10%에서 15% 정도의 수익을 올릴 것으로 기대하는 게 합리적이에요. 물론 절대적으로 정상급

주관적 트레이더라면 그보다 몇 배의 수익을 올릴 수 있겠죠. 하지만 그 길을 걷는 사람의 99.9%는 실패할 겁니다. 고점은 더 높지만 평균과 산포는 훨씬 나쁘죠.

두 번째 요점은 시스템 매매와 주관적 매매의 대비가 핵심이 아니라는 겁니다. 핵심은 상이한 트레이딩 전략과 수익 프로필로 귀결됩니다. 폴슨은 오랫동안 잠재적으로 작은 손실을 여러 번 입지만 한두 해에는 엄청난 수익을 올리는 방식의 베팅을 합니다. 그건 사실 추세추종과 같은 방식이죠. 추세추종도 대개 10개월 중 6개월은 돈을 잃지만, 4개월 동안 훨씬 많이 벌어서 전체적으로 수익을 냅니다. 그래서 흔히 생각하는 것보다 실제로는 비슷한 부분이 많아요. 그건 전문용어를 쓰자면 음의 왜도negative skewness, 데이터가 치우친 정도를 나타내는 척도-옮긴이 스타일의 트레이딩과 달라요. 외환 캐리 같은 게 그런 예죠. 이는 존 폴슨이 사용하는 투자 방식의 반대편에 속해요. 가령 해마다 신용 보험을 팔아서 수많은 작은 수익을 올리는 거예요. 기분 좋은 일이죠. 그러다가 몇 년에 한 번씩 큰 손실을 보고 망하는 거예요.

이 리스크 스펙트럼의 두 측면에 따른 리스크 관리와 심리는 많이 다릅니다. 다만 작은 베팅을 많이 해서 가끔 큰 보상을 받는 폴슨의 방식이 다른 방식보다 추세추종과 더 비슷해요. 다른 방식은 시스템 매매든 주관적 매매든 작은 수익을 많이 올려요. 그 편이 심리적으로는 더 기분이 좋죠. 하지만 가끔 큰 손실을 입어요. 그래서 큰 손실로 망하지 않도록 시스템에 리스크 관리 수단을 신중하게 구축해야 해요.

마이클: 중요한 질문이 있어요. 당신이 보기에 모든 시장, 모든 상품에 대해 하나의 매매 규칙을 가져야 하나요? 당신은 이 주제에 대한 책을 쓴 적이 있어요. 그 책을 읽으면 당신의 시각을 깊이 알 수 있어요. 거기에 대한 당신의 말을 들어보고 싶네요.

로버트: 일반적으로는 그래야 합니다. 나는 개인 포트폴리오로 대부분의 자산군, 대부분의 국가를 포괄하는 약 40개의 선물시장에서 매매합니다. 내가 유일하게 구분하는 건 해당 시장의 매매 비용이에요. 저렴한 시장에서는 더 빨리 매매하고, 비싼 시장에서는 더 느리게 매매해요. 호주의 금리 선물 같은 경우는 느리게 매매합니다. 비용이 많이 들거든요. 나스닥 같은 경우는 약간 더 빨리 매매해요. 그래도 그 속도의 차이는 크지 않아요. 한 극단은 평균 2, 3주 동안 보유하고, 다른 극단은 2개월 정도 보유해요. 크게 다르지 않죠.

다른 한편으로 미국 주식에 대한 페어pair 거래두 종목의 상관관계를 이용한 거래-옮긴이처럼 완전히 다른 거래에는 다른 규칙들을 활용합니다. 하지만 상당히 비슷한 상품들에 대해서는 그렇게 하지 않아요. 일반적으로 달러 대비 파운드 선물을 달러 대비 엔 선물과 다르게 매매해야 한다는 증거는 별로 없어요. 미국 주식 선물의 경우도 마찬가지죠. 데이터상으로는 약간의 차이가 나타나지만 절대 통계적 유의성을 드러내지는 않습니다.

이 문제에 대한 나의 태도는 정말로 확고해졌어요. 5년 전에 AHL에서 일할 때만 해도 다른 상품은 다르게 매매할 충분한 이유가 있다고 말했을 거예요. 하지만 지금은 그 말을 뒷받침할 증거를 찾을 수 없어요. 특히 팀 없이 혼자 리서치를 하는 개인 투자자는 최대한 단순하면서도 합리적인 방식을 사용해야 합니다. 아주 강력한 증거로 뒷받침되는 경우에만 더 복잡하게 또는 다른 시장에 맞게 매매해야 해요. 선물시장만 봐서는 그런 증거가 거의 없어요.

마이클: 도널드 럼스펠드Donald Rumsfeld가 좋아하던 구분법, 그러니까 예측 가능한 리스크와 예측 불가능한 리스크, '아는 무지known unknown, 모른다는 사실을 아는 무지–옮긴이'와 '모르는 무지unknown unknown, 모른다는 사실을 모르는 무지–옮긴이'를 분석해보죠. 사람들은 때로 이 말에 대해 생각할 시간을 갖지 않는 것 같아요. 이 말은 똑똑하고, 재치 있고, 어쩌면 정치적으로 들릴 수 있지만 상당한 깊이가 있어요.

로버트: 맞아요. 리스크는 무지에서 나옵니다. 다음 주에 어떤 일이 일어날지 안다면 리스크가 전혀 없을 겁니다. 무지에는 아는 무지와 모르는 무지가 있습니다. 나는 그걸 예측 가능한 리스크과 예측 불가능한 리스크라고 불러요. 어떤 걸 예측하려면 일종의 모형이 있어야 합니다. 수학적 함수가 필요하고, 거기에 추정치를 넣어야 해요. "모든 자산의 수익률이 통계학자들이 말하는 정규분포를 이룰 거야. 또한 특정한 표준편차에 따른 분산과 상관관계가 존재할 거야"라고 말하는 건 아주 간단해요. 현실적으로 이 말은 비교적 소수의 변수로 자산의 수익률에 생길 변화를 요약할 수 있다는 걸 뜻해요.

한 걸음 더 나아가 "이 모형은 세상에 존재하는 리스크를 충분히 예측하지 못하는 것 같아. 이보다 복잡한 모형을 만들어서 온갖 다른 요인을 도입할 거야"라고 말할 수도 있어요. 퀀트 금융 쪽에서 일하는 사람들은 갈수록 난해한 리스크 모형을 고안할 겁니다. 문제는 예측 가능한 리스크를 복잡하게 인식할수록 예측 불가능한 리스크를 간과하게 된다는 겁니다. 나심 탈레브가 말한 블랙 스완 말이에요. 그건 전혀 예측하지 못한 상황에서 우리를 덮치죠.

신용 위기 때로 다시 돌아가 보자면, 주택저당증권의 가격을 매기는 데 사용한 코퓰러copula 모형이 좋은 예입니다. 그 모형은 아주 복잡해서 그걸 사용하는 사람들은 세상을 완전히 구현했다고 가정했어요. 모형은 모형일 뿐이라는 사실을 잊어버린 거죠. 모형은 현실을 단순화한 것이지, 현실이 아닙니다.

나는 개인적으로 정반대의 접근법을 취합니다. 최대한 단순한 리스크 모형을 쓰고, 항상 예측 불가능한 리스크에 대한 노출을 최대한 제한해요. 한 번도 그런 적이 없지만 S&P 500이 하루 만에 80% 떨어져서 내가 큰 손실의 위험에 노출되어도, 최소한 머릿속으로는 그런 일이 일어날 수 있다는 걸 염두에 둡니다. 내가 보다 정교한 리스크 모형을 쓴다면 아는 무지에 대해 너무 많이 생각하고 모르는 무지, 그러니까 리스크 모형의 예측 불가능한 부분에 대해서는 완전히 잊어버릴 위험이 있어요.

다음 주에 어떤 일이 일어날지 안다면 리스크가 전혀 없을 겁니다.

포트폴리오 구축

마이클 : 당신의 책, 《스마트한 포트폴리오》를 보면 처음에 두어 개의 말이 인용되어 있어요. 나는 그중에서 워런 버핏이 한 말을 좋아해요. "펀드 컨설턴트들은 '롱-숏', '매크로', '해외 주식'처럼 스타일을 나누는 걸 좋아합니다. 하지만 버크셔에는 '스마트'라는 스타일밖에 없어요"라는 말이죠.

이 글을 읽었을 때 '간결하면서도 지혜가 담긴 말이야. 대단히 타당해. 온갖 명칭과 용어는 잠시 제쳐둬야 해. 스마트하게 투자하는 게 유일한 길이야'라는 생각이 들었어요. 그러다가 뒤이어 '그런데 버핏 씨, 스마트하다는 건 도대체 어떻게 정의하죠?'라는 생각도 들었어요.

로버트 : 버핏은 무엇이든 자신이 하는 방식이 스마트하다고 말할 거예요. 중요한 사실은 모두가 워런 버핏이 될 수는 없다는 겁니다. 실제로 그의 투자 방식을 따라 하려다가는 스스로 비교적 단순하고 명확한 투자 방식을 쓸 때보다 훨씬 나쁜 결과를 얻을 수 있어요.

나의 서가에 있는 투자 서적들을 보면 한쪽에 거의 수학 공식으로만 가득한 책이 있어요. 그 책을 읽으려면 학문적 배경이 있어야 합니다. 거기에는 좋은 내용이 담겨 있지만 일반인에게는 그다지 효용이 없어요. 다른 쪽에는《시장의 마법사들》시리즈가 있어요. 비교적 읽기 쉽고, 아주 재미있는 책들이죠. 다만 실제로 합당한 투자를 하기 시작하려면 약간 더 내실을 다져야 해요.

나의 경우 스마트한 건 그 중간이에요. 똑똑하고 자신이 뭘 하는지 아는 거죠. 그러면서도 학문적 이론으로 과도하게 파고들려고 애쓰지 않아요. 필요 이상으로 일을 복잡하게 만들지 않고, 너무 단순화하지 않으면서 최대한 단순하게 유지하는 거예요.

마이클: 자세한 내용으로 들어가기 전에 큰 그림에 해당하는 요점을 하나 짚고 넘어가죠. "와, 워런 버핏의 환상적인 경력을 봐"라며 그렇게 되려는 생각에 사로잡힌 사람들이 너무나 많아요. 하지만 버핏을 똑같이 따라 하지는 못해요. 한 걸음 더 나아가 여러분이 스마트한 포트폴리오를 가졌다고 이웃 역시 그걸 가진다는 뜻은 아니죠. 반대로 이웃이 더 스마트한 포트폴리오를 가질 수도 있고요. 중요한 건 자존심을 접어두고 이웃의 벤치마크나 투자 벤치마크와 비교하려 애쓰면서 인생을 보내지 않는 거예요. 계속 자신을 다른 사람과 비교하면서 살아가는 건 나의 소박한 의견으로는 약간 사이코 같아요.

로버트: 나는 헤지펀드 업계 출신이에요. 우리는 자신을 다른 사람이나 벤치마크와 비교하면서 삶을 살아갑니다. 맞아요. 그건 약간

집착이 될 수 있어요. 나는 그런 걸 '수치'라고 불러요. 벤치마크와 비교해서 그보다 나은 성과를 올리면 괜찮지만 그보다 못하면 수치스럽거든요.

어느 정도는 자신을 알고 "얼마나 많은 수치를 견딜 수 있을까?"라고 자문하는 게 중요해요. 솔직히 시장 수익률에 조금이라도 못 미치면 기분이 나빠지고 포트폴리오를 뜯어고치고 싶은 마음이 들 수 있어요. 그런 사람은 시장 포트폴리오를 보유하는 게 나을지도 모릅니다. 그냥 대규모 글로벌 시가총액 ETF에 투자하고 투자에 대한 걱정을 멈추는 게 좋아요.

그렇지 않고 시장 수익률에 못 미쳐도 괜찮고, 다른 사람들은 어떻게 생각하는지 신경 쓰지 않는다면 아주 좋아요. 그러면 당연히 거기서 훨씬 벗어나는 포트폴리오를 꾸릴 수 있어요. 자신이 수치를 얼마나 감수할 수 있는지 인식해야 합니다. 포트폴리오를 구축할 때 리스크 감수도를 조정해야 하듯이 말이죠.

마이클: 사람들이 이웃의 성공을 갈망하는 요소도 있지 않나요? 분명 질투심도 끼어들지 않나요? 다른 사람들이 뭘 하는지 항상 생각하는 건 상당한 심리적 에너지를 소모해요.

로버트: 맞아요. 자신을 다른 사람과 비교하는 건 분명 우리의 본성에 내재되어 있어요. 그렇게 하지 않으려면 의식적 노력이 필요해요. 자신의 삶과 목표에 집중하도록 자신을 다스려야 합니다. 나는

절대 자신을 다른 사람과 비교하지 않는다는 말은 거짓말일 거예요.

마이클: 나도 그래요. 당연히 그렇죠.

로버트: 지금 이웃집을 보고 있는데, 우리 집보다 커요. 그게 눈에 들어와요. 매번 외출할 때마다 그래요. 그래도 거기에 영향받지 않는 게 중요해요. 나는 내 삶에서 만족과 편안함을 안기는 모든 것을 생각해요.

마이클: 당신은 모든 투자자가 생각해야 하는 세 가지 큰 문제를 제기했어요. 첫째, 어디에 투자해야 하는가? 둘째, 각 투자 상품에 얼마나 투자해야 하는가? 셋째, 중간에 변화를 주어야 하는가? 즉 사고 팔아야 하는가? 재조정을 해야 하는가?

이는 시장 그리고 자본을 투입하는 방법을 바라보는 간단한 틀이에요. 앞으로 알게 되겠지만 일부 세부 내용은 약간 더 복잡해요. 하지만 이 토대는 아주 좋은 출발점이지 않나요?

로버트: 사람들이 내게 조언을 구할 때 그들이 묻는 질문은 크게 세 가지 범주로 나눌 수 있어요. 바로 '비트코인을 사야 하는지, 뭘 사야 하는지, 얼마를 주식에 넣어야 하는지'예요. 지금 한국 상황이 아주 안 좋은데 매도해야 할까? 포트폴리오에 변화를 주어야 할까? 한국 주식을 팔아야 할까? 이 모든 질문은 당신이 언급한 세 가지

질문에 속해요.

마이클 : 사람들이 언제나 한정된 시간에 대해 질문한다는 점에 동의할 겁니다. 그들은 "바로 지금 뭘 해야 하는지" 알고 싶어 해요. 훗날에 뭘 해야 하는지는 궁금하지 않은 것 같아요. "내게 바로 만족을 안길 특효약을 줄 수 있어요?"라고 말하는 식이에요. 그들은 결과에 몰두한 나머지 당신처럼 똑똑한 사람에게 '어떤 투자 과정을 따르는지' 묻지 않아요. 만약 그런 질문을 하면 당신은 결과만 묻는 경우보다 그 사람에게 10배나 많은 관심을 보이면서 당신이 아는 모든 걸 알려줄 거예요.

로버트: 맞아요. 하지만 그건 절대적으로 본능의 문제로 귀결됩니다. 내가 잘 모르는 자동차 수리 같은 활동을 예로 들어보죠. 나의 처남은 수리 일을 했어요. 그래서 가족 모임에서 그를 만나면 "차에 문제가 생겼어"라면서 증상을 설명해요. 나는 그가 "X나 Y를 해요"라거나, "문제가 심각한 것 같네요. 카센터에 가서 고쳐요"라고 말해주기를 기대합니다. "내 생각에는 매주 차에 오일을 보충하고, 이런저런 걸 해야 해요. 그런 문제가 생기지 않게 하려면 평소에 철저하게 관리해야 해요"라는 답변은 기대하지 않아요. 그런 강의를 하기 시작하면 본능적으로 짜증이 나요. 내가 원하는 건 빠른 답이에요. 그게 자연스런 인간의 본능이에요.

요점은 포트폴리오를 합리적인 방식으로 보살피지 않아서 입는 타격은 차를 보살피지 않아서 입는 타격보다 몇 배나 크다는 거예요. 대부분의 사람은 포트폴리오에 시간과 노력을 들이면 몇 배의 보상을 받을 수 있어요. 장기적으로 복리의 혜택을 누리니까요. 하지만 대다수 사람은 고장 난 차보다 포트폴리오를 생각하는 시간이 훨씬 적어요. 그래서 즉각적인 답을 얻어야 한다는 압력이 더 크죠.

마이클: 그들은 '미국의 주식시장이 10년 가까이 상승했는데 뭐 하러 생각해야 해?'라고 생각해요.

로버트: 맞아요. 우리는 둘 다 나이가 있어서 1990년대 말에 무슨 일이 일어났는지 알아요. 그때는 무엇이든 끝에 닷컴이 붙은 종목을 사서 들고만 있으면 큰돈을 벌었어요. 실제로 당시에 학계 전문가의 조언처럼 "여러 자산군으로 포트폴리오를 분산화"했다면 아주 나쁜 결정처럼 보였을 거예요. 기술주들의 주가가 천정부지로 치솟던 정신 나간 시기였으니까요.

마이클: 가장 중요한 주제이자 투자에 대한 사고 절차라는 주제로 들어가면 우리 모두가 논의하는 건 분산화예요. 나는 우리의 자국 편향이 강하다는 은밀한 의심을 품고 있어요. 대다수 사람이 미국만 생각해요. 그건 그다지 합리적이지 않아요.

로버트: 지금 우리가 사는 세상에서 자본은 국경을 존중하지 않

아요. 기업들은 국경을 넘어 사업을 운영하고, 소비자들은 국경을 넘어 물건을 삽니다. 순전히 자국에만 투자를 집중하는 건 그다지 합리적이지 않아요. 하지만 그러는 이유는 매우 명백하죠.

신문을 보면 자국 기업들에 대한 기사들만 읽게 돼요. 언론들이 매우 자국 중심으로 보도하니까요. 나의 경우에는 대개 영국 기업에 대한 기사를 접해요. 거기에 미국의 유명한 기술주들에 대한 소식이 추가로 실리죠. 투자 포트폴리오와 관련하여 일반인들은 '내가 이해하는 기업, 내가 아는 기업의 주식을 사고 싶어'라고 생각해요. 첫 번째 기준은 괜찮아요. 자신이 이해하는 기업에만 투자하는 건 상당히 합리적이에요. 가령 나는 비트코인에 투자하지 않을 겁니다. 관련 자료를 아무리 많이 읽어도 그걸 왜 보유해야 하는지 이해할 수 없으니까요.

하지만 자신이 약간의 정보를 가지고 있으면 수익률이 개선되고, 시장 수익률을 넘어설 수 있다고 생각하는 건 잘못된 거예요. 자신이 이해하고, 실적을 예측할 수 있을 것 같은 종목들로 포트폴리오를 채우면 벤치마크를 이길 수 있다는 생각은 틀렸어요. 물론 소수의 사람은 그렇게 할 수 있어요. 문제는 사람들이 삶을 확률적으로 생각하거나 대안 시나리오를 생각하는 데 익숙하지 않다는 거예요. 물론 고도로 집중된 포트폴리오를 꾸리면 분산화된 포트폴리오를 꾸리는 경우보다 상방 잠재력이 훨씬 커집니다. 하지만 하방 잠재력도 훨씬 커져요. 게다

자국 편향은 그다지 합리적이지 않아요.

가 중요하게 생각해야 하는 기대 평균 수익률도 낮습니다. 대부분의 경우에 그렇듯 미래를 예측할 수 없다면 분산화가 미래의 불확실성에 대처하는 최선의 수단입니다.

마이클 : 인간의 수명을 고려할 때 언제부터 투자할 자산을 갖게 될까요? 대개 운이 좋지 않은 이상 30대에 투자를 시작하게 돼요. 이때 분산화가 대단히 중요한 역할을 합니다. 가령 30살부터 50살까지 돈을 굴린다면 그 기간에 언제 활황이나 불황이 찾아올지, 얼마나 많이 찾아올지 누구도 알 길이 없어요. 어떤 세대는 20대 때 홈런을 칠 수 있는 활황을 맞고, 다른 세대는 40대 때 그렇게 돼요. 확률적 사고를 하려면 일어날 가능성이 있는 모든 만일의 사태를 생각하고, 그걸 미리 알 수 있는 길은 없다는 걸 깨달아야 합니다. 그러면 다시 분산화로 돌아가게 되죠.

분산화는 미래의 불확실성에 대처하는 최선의 수단입니다.

로버트 : 맞아요. 지난 20년을 돌아보면 1997년에 아시아 위기, 1998년에 러시아 위기가 있었고, 뒤이어 닷컴 붐이 일었다가 2000년에 꺼졌어요. 이후 몇 년간 아주 잠잠하다가 2007년에 다시 상황이 미쳐 돌아갔죠. 심지어 지난 18개월 동안에도 영국에서 브렉시트 투표가 있었고, 미국에서는 트럼프가 대통령이 되었어요. 앞으로 6개월 동안 핵전쟁이 벌어질 수도 있어요. 주식시장이 무너질 수도 있고, 계

속 오를 수도 있고요. 우리는 과거를 돌아보며 "지금 내게 주어진 정보 없이, 사후 확증 편향 없이 1997년을 맞았다면 그 모든 걸 예측할 수 있었을까?"라고 솔직하게 인정해야 해요. 워런 버핏도 미래를 예측하려고 시도하지 않아요.

마이클 : 하지만 그는 여러모로 매우 예외적인 경우예요. 모두가 그에 대해 이야기하기를 좋아해요. 그는 멋진 말도 많이 했고, 엄청나게 성공했어요. 2008년에 세상이 망해가고 있을 때 당신이 워런 버핏이라면 은행들을 사들일 수 있었어요. 현금이 엄청나게 많으니까요. 우리 같은 사람들은 돈이 많지 않아서 그렇게 할 수 없어요.

로버트 : 맞는 말이에요. 앞서 말한 대로 우리는 대부분 집중화된 그의 포트폴리오를 보고 "따라 해야지"라고 말하면 안 돼요. 그래도 투자에 임하는 그의 태도를 보고 배울 수는 있어요. 그는 좋은 가치를 지녔으며 장기적으로 좋은 수익률을 얻을 수 있다고 기대하는 회사를 사려고 노력해요. 반면 "앞으로 10년 동안 이 회사에서 이만큼 수익률을 올릴 거야"라고 말하지는 않아요. 많은 측면에서 그는 자신의 제한적인 예측 능력에 대해 수많은 다른 사람들보다 훨씬 잘 조정된 생각을 갖고 있어요.

마이클 : 얼마 전에 특정한 거래 스타일 때문에 40%의 손실을 입은 사람의 이메일을 받았어요. 그는 패닉에 빠진 것처럼 보였어요.

나는 답장에서 "이전에 활동한 원로들이 어떻게 투자했는지 확인했어요?"라고 물었어요. 버핏은 "50%의 손실을 감당할 수 없다면 시장에 들어가면 안 된다"라는 멋진 말을 했어요. 그 사람은 이 말을 몰랐어요. 다른 시장의 마법사들이 남긴 투자 기록도 살피지 않았어요. 그런 부분에서는 순진했던 거죠.

많은 사람이 스마트한 포트폴리오를 구성할 때 "수익률 목표를 정하고 싶어. 변동성을 통제하고 싶어"라고 말해요. 그런 부분과 관련하여 확률에 대한 당신의 말을 다시 언급하게 되네요. 완벽한 포트폴리오는 없어요. 그런데도 너무나 많은 사람이 그걸 원해요. 지금 얼마나 많은 투자 대중이 버핏의 관점을 받아들일까요? 그의 관점이 중요하다고 생각할까요? 의미 있다고 생각할까요? 이런 태도는 지뢰밭과 같아요. 그렇지 않나요?

로버트 : 맞아요. 리스크 목표를 정하는 것과 변동성을 통제하는 것에 대해 언급하셨는데요. 내 생각에 최소한 하나는 거의 가능하고, 다른 하나는 훨씬 더 어려워요. 특정한 수익률을 겨냥하는 건 엄청나게 어려워요. 미래에 어떤 일이 생길지 모르니까요. 다만 변동성이 어느 정도일지 합리적으로 가늠할 수 있도록 포트폴리오를 구축할 수는 있어요.

특정한 수익률을 겨냥하는 건 엄청나게 어려워요.

중요한 건 '포트폴리오를 구성할 때 주식과 채권의 비중을 정해 둘 거야. 역사를 돌아보면 이후 20년 동안 50%의 손실이 날지도 몰라'라고 생각하는 거예요. 변동성이 어느 정도일지, 손실 폭이 어느 정도일지 파악해야 해요.

당신의 말이 맞아요. 대다수 사람은 엄청나게 비현실적인 기대를 가져요. '내가 투자를 잘할 수도 있어. 하지만 평균 정도일 가능성이 더 커. 어쨌든 약간 보수적인 자세로 일이 잘 풀리지 않을 거라고 가정할 거야. 이 포트폴리오로 일이 잘 풀리지 않으면 50%의 손실이 나올 수도 있어. 그건 너무 많아. 감당할 수 없어. 좋아, 변동성을 줄여야겠어. 그러면 미래에 거둘 기대 수익률도 낮춰지겠지'라고 생각해야 해요.

많은 사람이 인기주를 매수하거나 차입 매매 전략을 따르다가 바로 큰 손실을 입어요. 이런 일은 생기기 마련입니다. 그게 통계의 법칙이에요. 처음에 운이 좋을 수도 있고, 돈을 잃을 수도 있어요. 하지만 언젠가는 큰 손실을 입게 되어 있습니다. 문제는 거기에 대해 심리적 대비가 되어 있지 않다는 거예요. 그래서 본능적으로 패닉 레버를 당겨서 모든 걸 꺼버려요. 다 팔아치우는 거죠. 당연히 그건 최악의 대응이에요. 이런 전략과 아이디어, 개념은 장기적으로 고수해야만 통하거든요.

리스크를 함께 제거하지 않고는 변동성을 완전히 제거할 수 없어요.

마이클: 정확하게 대표되는 건 아니지만 많은 사람이 변동성을 리스크로 생각해요. 그들은 '변동성을 최대한 줄일 거야. 그다음에 마법처럼 환상적인 수익률을 올릴 거

야'라고 생각해요. 그래서 수익률을 겨냥하기보다 변동성을 줄이는 데 골몰하죠. 하지만 포트폴리오의 변동성이 너무 낮으면 도대체 수익률을 어디서 얻겠다는 건지 모르겠어요.

로버트: 퀀트 금융에서 어떤 사람들은 그걸 물침대 효과라고 불러요. 당신의 포트폴리오가 물침대라고 상상해보세요. 물침대의 한쪽 끝에 앉으면 당신이 인식하는 리스크가 내려가요. 하지만 그건 당신이 앉은 자리만 그래요. 리스크는 다른 곳으로 옮겨가고, 당신은 그걸 보지 못할 수 있어요.

2007년, 2008년으로 접어들던 시기가 좋은 사례예요. 어떤 사람들은 우리가 이야기하는 것보다 훨씬 더 정교한 수단을 사용해서 포트폴리오를 구성했어요. 변동성은 거의 제로 수준으로 최소화했죠. 그들은 그런 포트폴리오를 편안하게 받아들였어요. 하지만 결과적으로는 리스크가 다른 곳으로 밀려갔을 뿐이었어요. 그들은 사실 절대 일어나지 않을 거라고 생각한 다른 일에 엄청난 베팅을 한 셈이었어요. 그런데 그 일이 일어나버렸죠. 결국 그들의 포트폴리오 리스크는 거의 없는 수준에서 거대한 수준으로 바뀌었어요. 개인적으로 나는 변동성이 합리적으로 크지만 모든 리스크가 내 눈에 보이는 포트폴리오를 선호해요. 그러면 이상한 게 물침대의 구석에 도사리고 있다가 나중에 나를 물 일이 없어요.

리스크를 함께 제거하지 않고는 변동성을 완전히 제거할 수 없어요. 그게 가능하다고 생각하는 사람은 바보예요. 아니면 다른 극단으로서 수학을 너무 잘 알기 때문에 이론적으로는 할 수 있다고 생각하지만 현실적으로는 할 수 없는 경우예요.

마이클 : 당신은 다른 유형의 수익률을 설명한 적이 있어요. 기하평균 수익률과 산술평균 수익률의 차이를 사람들에게 이해시키기 위한 것이었죠. 그 과정에 대해 이야기해주세요.

로버트 : 그 문제는 간단한 사례를 들어서 설명하는 게 가장 쉬워요. 당신이 3년 동안 투자를 했다고 가정해봅시다. 첫해에 30%의 수익이 났어요. 아주 좋은 수익률이죠. 두 번째 해에도 30%의 수익이 났어요. 역시 아주 좋은 수익률이죠. 세 번째 해에는 30%의 손실이 났어요. 당신이 100달러로 투자를 시작했다고 해봅시다. 3년 후에 어느 정도의 금액이 되었을까요? 30%를 벌고, 다시 30%를 번 다음 30%를 잃었어요.

마이클 : 돈을 잃었을 거예요. 2년 동안 얻은 30%의 수익은 도움이 되지 않아요.

로버트 : 맞아요. 여전히 약간의 돈은 벌지만 기대한 만큼은 아니에요. 대다수 사람은 그 질문을 받으면 "30달러를 벌지 않나요? 첫해에 30달러를 벌었고, 두 번째 해에는 복리효과 때문에 30%보다 약간 더 벌었고, 세 번째 해에는 30달러를 잃었으니까 약 130달러가 남

겠네요"라고 대답해요. 하지만 실제로는 119달러 조금 안 되게 남아요. 18%의 수익인 거죠. 그걸 3년에 걸쳐 평균하면 연간 약 5.8%를 수익을 거둔 셈이 됩니다. 30, 30, -30의 산술평균을 구하는 건 쉬워요. 마지막 두 숫자는 상쇄되니까 3년에 걸쳐 30%가 되는 거죠. 그걸 평균하면 연간 10%가 돼요.

기하평균은 해마다 돈을 계속 굴렸을 때 버는 금액을 말해줘요. 그렇게 계산하면 5.8%가 나와요. 산술평균의 거의 절반에 해당하는 수치죠. 그건 아주 큰 차이예요. 중요한 사실은 산술평균이 대다수 사람에게는 의미가 없다는 거예요. 극단적인 사례를 들자면 당신이 전 재산을 버니 메이도프에게 맡겨서 30년 동안 8%의 수익을 얻었다고 쳐요. 하지만 마지막 해에 100%를 잃고 말아요. 알고 보니 모든 게 거대한 폰지 사기였기 때문이죠. 30년에 걸쳐 연간 8%의 수익을 올리고 마지막에 -100%가 되는 경우의 산술평균을 구하면 약 6% 또는 7%가 돼요. 하지만 6% 또는 7%의 수익을 올린 게 아니에요. 당신은 전혀 얻은 게 없어요. 모든 걸 잃는 경우의 기하평균 수익률은 큰 마이너스로 나와요.

기하평균 수익률이 아니라 산술평균 수익률을 기준으로 생각하는 건 위험해요. 기하평균 수익률은 투자 기간의 끝에 얼마가 남을지 정확하게 반영합니다. 중요한 사실은 투자의 변동성이 클수록 등락이 커지고, 산술평균 수익률과 기하평균 수익률의 차이가 커진다는 겁니다. 앞서 예로 든 30, 30, -30의 경우 변동성이 아주 큰 거예요. 그래서 기하평균 수익률이 산술평균 수익률보다 훨씬 적죠.

비교적 리스크가 큰 투자 대상인 주식은 산술평균 수익률과 기하평균 수익률 사이에 비교적 큰 간극이 있어요. 대개 그보다 안전한 채권은 그 간극이 더 작아요. 리스크를 선호하고 포트폴리오의 큰 변동성을 원한다면 모든 돈을 주식에 넣어야 해요. 하지만 계산해보면 주식뿐인 포트폴리오에 약간의 채권을 더하는 게 실제로 기하평균 수익률을 꾸준하게 유지해주거나 심지어 약간 개선해주기도 합니다. 그래서 일단 기하평균 수익률을 기준으로 생각하기 시작하면 순전히 산술평균 수익률만 기준으로 삼을 때보다 더 분산화한 포트폴리오를 보유하는 쪽으로 기우는 경향이 생겨요.

마이클 : 3년에 걸친 사례를 들었는데요. 하지만 3년은 사람들이 일반적으로 생각하는 기간이 아니에요. 그리고 등락은 어떻게 정의하나요? 그건 포트폴리오가 어떤 양상인지, 어느 수준을 편안하게 여기는지에 따라 약간 다를 거예요. 그다음에 분산화의 길을 걸을 때 일반적인 경우처럼 매수만 할 수도 있고, 전략 측면의 분산화도 생각할 수 있어요. 그러면 잠재적 사안들이 가득 찬 판도라의 상자가 바로 열리죠. 내가 돌아가려는 질문은 이거예요. 얼마나 많은 게 너무 많은 건가요? 당신이 보기에 분산화의 경계에 이르렀다는 걸 어떻게 알 수 있나요?

로버트 : 그건 리스크를 얼마나 선호하는지에 달려 있어요. 당신이 처음에는 주식으로만 포트폴리오를 채웠다고 합시다. 그중 대략

20%를 채권 같은 보다 안전한 자산에 넣어야 해요. 그러면 기하평균 수익률이 거의 변하지 않거나 약간 높아질 겁니다. 그게 내가 생각하는 분산화의 절대적인 최저선이에요. 기하평균 수익률에 대한 이야기를 믿는다면 누구도 주식에 100%를 투자하지 말아야 해요. 포트폴리오의 20%는 변동성이 더 낮은 자산으로 보유해야 해요. 그건 채권이 될 수도 있고, 대안적인 자산이나 전략이 될 수도 있어요.

마이클: 거기에는 수학적인 측면뿐 아니라 어려운 때를 위한 저축처럼 현실적인 측면도 있는 것 같아요. 오래된 기준 같은 거죠.

로버트: 맞아요. 리스크가 큰 포트폴리오에 약간의 안전자산을 넣는 방식의 장점은 하락 폭을 바로 줄여 주는 효과가 있다는 거예요. 30년에 걸쳐 투자하는 동안 예상되는 최대 손실액 말이에요. 그래서 최악의 기간도 아주 빠르게, 약간은 더 낫게 보이도록 만들어요. 많이도 필요 없어요. 10%나 20%면 됩니다. 그보다 높으면 실제로 수익률이 영향받기 시작해요. 주식 80%, 채권 20%로 구성된 포트폴리오가 겪는 큰 폭의 등락이나 하락이 불편한 사람들은 그 편이 합리적이에요.

누구도 주식에 100% 투자해서는 안 돼요.

분산화를 하다 보면 만족하는 수준보다 더 많이 수익률을 포기하고도 필요 없는 리스크가 덜 줄어드는 지점에 이르게 됩니다. 대부분의 경우 20%에서 60%를 채권에 배분하는 게 적절한 것 같아요. 여전히 폭이 아주 넓지만 그래도 문제를 더 작은 영역으로 줄이는 데 도움이 될 겁니다.

마이클: 평균적인 투자자를 위한 최선의 경로를 제시하셨는데요. 평균을 넘어서 부자가 되고 싶은 투자자를 위한 최선의 경로는 무엇일까요? 부자가 되고 싶은 장단기 투자자들을 위한 최선의 경로는 무엇일까요? 사람들은 일반적으로 그게 순전히 선택의 문제라고 생각해요. 부자가 되는 방향을 선택했다면 리스크 수준을 높이고 하락기를 견뎌야 한다는 거죠. 하지만 그렇게 한다고 반드시 거기에 도달하는 건 아니에요. 운이 아주 많이 작용하고, 어떤 보장도 없어요.

로버트: 그 문제에 대한 좋은 비유는 복권을 사는 것에 빗대는 거예요. 대다수 사람은 제로에서 출발해서 하루 만에 1억 달러의 재산을 모을 가능성이 없어요. 복권을 사지 않는 한 말이죠. 다른 투자 수단은 없어요. 여기서 말하는 투자는 느슨한 개념으로서 그냥 보상을 제공하는 걸 말해요. 내일 당장 백만장자나 억만장자가 될 아주 작은 가능성이라도 얻고 싶다면 복권을 사야 해요. 하지만 그게 좋은 투자라는 뜻은 아니에요. 대부분의 경우는 복권값만 날리게 될 테니까요. 그밖에 비교적 크지 않은 금액의 돈을 벌 수 있는 소수의 경로가 있어요.

그건 수치가 그만큼 크지 않다는 걸 제외하면 위험한 투자를 하는 것과 같아요. 극도로 집중화된 포트폴리오에 투자하면, 그래서 한

두 개의 위험한 기술주를 매수하면 30년 후에 1억 달러를 벌 희박한 가능성이 있어요. 하지만 그렇게 하기는 엄청나게 어려워요. 대부분의 경우에는 가치 없는 복권처럼 부실한 수익률을 거두거나 심지어 전체 투자금액을 잃을 수도 있어요. 위험한 기업은 파산하는 나쁜 습관이 있거든요.

부자가 되고 싶다면 보다 합리적인 방식이 있어요. 바로 최대한 분산화된 포트폴리오에 투자하는 겁니다. 자금의 3분의 2는 채권에, 3분의 1은 주식에 넣는 식이죠. 이렇게 비율을 정한 이유는 채권이 전반적으로 포트폴리오의 리스크에 덜 기여하기 때문이에요. 주식은 더 많이 기여하죠. 계산해보면 리스크 기여도는 약 50대 50이 돼요. 그래서 가장 분산화된 포트폴리오가 되죠. 그다음에 해당 포트폴리오를 통해 레버리지를 사용하는 거예요. 증권사 계좌로 증거금을 사용하거나, 선물 내지 레버리지 ETF를 활용하는 거죠. 다만 나는 이 세 가지 선택지 중에서 마지막 선택지는 반대해요. 그다지 좋은 수라고 생각하지 않아요. 그걸 선택하면 어느 정도 부자가 될 가능성이 생기지만, 당연히 레버리지를 사용하지 않은 경우보다 하락 폭이 훨씬 커요. 그럼에도 한두 개의 기술주를 사서 두 손을 모으고 기도하는 것보다는 그런 리스크에 투자하는 더 합리적인 방식입니다.

마이클: 트레이딩에 대한 당신의 현실적인 접근법은 〈빅 쇼트〉에 나오는 할리우드 버전과 대조적이에요. 똑똑한 사람인 마이클 버리는 전형적인 투자자처럼 행동하지 않았어요. 그는 특이한 기회를 간

파했어요. 운이 없었다면 그는 자신이 원하는 것을 공매도할 능력이 없었을지도 몰라요. 또는 올바른 전략을 만들었지만 실행하지 못했을 수도 있죠. 〈빅 쇼트〉는 한 사람이 한 번의 엄청난 베팅으로 성공하는 걸 보여줘요. 그건 보기에는 재미있죠. 하지만 나는 언제나 일회성이 아니라 수십 년에 걸쳐 매수와 매도를 반복한 트레이더들에게 더 관심이 있어요. 지금 벤처투자 업계를 봐요. 스냅챗 투자로 대박을 친 투자자들이 많아요. 그런 일회성 사건에는 운이 많이 작용해요. 그럼에도 그게 주요 기사, 책, 전설이 되는 게 어처구니가 없어요. 그걸 비판하거나 누군가의 성공을 폄하하려는 게 아니에요. 다만 수학적 관점에서 솔직하게 보자면 당신이 투자를 통해 걸어간 방향이 훨씬 더 합리적이고 진실해요.

로버트 : 하지만 안타깝게도 누구도 나에 대한 영화를 만들지 않을 겁니다. 누가 워런 버핏에 대한 영화를 만들 거라고 확신할 수도 없어요. 우리는 계속 그를 사례로 들고 있지만 말이죠. 그는 장기간에 걸쳐 수없이 절차를 반복하고 있어요. 한 번의 결정이 아니라 수백 번, 심지어 수천 번의 결정을 내렸죠. 그중 대다수는 좋은 결과를 낳았어요.

벤처투자 업계가 돌아가는 방식은 이래요. 그들은 포트폴리오의 50% 또는 심지어 100%를 투자합니다. 그중 하나가 스냅챗이었던 것이고, 두어 개는 파산했어요. 심지어 나머지 모두가 사라질 수도 있어요. 그게 그 업계의 경제학이에요. 그래서 투자를 분산화해야 해요.

마이클: 그게 팔로알토의 샌드 힐 로드Sand Hill Road에 있는 주요 투자사들이 하는 일이죠. 하지만 요즘은 돈을 던져서 첫 투자를 했다가 운 좋게 성공한 다음에 세계적으로 유명해진 사람들도 많아요.

로버트: 핵심은 카지노에서 도박꾼이 되는 것보다는 카지노를 운영하는 게 낫다는 오랜 격언으로 귀결됩니다. 누군가가 당신의 카지노에 들어와서 돈을 걸 때마다 근본적으로 당신은 그들과 같이 베팅하는 거예요. 그러나 당신이 이길 확률이 약간 높죠. 당신은 장기적으로 그렇다는 걸 알고, 투자도 폭넓게 분산화해요. 하지만 가끔 큰손이 와서 큰돈을 테이블에 올려놓습니다. 그러면 변동성이 커지죠. 그날은 당신이 돈을 잃을 수도 있어요. 그래도 장기적으로는 수익을 기대할 수 있어요.

좋은 투자자는 작은 수익을 기대할 수 있는 분산화된 기회들을 만들어야 해요. 그러면 상방 잠재력은 제한되지만 하방 리스크도 제한돼요. 그다음에 남는 건 어느 정도의 하락 폭을 견딜 수 있는지의 문제죠. 너무 멀리 가지 않는 한 포트폴리오의 리스크를 약간 높이면 그걸 상승 잠재력과 교환할 수 있어요.

좋은 투자자는 작은 수익을

기대할 수 있는 분산화된 기회들을

만들어야 합니다.

10장

닉 래지

- Nick Radge -

모멘텀 투자를 기반으로 하는 추세추종자

닉 래지는 차티스트The Chartist, 호주 투자회사의 트레이딩 및 리서치 책임자다. 그는 전문 트레이더, 교육자, 저술가로서 1985년부터 트레이딩을 했다. 그는 시드니선물거래소Sydney Futures Exchange의 거래장과 시드니, 런던, 싱가포르의 국제 중개 데스크에서 일했다. 그의 전문성은 트레이딩 시스템 설계와 기술적 분석에 있으며, 특히 모멘텀 투자와 추세추종 전략에 초점이 맞춰져 있다.

마이클의 노트

닉은 부드러운 태도와 자신감 그리고 호감 가는 접근법을 갖고 있다. 모든 게 분명하다. 그런 게 싫다면 나를 좋아하지 않을 것이고, 닉도 좋아하지 않을 것이다.

마이클 코벨(이하 마이클): 사람들에게 발송하는 이메일이 있는데 거기에는 "가장 어려운 점이 무엇인가요?"라는 질문이 들어 있어요. 주로 나오는 답변은 "진입 지점을 정하기 어려워요", "꾸준함이 필요해요", "손실을 입는 게 두려워요" 같은 거예요. 그런 말들에 대해 나는 "전략이 있기는 해요?"라고 가장 먼저 대꾸해요.

닉 래지(이하 닉): 그건 올바른 질문이에요. 진입 지점을 찾는 건 전략의 일부예요. 나 역시 그런 질문을 하는 사람에게 전략이 있는 건지 의문이 드네요.

마이클: '꾸준함'이라는 말을 들으면 가장 먼저 무엇이 생각나나요?

닉: 소매 부문에서 그건 매시간, 매일, 매주, 매달, 매년, 빠짐없이 돈을 벌고 싶어 한다는 걸 암시해요. 전문 트레이더들이 그럴 거라고 생각한다면 오랫동안 실망하게 될 겁니다. 전문 트레이더로서 꾸준함은 매시간, 매일, 매주, 매달, 매년 버튼을 누르는 거예요. 나는 그 일을 34년째 하고 있어요.

어떤 사람들은 2개월이나 3개월 동안 그 일을 할 수 있어요. 그러다가 이유가 무엇이든 잊어버리죠. 꼭 돈을 잃어서 그런 것만은 아니에요. 그냥 마음이 떠난 거죠. 그들은 투자가 뭔지 모르고, 이해하지 못해요. 투자는 장기전이에요. 던 캐피털이나 에이브러햄 트레이딩 Abraham Trading 같은 수익률을 올리는 유일한 방법은 수십 년 동안 매일,

매주, 매달, 매년 버튼을 누르는 겁니다.

마이클: 당신은 매일 일어나서 계획대로 실행하는 꾸준함을 이야기해요. 반면 사람들은 "꾸준함을 원해. 요정이 매시간, 매일 투자에 행운을 안긴다고 상상하고 싶어"라고 말해요. 그렇죠?

닉: 맞아요.

마이클: 사람들은 대체로 스스로를 똑똑하다고 생각해요. 하지만 투자에 대해 아무것도 모르면서 그냥 집에 앉아서 "매일, 매주 돈을 벌어야 해"라고 바라면 될 거라는 생각은 도대체 어디서 나온 건지 모르겠어요.

닉: 나도 그런 경우를 많이 봅니다. 근래에 어떤 사람이 전화를 걸어서 "투자로 먹고살고 싶어요"라고 말했어요. 나는 "좋아요. 경험이 얼마나 되죠?"라고 물었어요. 그는 "없어요"라고 말했어요. 나는 "혹시 골프를 쳐요?"라고 물었어요. 그는 잠시 생각하더니 "치긴 하는데 그건 왜 묻죠?"라고 말했어요. 나는 "연말까지 PGA에 나가서 타이거 우즈나 다른 프로선수들과 경쟁할 수 있다고 생각해요?"라고 물었어요. 그는 "바보 같은 소리 하지 말아요. 당연히 안 되죠"라고 말했어요. 나는 "당신은 골프를 치지만 골프를 쳐서 먹고살고 연말까지 PGA에 출전할 수 없다고 인정했어요.

전문 트레이더는 꾸준하게

매시간, 매일, 매주, 매달, 매년

버튼을 눌러야 합니다.

다른 한편으로, 당신은 투자한 적이 없는데 뭘 믿고 그러는지 모르겠지만 연말까지 그걸로 먹고살 수 있다고 생각해요. 말이 안 되잖아요"라고 말했어요.

마이클 : 세상에는 다른 사람들에게 그게 가능하다고 말하는 사람들이 많아요. 그런 꿈과 환상을 실현할 수 있고, 자신이 그 방법을 보여준다는 거죠. 물론 그런 건 통하지 않아요.

닉 : 모든 업계에서 그런 일이 일어나요. 수많은 중개사가 지금 호주에서 부동산 열풍이 불고 있다고 말을 해요. 아마존 위탁 판매도 그래요. 모든 곳에서 그런 일이 일어나요. 물론 모두가 비싼 가격에 그 지식을 팔고 싶어 하죠. 트레이딩도 다르지 않아요. 장기 투자도 그렇고요.

마이클: 던 캐피털을 언급하셨는데요. 가르치는 일도 하시니까 기초적인 내용부터 설명해주실 수 있나요? 닉 래지에게 가격 트레이딩이란 무엇인가요?

닉 : 호주투자자협회Australian Investors Association 연례 총회에서 강연한 적이 있어요. 그때 '내가 여기서 뭘 하고 있는 거지? 가격을 살피는 사람은 나뿐인가?'라는 생각이 들었어요.

다른 25명의 강연자와 700명의 대표단은 모두 확고한 펀더멘털주의자들이었어요. 그들은 이야기를 활용해요. 우리가 버핏식 투자자들에게서 듣는 투박하고 진부한 말들을 활용해요. "시장의 타이밍을 예측할 수 없다", "분산화가 우리가 가진 유일한 수단이다", "60대 40으로 포트폴리오를 구성해야 한다" 같은 말들이죠.

사람들은 거기에 동조해서 "어떤 종목에 투자하는지 알아야 해"라고 말해요. 나는 거기에 반발했다가 핀잔을 들었어요. 그들에게 호주 주식을 대상으로 한 추세추종 전략을 보여주면서 사실 그중 절반의 회사들은 어떤 사업을 하는지도 모른다고 말했거든요. 청중들은 그 말을 듣고 키득거렸어요. 그들은 아마 밖에 나가서는 고개를 절레절레 흔들며 "저 사람은 멍청이야"라고 말했을 거예요.

마이클: 대뜸 일부 회사들이 어떤 사업을 하는지 모른다고 말했을 때 그 뜻을 알 만큼 사람들은 당신의 말을 제대로 이해했을까요, 아니면 '이 사람은 그렇게 똑똑하지 않아'라고 생각했을까요? 일부는 당신이 말하려는 진정한 요점을 이해했다고 생각하세요?

닉: 나는 당신처럼 추세추종 전략을 알리는 일을 하면서 전체 경력을 보냈어요. 당신은 분명히 그 메시지를 사람들에게 전달해요. 그건 깨달음의 순간과 같아요. 사람들은 내게 와서 "9개월 동안 거대한 추세를 따라가서 큰돈을 벌었어요. 내가 한 건 아무것도 없어요. 9개월 동안 손을 놓고 있었어요. '도대체 데이트레이딩이나 내가 하던 다른 투자를 왜 한 거지?'라고 생각했어요"라고 말해요.

일단 알고 나면 이해할 수 있어요. 하지만 그건 다른 학습 과정과 달라요. 누군가에게 뭘 해야 하는지 말하는 건 어려워요. 스스로 알아내야 합니다. 깨달음의 순간을 가져야 해요.

그건 심리상담사의 소파에 앉아 있는 것과 같습니다. 당신이 모든 이야기를 하죠. 그 이유는 그렇게 해야만 문제를 알 수 있기 때문이에요. 스스로 알아내야만 무엇이든 깨달음에 이를 수 있어요. 그 자리에는 분명 내 말을 이해하고, 그게 경솔한 말이 아니라는 걸 알았던 사람들도 있었어요. 내가 잘난 척을 한 게 아니었어요.

나는 대개 내가 매매하는 기업들 중 다수가 실제로 뭘 하는지 잘 몰라요. 그래도 신경 쓰지 않습니다. 세무서에 세금 신고를 할 때 그들이 보는 건 내가 매수하고 매도한 가격이니까요. 그들은 내가 어떤 기업의 가치를 어떻게 평가했는지, 그 기업의 주당순이익은 얼마인지 신경 쓰지 않고 묻지도 않아요. 그들이 알고자 하는 건 어느 가격에 사서 어느 가격에 팔았는지가 전부예요. 그게 핵심이라고 생각하니까요.

마이클: 그들도 모두 경력을 쌓았고, 뭔가에 시간을 투자했어요. 그렇게 해서 먹고살았죠. 그런데 당신 같은 사람이 나타나요. 그럼 청중들은 즉각 인지부조화를 겪게 됩니다. 그때 당신은 "틀린 베팅을 했을 때는 어떻게 하죠?"라고 물어요. 똑똑한 사람은 즉각 발을 뺍

나는 내가 매매하는 기업들 중 다수가 실제로 뭘 하는지 잘 몰라요.

니다. 하지만 그게 말처럼 쉽지는 않죠.

닉: 맞아요. 내가 알고 있는 한 강연자는 자신이 만든 펀드 운용사에서 쫓겨났어요. 그는 확고한 펀더멘털주의자였어요. 문제는 어떤 기업의 주식을 샀는데 주가가 계속 내려갔다는 거예요. 그래도 그는 계속 추가로 사들였어요. 나중에는 펀드 자금의 50%를 한 포지션에 넣었어요. 하지만 주가는 계속 내려갔고, 결국 그는 쫓겨났어요. 남은 건 "그 회사가 우리를 속였다"거나, "올바른 정보가 주어지지 않았다"라는 식의 온갖 핑계뿐이었어요.

자금의 50%를 부진한 하나의 포지션에 밀어넣으면 결과가 좋을 수 없습니다. 하나의 포지션에 그만한 확신을 갖는 건 잘못된 일이에요. 나는 어떤 포지션에도 확신을 갖지 않습니다. 신경 쓰지 않아요. 오리의 등에 타고 물을 흘러가는 것 같은 거예요. 좋아? 그럼 넘어가. 다음 1,000번의 매매로. 그게 나의 방식이에요. 그냥 다음 1,000번의 매매로 넘어가는 거죠.

마이클: 게임과 같아요. 게임을 하는 덩치 큰 아이가 되는 거죠. "규칙이 뭐지? 살아남으려면 어떻게 해야 하지? 어떻게 하면 예측하지 못한 일이 일어났을 때 수익을 얻을 수 있을까?"

닉: 수학적 기대의 게임이에요. 그게 전부예요. 모두가 같은 게임을 해요. 당신이 워런 버핏이라도 그건 중요하지 않아요. 당신이 확고

나는 어떤 포지션에도 확신을 갖지 않습니다. 신경 쓰지 않아요.

한 펀더멘털주의자에 가치투자자라도 그건 중요하지 않아요. 수익이 났을 때 얼마나 벌고, 손실이 났을 때 얼마나 잃는지가 중요합니다. 당신이 통제할 수 있는 건 손실액뿐이에요. 어떤 종목이든 원하는 대로 가치평가를 할 수 있어요. "금이 1만 달러까지 오를 거야"라고 말할 수 있어요. 당신이 어떤 방식을 원하는지는 중요하지 않아요. 당신이 오직 얼마나 잃을 건지만 통제할 수 있어요. 장담하는데, 2008년 금융위기 때 확인한 것처럼 두어 개의 포지션에 약간의 문제만 생겨도 포트폴리오가 타격을 입어요. 포트폴리오뿐 아니라 장기적 부, 그리고 더 나아가 심리적 관점까지 말이에요.

2008년에 수많은 사람이 너무 많은 돈을 잃었어요. 그들은 2009년까지 다시 시장에 발을 들이지 못했죠. 그래서 환상적인 기회를 놓쳤어요. 오해하지 말아요. 개인적으로 나는 2008년에 13%를 잃었어요. 하지만 심리적, 금전적 측면에서는 여전히 2009년과 같은 시장에 발을 들일 수 있었어요. 기억하기로는 2009년에 28%의 수익을 올렸어요. 거기서 차이가 생겨요. "작년에 손실이 났어. 하지만 그래도 게임에서 밀려나지는 않을 거야. 심리적으로도 나를 무너뜨리지 못해. 그러니까 계속할 거야"라고 말할 수 있어야 합니다. 당신이 말한 대로 그건 게임과 같아요.

마이클: 미국에서는 추세 매매, 추세추종, 가격 동향 매매가 어떻

게 받아들여지는지 몰라요. 그래도 상대적으로 여전히 작은 비중을 차지하는 것 같기는 해요. 반면 지난 6년, 7년, 8년 동안 아시아 전역을 돌아다녔는데, 아시아 청중들은 가격 동향 매매라는 개념을 빨리 받아들여요. 그들은 펀더멘털 이야기가 전부 헛소리라는 걸 본능적으로 이해하는 것 같아요. 호주도 당신의 스타일을 앞서서 받아들이고 있다고 생각하세요?

닉: 미국보다 더 안 좋아요. 일종의 추세추종/모멘텀 스타일 접근법을 사용하는 소수의 펀드 운용사들이 있기는 합니다. 하지만 5개 이상 이름을 대기가 어려워요. 미국에는 그보다 수가 많죠. 사실 미국은 훨씬 크고 수준 높은 시장이에요. 더 많이 열려 있기도 하고요.

수익이 났을 때 얼마나 벌고, 손실이 났을 때 얼마나 잃는지가 중요해요.

마이클: 당신은 삶과 사업에서 모두 성공하신 것으로 알아요. 당신의 투자 스타일이 바라는 만큼 받아들여지지 않는데도 계속 나아가게 만드는 동력은 무엇인가요?

닉: 그런 건 신경 쓰지 않아요. 의자 위에 서서 "당신들은 좋은 걸 놓치고 있어요. 이게 최고라고요"라고 외칠 생각은 없습니다. 세상에 나의 메시지를 드러낼 수는 있죠. 하지만 강요하지는 않을 거예요. 나는 빌 던이 옛날에 한 말을 따를 겁니다. "우리는 모두에게 모

든 것이 되려고 노력하지 않아요. 우리는 비슷한 생각을 가진 사람들을 끌어들여요"라는 말이요.

나도 추세추종에 대해 그런 생각을 갖고 있습니다. 사람들이 나의 방식을 좋아하지 않아도 괜찮아요. 그게 내 삶에 영향을 미치지는 않습니다. 당신의 삶은 바꿀지도 모르지만 나의 삶에는 영향을 미치지 않아요. 30여 년 동안 잘하던 일을 멈추지 않을 거니까요.

나는 최대한 사람들을 돕는 데서 행복을 느껴요. 하지만 그들이 어깨를 으쓱하며 "저 사람은 미쳤어"라고 말해도 괜찮아요. 아무 문제 없어요.

마이클: 처음 시작할 때로 돌아가 보죠. 당신의 머릿속에 전구가 켜지게 만든 계기가 무엇이었나요? 감탄이 터져나오는 깨달음의 순간 말이에요. 처음에는 펀더멘털 측면에서 시작했나요?

닉: 아니에요.

마이클: 설명해주세요. 어떻게 이 분야에 들어오게 되었나요?

닉: 그건 정확하게 기억해요. 아주 선명해요. 1985년 11월 무렵이었어요. 나는 18살이었고, 막 고등학교를 졸업했을 때였죠. 어떤 일을 하고 싶은지 몰랐어요. 아니, 사실은 하고 싶은 게 있었어요. 여기서 처음 말하는 거지만 나의 아내인 트리시Trish도 확인해줄 겁니다. 그녀

도 같은 말을 할 거예요. 나는 서류가방을 들고 지하철을 타고 출근해서 사무실에서 일하고 싶었어요. 졸업한 후 목표가 그거였어요. 그게 성공하는 거라고 생각했죠.

마이클: 나도 맨해튼에서 일할 만반의 준비가 되어 있었어요.

닉: 나는 지하철로 출근해서 사무실에서 일하고, 서류가방을 들고 다니는 거라면 무슨 일이든 상관없었어요. 그 외에 다른 모든 건 중요치 않았어요. 그런데 마침 일이 생겼어요. 당시에 여자친구의 형부가 대형 증권사에서 일했어요. 그는 회계 담당자였는데 사무 보조가 필요했어요. 그래서 내게 "무슨 일을 하고 싶은지 모르겠다고 했지? 우리 회사에서 일해보지 않을래?"라고 제안했어요.

그렇게 해서 사무 보조가 되었어요. 직원들은 모두 같은 층에서 일했고, 위층에는 개인 고객 데스크가 있었어요. 어느 날 위층을 돌아다니다가 많은 개인 고객 상담사들을 보았는데, 그중 한 사람이 차트를 들고 있었어요. 이동평균 교차 전략에 참고하려고 호주 지수선물의 이동평균을 표시하고 있었죠. 호주 지수선물은 E-미니 S&P 500 선물과 같은 거예요. 그는 거기에 표시한 후 매매했어요.

나는 차트를 보면서 그에게 "이게 뭐하는 거예요?"라고 물었어요. 그는 "빨간색 선이 파란색 선을 위로 교차하면 매수하고, 아래로 교차하면 매도하는 거야"라고 말했어요. 나는 거기서 추세를 볼 수 있었어요. 그날 오후 나는 동네 문방구에 가서 차트지, 빨간색 펜, 검은

색 펜, 파란색 펜을 샀어요. 그날부터 그 사람이 하던 것처럼 이동평균을 표시하기 시작했죠. 바로 거기에 추세가 있었어요.

마이클: 다음 단계는 무엇이었나요?

닉: 총무부장을 찾아가서 "선물 매매를 하고 싶어요"라고 말했어요. 그는 약삭빠르고 나이 많은 사람이었어요. 그는 나를 바라보다가 "선물 매매를 하고 싶으면 주문표에 내 서명을 받아야 해. 네가 주문표를 작성하면 내가 거래장에 갖고 갈게"라고 말했어요. 그때는 1985년이었어요. 나의 연봉이 1만 2,000달러 정도, 아마 1만 달러였을 거예요. 당시 주가지수선물 가격이 1틱당 100달러였어요. 나는 다이너마이트를 갖고 놀았던 거죠. 하지만 그 사실을 몰랐어요.

여기서 기억해야 할 것은 내가 가진 거라고는 5일, 10일 이동평균 교차 전략뿐이었어요. 그게 매매 전략의 전부였어요. 포지션 규모 설정이나 리스크 관리 같은 건 아예 없었어요. 나는 주문표를 작성한 다음 총무부장의 사무실로 들어가기 위해 기다려야 했어요. 서명을 받아야 하니까요. 심지어 손절매 선을 정할 줄도 몰랐어요. 정말 아무것도 할 줄 몰랐죠. 정신 나간 짓이었어요. 그게 한동안 이어졌어요. 수익성 측면에서 일이 어떻게 진행되었는지는 잘 기억나지 않아요. 1987년 이전의 활황기 때 수익성이 훨씬 낫다

내가 가진 거라고는 5일, 10일 이동평균 교차 전략뿐이었어요. 그게 매매 전략의 전부였어요.

고 생각한 다른 것에 이끌렸거든요. 그러다가 결국 1987년에 크게 날려먹었죠.

마이클: 그게 근본적인 전환점이 되었나요?

닉: 이동평균 교차 시스템을 계속 이용했다면 1987년에 숏 포지션을 잡았을 겁니다. 아이러니한 일이죠. 하지만 그때 나는 어리고 어리석었어요. 내가 무슨 일을 하고 있는 건지도 모르고 이리저리 옮겨 다니기만 했어요.

나는 절대 그런 실수를 반복하지 않겠다고 다짐했어요. 다행히 그 다짐을 지켰어요. 추세추종으로 돌아가는 큰 변화는 몇 년 후에 랜덤워크 이론을 우연히 알게 되었을 때 일어났을 거예요.

그건 말하자면 추세추종으로의 재입문이었어요. 보다 중요하게는 변동성에 따른 포지션 규모 설정을 처음 접하는 순간이기도 했죠. 그때까지는 그런 것에 대해 하나도 몰랐어요. 그런 이야기를 들으면 '그런 게 있구나. 이제 알았어'라는 식이었어요. 이전에는 고려조차 하지 않았던 방정식의 큰 부분이었죠.

마이클: 사람들이 기꺼이 "난 멍청했어요"라고 말하는 일은 드물어요. 그런 말은 많이 듣지 못했거든요. 너무나 많은 사람이 체면을 살리고 착각을 이어가기를 원해요. "난 멍청했어요"라는 말에는 힘이 있어요. 어떤 의미에서 선불교적이니까요. 그건 과거의 잘못을 인

정하고 앞으로 나아가겠다는 거예요. 많은 사람이 당신이 말한 것과 반대로 할 겁니다. 그들은 절대 자신이 멍청했다고 인정하지 않을 거예요. 계속 뭔가를 합리화하고 거기에 매달리려고 할 겁니다. 그건 심리적인 부분이에요. 그렇지 않나요?

닉 : 난 이제 50대예요. 그래서 과거를 돌아보며 내가 했던 모든 것, 자랑스럽지 않은 일들을 생각할 수 있어요. 하지만 그걸 바꿀 수는 없어요. 우리가 할 수 있는 건 교훈을 얻고, 경험을 쌓고, 계속 앞으로 나아가는 겁니다. 나는 1987년에 교훈을 얻었어요. 내가 보기에는 돈을 버는 법을 배우기 전에 돈을 잃는 법을 배워야 해요. 나는 확실히 그랬어요. 덕분에 무엇이 잘못되었고, 어떻게 잘못되었는지 알고 있죠. 레버리지, 멍청함, 포지션 규모 설정과 관련해서 많은 잘못이 있었어요. 그 모든 걸 여기서 이야기할 시간은 없지만, 그 모든 게 합쳐진 쓰나미였죠.

마이클 : 당신은 어렸고, 우연히 어떤 전략을 접한 후 그걸 바로 믿었어요. 사실 '난 특정한 유형의 성격을 가졌어. 이 전략은 받아들일 수 없어. 나의 성격을 분석한 다음 이 전략이 맞는지 살필 거야'라고 생각하는 일은 없어요.

성격에 맞는 매매 스타일의 목록이 있을까요? 그런 건 없어요. 사람들은 자꾸 그걸 반복해요. 그 이유를 모르겠어요. 내가 보기에는 말이 되지 않아요. 당신은 전략이 당신의 성격과 맞는지 따지려 하지 않은 좋은 사례였어요. 당신은 그걸 보고 "맞아, 믿음이 가. 이걸 따르겠어"라고 말했어요.

닉: 흥미로운 말이네요. 내가 아무것도 몰랐다고 주장할 수도 있어요. 나는 백지 상태였어요. 투자를 하고 싶은지도 몰랐어요. 그런 성향을 갖고 있지 않았거든요. 사람들이 어떤 일을 하는지 몰랐어요. 하지만 당신은 좋은 지적을 했어요. 갑자기 거기서 하고 싶은 일이 생겼어요. 10분 전만 해도 생각해본 적 없는 일이었죠.

돈을 버는 법을 배우기 전에 돈을 잃는 법을 배워야 해요.

처음 증권사에서 일할 때 투자를 하고 싶었던 건 아니었습니다. 전혀 관심이 없었어요. 서류가방을 들고 지하철로 출근해서 사무실에서 일하는 데만 관심이 있었어요. 그게 내가 원한 전부였습니다. 하지만 그것이 계기가 되었던 거죠.

마이클: 백지 상태였다가 뭔가를 보고 갑자기 빠져든 거군요.

닉: 나는 질문을 하는 사람은 아니지만 왜, 어떻게 그랬을까요?

마이클: 그게 진실과 관련이 있나요? 그럼 성격을 판단하는 문제로 다시 돌아갈 수밖에 없어요. 어떤 사람들은 자신이 코딩을 하고 싶어 하고, 수학을 좋아한다고 해요. 하지만 성격의 측정은 주관적이

에요. 객관적인 측면은 없어요.

닉: 나의 고등학교 수학 성적을 보면 왜 대학에 안 갔는지 알 수 있어요. 절대 전략을 수립하는 걸 믿고 맡길 사람은 못 되었죠.

마이클: 나의 요점은 당신의 세계와 나의 세계에서 우리는 뭔가를 측정하고, 계산하고, 파악하려고 한다는 거예요. 다시 말하지만 성격은 주관적이에요. 그건 그냥 또 다른 이야기일 뿐이에요. 그 이야기를 증명할 수 있나요? 그럴 수 없다면 그냥 이야기에 불과해요.

닉: 그렇죠. 하나의 내러티브 아닌가요? 백지 상태라는 게 의미가 있어요. 대다수 사람처럼 줄곧 워런 버핏의 책을 읽은 30대 중반이나 40대 중반의 사람들은 아마 그런 백지 상태가 아닐 겁니다. 그들은 맞든 틀렸든 각인된 편향을 갖고 있을 거예요.

마이클: 환경이 성격을 형성하고, 그걸 되돌리는 건 어려워요. 환경은 그들이 백지 상태였다면 가지 않을 곳으로 그들을 데려가지 않나요?

닉: 그렇다고 믿어요. 고객들과 폭넓게 이야기하다 보면 그런 게 보여요. 우리 고객 중 다수는 비행기 조종사 같은 공학 계열이에요. 그들은 어떤 구조가 갖추어져 있다는 걸 미리 알아야 하는 사람들

이에요.

마이클: 비행 계획 같은 거죠.

닉: 맞아요. 그들은 백업 버튼, 백업 절차 그리고 무엇이든 다른 것들도 갖추어져 있다는 걸 알아야 해요. 엔지니어들도 그래요. 아무 데나 땅을 파고 콘크리트를 붓지는 않잖아요. 건물의 구조적 강건함robustness을 확보하려면 많은 일을 해야 해요.

마이클: 강건함이라는 말, 멋있지 않나요?

닉: 그건 아주 중요하고, 내러티브가 아니에요. 거기에 다른 점이 있어요. 아마 그런 사람들이 내게 끌리는 것 같아요. 확고한 펀더멘털주의자는 내게 연락하지 않을 겁니다. 그래서 선택 편향이나 생존 편향이라고 부를 수도 있어요. 나는 내 말에 동의하지 않는 사람들을 만날 일이 없어요. 그들은 나를 찾아오지 않으니까요. 잘난 척하고 싶은 게 아니라면 말이죠. 여기저기서 그런 일이 생깁니다. 하지만 대부분의 경우 우리 고객 중 다수는 보다 기술적인 성향을 갖고 있어요. 엔지니어나 비행기 조종사, IT 분야에서 일하는 프로그래머 같은 사람들이죠.

마이클: 언제 처음 터틀 트레이딩 이야기를 접했나요? 앞서 백지

상태에 대해 이야기했는데, 그들이 백지 상태 또는 당신을 찾아가는 사람들의 아주 좋은 사례예요. 그들은 데니스가 뽑은 사람들과 같은 유형이기도 하죠. 과거에 터틀 트레이딩 이야기를 접했을 때 마찬가지로 그걸 백지상태에 대한 것으로 봤나요? '정말 흥미로워. 그들은 열린 자세로 배우려고 해'라는 생각이 들었나요?

닉: '이 사람들은 나처럼 백지 상태에서 출발했어'라는 생각은 별로 안 들었어요. 그런 생각은 하지 않았어요. 그보다는 내가 이미 배우기 시작한 것, 모든 추세는 돌파에서 시작되고 추세추종은 우위를 창출할 수 있는 가장 쉬운 수단 중 하나라는 사실을 확인해주었죠. 나는 내가 이미 하고 있던 일을 그 사람들이 하고 있다는 것, 모방을 통해 배운다는 걸 확인했어요. 덕분에 계속할 수 있는 큰 자신감을 얻었습니다. 내 삶에 절대적으로 큰 영향을 미쳤어요.

마이클: 당신에게 영향을 미친 다른 것 중에 언급하고 싶은 게 있나요? 당신이라는 존재를 만든 사람이나 사건 또는 좋아하는 책이 있나요?

닉: 좋은 질문이네요.

마이클: 내게 큰 영향을 미친 것 중에서 기억나는 건 "모두가 원하는 걸 갖는다"라는 에드 세이코타의 유명한 말이에요.

닉 : 그는 내게도 큰 영향을 미쳤어요. 내가 꾸준히 하는 일이 있어요. 바로 당신이 말한 모든 사람들의 실적표를 보는 거예요. 데이비드 하딩, 데이비드 드루즈David Druz, 던, 캠벨, 에이브러햄, 체서피크의 제리 파커 같은 사람들이죠. 특히 약간 힘든 시기를 지날 때 다시 그들의 월간 실적표를 봐요. 그들은 수십 년 동안 매일, 매주, 매달, 매년 버튼을 눌렀어요. 그들의 월간 실적표를 보면 '이 사람들도 과거에 같은 시련을 겪었어. 이것 봐. 연속 손실이 났잖아. 실제로 손실을 본 해도 있어'라는 생각이 들어요.

그러면 계속 나아갈 힘이 생겨요. 그들도 나보다 훨씬 앞서서 같은 길을 걸어갔다는 걸 아니까요. 그들에게도 같은 일이 일어났어요. 그건 모두 여정의 일부예요. 아마 다른 종류의 펀드 운용 사업에서는 그런 걸 하지 않을 거예요. 대개는 그냥 자산 곡선을 벤치마크와 비교하죠. 월별로 나눈 실적표를 만들지는 않아요. 나는 고객과 학생들에게 이 사람들이 앞서 한 일에 주의를 기울이라고 촉구해요. 그들이 걸어간 여정을 이해하라는 거죠. 그들은 아주 뛰어난 트레이더로 인정받는 사람들이잖아요. 같은 일이 우리에게도 일어날 수 있어요.

마이클 : 나는 책에 실적 데이터를 많이 넣었어요. 《터틀 트레이더》를 작업할 때, 기대하지도 않았는데 누군가가 처음으로 터틀의 월간 실적 데이터를 줘서 아주 좋아했던 기억이 나요. 터틀 프로그램이 진행되던 동안의 데이터였어요. 한 번도 공개된 적이 없는 것이었죠. '세상에, 너무 흥미로워'라는 생각이 들었어요.

하지만 거기에는 부정적인 측면도 있어요. 나는 지난 40년에서 50년이 특이한 시기가 될지도 모른다고 생각해요. 그렇게 말하는 이유는 추세추종 분야가 1970년대에 시작되었기 때문이에요. 그래서 긴 투자 실적이 구축되었지만 사람들이 늙어가고 있어요. 사람들이 사라져가고 있어요.

어쩌면 미래에는 당신이 이야기하는 교훈을 접하기가 갈수록 힘들어질지도 몰라요. 나는 그럴 거라고 확신해요. 이 50년에서 60년에 걸친 실적 데이터가 전부일지 몰라요. 미래에는 다른 모든 게 비밀에 부쳐지고 위장될 거니까요. 월간 수치를 공유하는 비슷한 생각을 가진 사람들을 찾기가 갈수록 어려워질 거예요.

닉: 그럴 수 있죠. 마틴 버긴을 보세요. 그는 빌 던의 회사를 이어받았어요. 그들은 성공을 이어가고 있습니다. 내가 제대로 읽고 들었다면, 하지만 당신은 세대가 단절되고 그걸로 끝일지 모른다고 생각하는 모양이네요.

마이클: 가령 AQR을 보면 수천억 달러의 자산을 운용해요. 데이비드 하딩은 10년 가까이 300억 달러의 자산을 운용했죠. 우리가 이야기하는 대단한 사람들 중 다수, 심지어 빌 던 같은 사람도 결코 운용자산을 20억 달러로 늘리지 못할 거예요.

이건 그냥 추측이에요. 내가 완전히 틀려서, 이 일이 사라지지 않고 빌 던과 마틴 버긴 같은 사람들이 그들이 하던 일을 계속하기를 바랍니다. 내가 완전히 틀렸기를 바라요.

닉: 시간의 여정을 거쳐서 우리가 어디에 닿는지 보는 수밖에 없죠. 지금 같은 시대에는 기술과 관련하여 많은 변화가 일어납니다. 기술은 1960년대와 1970년대, 어쩌면 1980년대 초반과 크게 다른 방향으로 우리를 데려갈 수도 있어요. 그래서 분명히 확연한 변화로 이어질 수도 있죠. 그렇기는 해도 추세는 계속 나타날 겁니다.

마이클: 추세추종 전략은 사라지지 않을 겁니다. 추세추종 전략이 사라지는 유일한 경우는 정부가 시장을 조작해서 횡보만 하게 만드는 거예요.

닉: 어떤 사람들이 등장하고, 그들이 어떻게 대응할지 지켜보는 건 흥미로울 겁니다. 모멘텀 전략을 생각해보세요. 모멘텀 전략은 근본적으로 추세추종 전략입니다. 나는 분산화 상품 같은 것에 대한 논쟁에 뛰어들고 싶지 않아요. 결과적으로 모멘텀 전략은 추세추종 전략과 같은 기조를 따릅니다. 모멘텀 전략은 지난 25년 동안 학문적으로 가장 많이 연구된 요소 중 하나가 되었어요. 하지만 1980년대로 돌아가면 누구도 거기에 대해 이야기하지 않았어요. 심지어 15년 전보다 훨씬 많은 동력을 얻고 있는 건 확실해요. 그건 좋은 일이죠.

마이클: 학계는 두 가지 형태의 모멘텀을 제시해요. 하나는 추세

추종에 해당하는 시계열 모멘텀이고, 다른 하나는 상대 강도에 해당하는 횡단면 모멘텀이에요. 나는 항상 사람들에게 수많은 추세추종 트레이더를 찾을 수 있다고 말해요. 시계열 모멘텀도 언제나 찾을 수 있어요. 그 증거를 찾을 수 있어요. 반면 상대강도 기록은 찾기가 더 어려워요. 추세추종 기록과 같은 방식으로 존재하지 않아요.

닉: 그 말에 동의해요. 맞는 말이에요. 기억할지 모르겠지만 당신이 《터틀 트레이딩》을 펴냈을 때 호주에 풀린 모든 물량을 내가 사들였어요.

마이클: 다른 사람들한테도 그 책이 필요해요!

닉: 아직 하지 않았다면 재출간해야 할 거예요. 나는 그걸 몽땅 사들여서 전체 고객에게 나눠줬어요. 내 책 말고는 한 번도 그런 적이 없었어요. 지금도 초판을 갖고 있습니다. 약간 탈색되긴 했지만요.

마이클: 살다 보면 가끔 예기치 못한 일을 겪기 마련이죠. 그 책이 내게는 그런 것이었어요. 터틀 프로그램에 대한 이야기를 읽으면서 '이건 사실이 아냐. 이런 일은 일어날 수 없어. 가짜일 거야'라고 생각했어요. 하지만 이면을 파헤쳐 보니 그게 아니었던 거죠.

닉: 분명 놀라웠을 겁니다. 내가 큰 영향을 받은 사람 중에 마지

막으로 언급하고 싶은 사람은 제리 파커에요. 아주 오랫동안 활동한 사람이죠. 그는 느긋한 태도를 가졌어요. 행간에 많은 걸 담는 편이죠.

대다수 사람은 행간에 담긴 걸 놓칩니다. 제리 파커는 훌륭하고 강력한 메시지를 전할 수 있는 사람 중 한 명이에요. 하지만 그걸 사람들이 잘 놓치는 행간에 담죠. 그건 상당한 중요한 부분이에요. 나는 특히 고객들에게 그 점을 강조해요. 제리 파커의 말을 아무 생각 없이 듣지 말고, 그 사람이 실제로 하는 말을 들으라고요.

부록

추세추종의 핵심 요약

-1-

투자 옵션의 가치optionality, 손절, 수익 불리기

취할 수 있는 옵션을 절대 거부하지 말고, 손절하고, 수익을 계속 불려라.

_데이비드 리카도

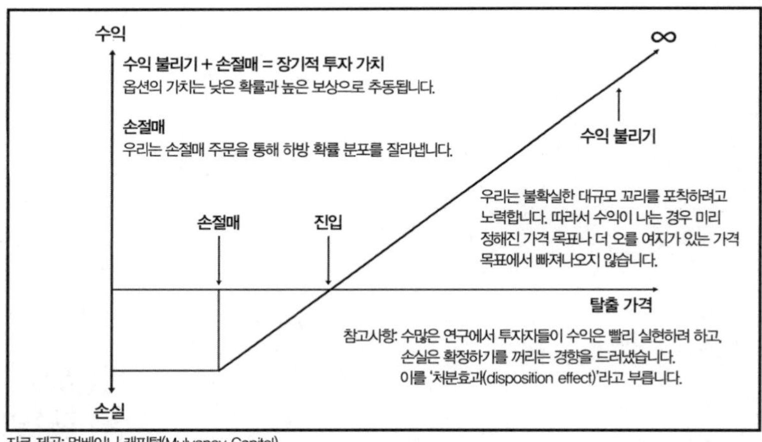

자료 제공: 멀베이니 캐피털(Mulvaney Capital)

- 2 -

시스템적 추세추종 전략이 창출하는 수익률의 원천

많은 투자자에게 던 캐피털이 27년2022년 기준으로는 45년 동안 지속적 매매를 통해 기록한 금액가중 종합 투자 실적은 그 자체로 증표가 된다. 전체 보수를 제외하고 연간 누계로 23%를 넘어서는 수익률은 매매 및 리스크에 대한 결정에 수학적 모형을 일관되게 적용한 결과다. 이 기간 동안 수천 번의 매매가 이루어졌다. 통계 전문가가 아니라도 던이 이룬 결과가 운이 아니라 설계에 따른 것이라고 추정할 수 있다. 이 '수치' 증명은 단순성 때문에 중요하다. 하지만 여기서는 어떻게 그런 수익률을 올렸는지 또는 왜 비슷한 결과가 이어질 것이라고 기대할 수 있는지 설명하지 않는다.

가격 추세는 장기적으로 일어나는 가격의 변화를 말한다. 자유시장에서 가격은 변한다. 시장 참여자들이 경제적 사건에 반응하기 때문이다. 추세추종 분야의 선구자인 빌 던은 이 근본적인 사실을 확인했다. 그는 자유시장의 경제적 변화에 따라 불가피하게 형성되는 시장 가격의 추세로부터 큰 이익을 획득할 수 있는 시스템적 방법론을 개발했다. 또한 그는 가격 추세를 예측할 필요가 없다는 사실을 이해했다. 그보다 그에게 필요한 것은 추세가 형성되는 시장에 참여할 수 있도록 해주고, 추세가 형성되지 않는 시장에서 입을 매매 손실을 제한해주는 수학적 필터였다. 이에 더하여 그는 포트폴리오의 리스크를 역동적, 지속적으로 관리하는 강건한 통계적 접근법을 개발했다. 덕분에 장기간에 걸친 비우호적(추세가 형성되지 않는) 시장에서 손실을 통제할 수 있었다.

이처럼 추세추종 전략이 거두는 수익률의 '원료'는 자유시장 경제이며, '생산 과정'은 매매 및 리스크 관리를 위해 세심하게 개발하고 검증한 수학적 모형을 엄격하게 적용하는 것이다. 시장이 자유롭고, 매매 및 리스크 관리를 위한 규칙이 깨지지 않는 한 시스템적 추세추종의 장기 수익률은 계속 이어질 것이다.

추세추종 전략이 거두는 수익률을 논의할 때 종종 제기되는 질문은 "효율적 시장이 전개하는 제로섬 게임에서 어떻게 꾸준하게 수익률을 뽑아내느냐?"이다. 효율적 시장 가설은 유동적 시장에서 가격은 어느 때든 알려진 모든 정보를 반영한다고 말한다. 이는 파악 가능하며, 활용 가능한 '비효율성'이 존재하지 않는 한 누구도 제로섬 게임에서 돈을 벌 수 없다는 말로 흔히 오해된다. 사실 이 이론은 누군가가 알려진 정보를 꾸준하게 더 잘 해석할 가능성을 절대 배제하지 않는다. 요컨대 추세추종자를 비롯한 트레이더들은 다른 사람은 갖지 못한 시장에 대한 통찰을 가질 수 있다.

어떤 사람들은 다른 사람들보다 똑똑하며, 따라서 제로섬 게임에 참여하여 이익을 취할 수 있다는 게 합리적으로 보인다. 다만 그렇다면 '멍청이들'은 자의로 게임을 중단하거나, 돈이 다 떨어져야만 게임에서 빠질 수밖에 없지 않을까? 카드 게임이라면 그럴 것이다. 하지만 이건 카드 게임이 아니다. 제로섬 선물시장은 세계 경제의 필수적인 요소다. 대형 기관은 선물시장을 별개로 활용하는 경우가 드물다. 그들은 대규모 재무상태표를 보유하고 있으며, 선물을 활용하여 사업의 성공을 결정하는 자산 수익률과 부채 비용의 패턴을 관리한다. 채권 공매도로 가장 큰 손실을 입은 패자가 사실은 고도의 상관성을 지닌 현금시장, 선도시장, 파생시장에서 보유한 포지션 때문에 채권 가격 상승에 따른 최대 승자였을 수도 있다. 이렇게 폭넓은 관점에서 보면 연관 시장과 연계된 선물시장은 제로섬 게임이 아니다.

게다가 효율적 시장 이론은 가격이 어느 때든 가용한 모든 정보를 구현한다고 말한다. 그래서 던은 가격을 모형에 대한 유일한 입력 변수로 적절하게 활용한다. 그들은 시장과 관련하여 쏟아지는 수많은 펀더멘털 측면의 사실과 의견을 걸러내고, 일종의 예측을 하기보다 시장 참여자 자신들이 이 데이터 덩어리에서 증류한 하나의 정보를 분석한다.

요약하자면, 던은 가격을 활용하여 통계적 강건성을 지닌 컴퓨터 모형을 개발했다. 이 모형은 시스템을 토대로 장기적인 대규모 가격 변화를 포착하는 매매 결정을 생성한다. 마찬가지로 중요한 점은 선물 포트폴리오의 리스크 프로필을 역동적으로 모형화하고 관리한다는 것이다. 자유시장이 존재하는 한 가격은 모든 경제활동의 이면에 존재하는 인간 본성의 불가피한 힘에 대응하여 변할 것이다. 또한 던 같은 추세추종자들은 엄격한 방법론을 통해 보상을 누릴 입지에 설 수 것이다.

선물 가격의 추세 형성 양상을 보다 심도 있게 다룬 내용을 읽고 싶다면 다음 자료를 참고하라.

폴 새뮤얼슨Paul A. Samuelson, 《경제학, 통계학 개관The Review of Economics and Statistics》, "현실 세계의 가격은 우연이라는 멍청이가 말하는 이야기인가Is Real-World Price a Tale Told by the Idiot of Chance?" MIT 출판부, 1976: 120-121
앤 펙Anne E. Peck 편집, 《선물시장에 대한 논문 선집 1, 2권Selected Writings on Futures Markets, Vols. 1&2》

☑ 마이클의 노트
이 던 캐피털 관련 논문은 거의 20년 전에 나왔지만 시대를 초월한 교훈을 제공한다. 그래서 여기에 싣는다.

- 3 -

던 캐피털 투자 절차

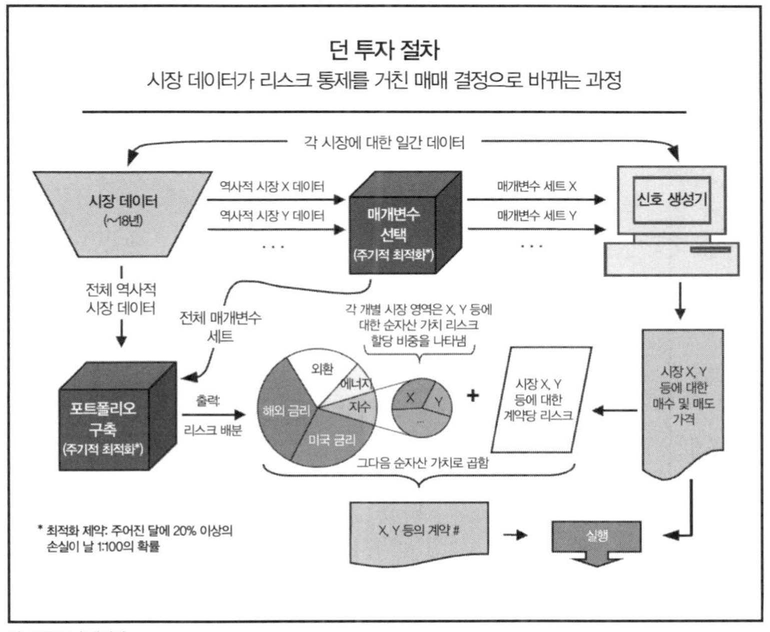

자료 제공: 던 캐피털

- 4 -

던 캐피털 실적

투자 역사상 가장 중요한 차트 중 하나

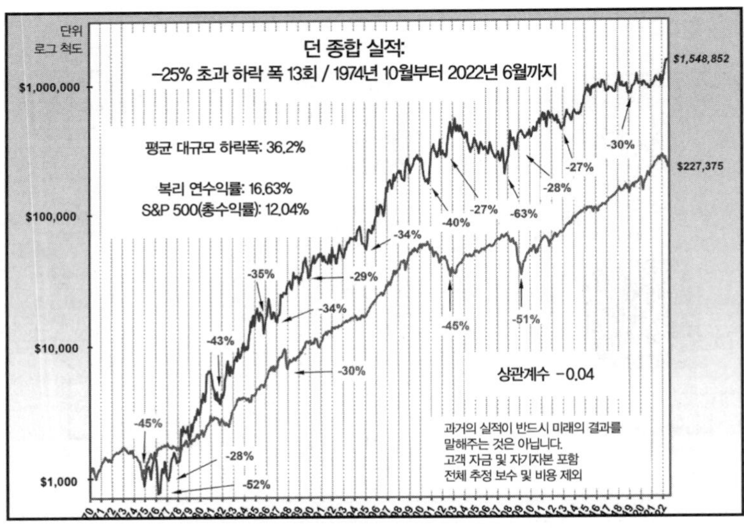

자료 제공: CFTC

- 5 -

멀베이니 캐피털 실적

멀베이니 캐피털은 폴 멀베이니가 운영한다. 폴은 나의 《트레이딩에 관한 작은 책The Little Book of Trading》에 소개되었다. 이 실적표를 여기에 싣는 이유는 두 가지다. 하나는 대단하기 때문이고, 다른 하나는 당신이 분석할 수 있도록 하기 위해서다.

	1	2	3	4	5	6	7	8	9	10	11	12	연간
2022	14.71%	6.49%	21.57%	26.45%									87.79%
2021	2.21%	13.98%	0.90%	8.52%	5.08%	-4.45%	4.90%	2.47%	9.96%	9.86%	-21.18%	1.40%	32.93%
2020	-5.58%	-6.99%	31.16%	-0.46%	-5.44%	-0.14%	3.43%	-2.58%	-11.87%	2.41%	0.62%	19.63%	18.53%
2019	-19.33%	-2.94%	10.05%	-1.89%	-4.97%	6.92%	9.04%	29.96%	-23.00%	-12.00%	-5.39%	0.88%	-21.28%
2018	12.99%	-15.33%	-6.57%	3.46%	-7.23%	4.57%	15.55%	16.15%	-1.12%	-25.79%	15.60%	-6.35%	-4.33%
2017	-6.33%	9.23%	-7.77%	8.97%	-0.41%	-4.53%	-5.42%	2.38%	-8.08%	10.68%	-2.29%	7.93%	1.57%
2016	5.94%	10.75%	-13.52%	-2.84%	-8.35%	27.33%	-1.01%	-13.30%	18.22%	-10.77%	-0.71%	-5.05%	-1.82%
2015	6.93%	-0.50%	3.84%	-7.98%	4.13%	-6.07%	4.77%	-9.23%	6.15%	-11.05%	13.52%	-2.10%	-0.77%
2014	-1.46%	1.36%	4.65%	2.67%	-4.47%	2.37%	2.25%	9.33%	17.69%	-1.67%	13.05%	9.05%	67.36%
2013	10.46%	7.39%	9.29%	9.73%	0.13%	-3.15%	-4.03%	-10.90%	2.61%	7.29%	11.58%	-1.24%	43.12%
2012	-3.75%	0.78%	5.21%	-1.08%	-0.90%	-18.12%	11.38%	-6.26%	-8.58%	-15.07%	-0.97%	0.76%	-33.72%
2011	2.07%	9.78%	-4.62%	6.07%	-11.82%	-7.41%	11.15%	1.59%	-4.20%	-14.14%	12.05%	-1.64%	-5.26%
2010	-3.84%	-7.15%	-5.15%	2.02%	-8.77%	0.53%	-12.03%	14.59%	16.46%	22.29%	-5.36%	25.30%	34.90%
2009	1.60%	-0.03%	-3.36%	-5.51%	-1.30%	-6.81%	-0.53%	10.85%	1.32%	-7.86%	10.70%	-3.19%	-5.90%
2008	21.65%	28.86%	-7.96%	-8.58%	5.35%	8.51%	-18.78%	-6.73%	11.58%	45.49%	6.97%	5.30%	108.87%
2007	0.56%	-5.18%	-8.82%	2.59%	4.70%	4.85%	-16.89%	-19.40%	3.92%	13.72%	-8.59%	8.47%	-23.14%
2006	11.09%	-2.70%	13.05%	11.46%	-4.27%	-6.10%	-5.20%	1.95%	1.00%	-0.13%	0.56%	1.60%	21.94%
2005	-4.28%	0.54%	2.30%	-9.28%	-4.08%	5.32%	6.62%	2.78%	13.57%	-5.64%	15.27%	8.35%	32.34%
2004	4.19%	8.45%	2.37%	-11.50%	-6.99%	-0.73%	-0.41%	-6.21%	7.76%	0.76%	9.63%	-4.94%	-0.10%
2003	13.20%	7.22%	-12.83%	1.45%	7.64%	-7.61%	-6.33%	0.07%	6.66%	15.32%	-0.27%	5.35%	29.28%
2002	-	-	-7.52%	1.55%	6.75%	7.38%	5.95%	5.44%	5.13%	-7.73%	-5.08%	7.80%	19.37%
2001	-9.62%	18.76%	13.46%	-15.25%	-0.66%	5.39%	-1.26%	-	-	-	-	-	6.69%
2000	-5.02%	2.52%	-8.40%	-0.27%	6.97%	1.55%	-1.25%	12.68%	-4.36%	1.96%	9.05%	8.90%	24.51%
1999					-0.29%	-0.14%	-2.22%	2.13%	-4.81%	-4.80%	7.01%	4.84%	1.09%

자료 제공: 미 상품선물거래위원회

- 6 -

퍼플 밸리 캐피털 실적

퍼플 밸리 캐피털은 도널드 위조렉이 운영한다. 이 실적표도 분석해보기 바란다. 여러분에게 내는 숙제다.

	1	2	3	4	5	6	7	8	9	10	11	12	연간
2022	12.80%	8.30%	12.41%	25.82%									72.78%
2021	7.86%	35.24%	19.40%	3.67%	-5.71%	-9.47%	-1.24%	-2.23%	-1.66%	-2.77%	-12.22%	-13.03%	8.62%
2020	-0.69%	17.65%	56.50%	-11.45%	-5.61%	-12.99%	27.16%	10.83%	-21.09%	10.62%	20.66%	51.81%	199.65%
2019	-7.79%	8.24%	-12.08%	5.09%	5.92%	2.19%	-17.34%	24.86%	-19.57%	0.37%	0.45%	10.08%	-8.07%
2018	17.56%	-16.35%	-4.16%	-0.62%	-22.21%	4.82%	-4.60%	14.49%	0.20%	-16.71%	12.92%	3.06%	-18.97%
2017	-6.14%	-0.70%	-2.93%	0.86%	-3.56%	-2.78%	0.68%	-0.41%	-8.35%	7.44%	3.96%	0.25%	-11.95%
2016	-1.21%	4.33%	-16.59%	18.18%	-10.12%	-6.89%	3.01%	-12.34%	-10.60%	1.06%	2.97%	-2.02%	-30.01%
2015	19.00%	-5.65%	2.15%	-9.01%	-6.87%	-9.48%	13.30%	-0.67%	4.45%	-15.83%	10.72%	-9.26%	-12.56%
2014	2.93%	8.82%	6.88%	1.42%	-8.09%	11.12%	-7.44%	1.14%	33.18%	0.70%	13.47%	6.37%	87.94%
2013	3.15%	-11.19%	-4.75%	6.92%	6.30%	9.50%	-7.92%	3.34%	-10.59%	-15.49%	-2.23%	0.58%	-23.21%
2012	-3.14%	12.48%	-1.84%	-6.34%	15.27%	-11.55%	10.54%	3.26%	-2.92%	-10.66%	-1.74%	3.42%	2.73%
2011	-0.61%	18.00%	-0.52%	13.64%	-17.28%	-12.14%	-0.79%	17.05%	-5.17%	-17.47%	1.48%	-0.06%	-11.17%
2010	-8.48%	-6.65%	-2.46%	-0.77%	0.67%	5.33%	-16.07%	-1.70%	32.59%	28.39%	0.99%	23.32%	53.36%
2009	-12.07%	3.14%	-5.74%	-1.68%	38.24%	-13.27%	2.31%	11.66%	2.94%	-2.10%	27.26%	-21.51%	15.89%
2008								10.83%	0.86%	47.09%	5.79%	-1.79%	70.81%

자료 제공: 미 상품선물거래위원회

- 7 -

추세추종자들에게 호기심이 중요한 이유

한 정상급 CEO가 근래에 하버드 경영대학원에서 강의를 했다. 한 학생이 그에게 "앞으로 어떻게 하면 좋을까요?"라고 물었다. 그는 "아직 학비로 돈을 사용하지 않았다면 다른 걸 하세요"라고 대답했다.

호기심이 있으면 이유를 알게 된다.

그러나 호기심은 사람들에게 평가절하를 당했다. 프로이트는 "아이의 눈부신 지력과 평범한 어른의 허약한 사고는 암울한 대조를 이룬다"라고 한탄했다.

오늘날 많은 사람은 명령을 받고서야 행동한다.

아이 같은 단순한 호기심은 오직 아는 것 외에 다른 목적이 없다. 그것이 진정한 길이다. 호기심은 귀중한 자원이자 비밀 무기다. 아이들은 작동 원리를 알아내려고 장난감을 처음 해체할 때 눈이 번쩍 뜨이는 경이로움을 경험한다. 당신도 그래야 한다. 단순한 말처럼 들리지만 아이 같은 경이와 열정을 유지하는 일은 정신의 문을 열어준다.

호기심은 내가 추세추종 매매라는 때로 비밀스런 세계를 파고들게 만드는 원인이다. 보이는 대로 그냥 받아들이는 게 아니라 언제나 시스템을 알아내려고 하는 게 나의 방식이다. 그걸 감안할 때 학창 시절에 내가 손을 들면 선생님들이 좋아했을까? 사냥개는 무엇이든 찾아낸다. 때로 사람들이 숨기고 싶어 하는 것까지.

내게 "어떻게 세부적인 내용을 알아내나요?"라고 질문한 의외의 인물은 전 소련 서기장인 미하일 고르바초프Mikhail Gorbachev였다. 그는 통역을 통해 내가 큰돈을 번 트레이더들을 소개하는 일을 한다는 말을 들었다. 그는 소개가 끝난 후 통역사를 통해서 러시아어로 이렇게 물었다. "그런 사람들에 대한 글을 쓰는 일은 어떤가요?"

나는 짧게 "아주 흥미롭습니다"라고 대답했다.

그는 통역이 끝나기를 기다린 후 "이면을 파헤치기가 어려울 텐데요. 방법이 뭔가요?"라고 물었다.

나는 미소를 지으며 "저는 파헤치는 일을 아주 잘해요"라고 대답했다. 그는 웃음을 터트렸다. 통역은 필요 없었다. 그는 처음부터 내가 하는 말을 완벽하게 이해했다.

나는 지난 50년 동안의 뛰어난 추세추종 트레이더들에게서 직접 투자를 배웠다. 과장이 아니다. 하지만 처음부터 그런 건 아니었다.

모든 것은 런던에서 대학원을 마칠 무렵 시작되었다(대학원을 간 건 실수였다. 하지만 런던에서 생활하며 여행을 다닌 건 좋았다). 동기부여 강사인 앤서니 로빈스Anthony Robins가 쓴 《무한 능력Unlimited Power》은 뛰어난 트레이더들에게 가까이 다가가는 게 해결책이라는 확신을 주었다.

쉬운 일처럼 보였다. 하지만 어떻게 해야 할까? 로빈스의 책에 나오는 한 부분은 정신이 번쩍 들게 해주었다. 《무한 능력》에는 스티븐

스필버그 감독에 대한 이야기가 나온다.

17살 때 유니버셜 스튜디오를 구경하면서 그의 삶이 바뀌었다. 하지만 스튜디오 투어로는 실제 촬영이 이루어지는 구역에 들어갈 수 없었다. 그래서 그는 직접 행동에 나섰다. 그는 몰래 빠져나와 실제 영화가 촬영되는 모습을 지켜보았다. 나중에는 유니버셜의 편집 책임자까지 만나게 되었다. 그는 스필버그가 구상하던 초기 영화들에 흥미를 보였다.

대부분의 사람이라면 여기서 이야기가 끝났을 것이다. 하지만 스필버그는 달랐다. 그는 계속 감독, 작가, 편집자들을 만나서 배우고 관찰했다. 또한 영화 제작에서 실제로 통하는 것에 대한 예리한 감각을 연마했다.

스필버그의 이야기는 내게 필요한 동기를 부여했다.

나는 베를린으로 날아가, 있지도 않은 수천 달러를 썼다. 콘퍼런스에서 몇 명의 트레이더를 만나 배울 기회를 얻기 위한 여행이었다. 나를 아는 사람이 한 명도 없는 콘퍼런스였는데도 말이다.

내가 가진 자격은 이름표와 의욕뿐이었다. 그러나 그 계산된 도박, 예기치 못한 기회를 얻을 거라는 직관적 믿음은 충분한 성과를 거두었다. CME의 전 의장과 좋은 시간을 보냈기 때문이다.

이런 초기의 노력은 전설적인 트레이더들과 계속 대면할 수 있도록 해주었다. 그들이 다른 모든 사람들처럼 평범하고, 그들이 하는 일을 배울 수 있다는 사실을 알게 해줄 만큼 인간적인 접촉이었다.

한적한 콘퍼런스에 참석한 일은 나의 자신감과 열정을 촉발했다.

안타깝게도 우리 문화에서 이렇게 스스로 알아낸다는 태도는 보편적이지 않다. 아이들은 모두가 상을 받는 축구 대회와 스펠링 대회에 출전하면서 자란다. 놀이터에서는 피구마저도 트라우마를 안긴다며 기피된다. 이제 부모들은 의자 뺏기 놀이도 위험할 만큼 배타적이라고 여긴다.

이렇게 자란 아이들은 절대 호기심을 갖지 않을 것이다. 그들은 결국 역경을 극복하게 해주는 자낙스Xanax와 리탈린Ritalin이 뿌려진 컵케이크에 중독될 것이다. 내가 비관적인 불평꾼처럼 구는 걸까? 전혀 아니다. 나는 단지 세상의 현실을 묘사하고 있을 뿐이다.

내가 올바른 방향이라고 배운 것들은 다음과 같다.

- 매일 기쁨, 상상력, 열정이 담긴 활력을 발휘하라. 꾸며내지 마라.
- 덩치가 커야만 잘하는 건 아니다. 똑똑해야 한다.
- 아무도 없을 때 들어가라. 그 자리를 차지하라.
- 목숨이 달린 것처럼 세상을 상대하라.
- 누군가를 바꾸는 일보다 중요한 건 없다.
- 자신의 고유성에 기반한 이상을 품어라.
- 경주의 우승자는 종종 호기심이 많고 약간 미쳐 있다.
- 삶의 무미건조한 의무는 비유하자면 당신을 죽일 것이다.
- 누구도 허락하지 않을 것이다. 스스로 책임져라.
- 문제를 해결할 수 없다면 집단적 규칙을 따르고 있는 것이다.
- 근면, 장기적 집중, 열의가 소위 말하는 비법이다.

- 승자는 매몰비용과 기회비용을 이해한다.
- 이기도록 계획하고, 준비하라. 이길 것을 기대할 수 있는 모든 권리를 가져라.
- 당신의 신념 체계를 바꾸는 것은 당신에게 달려 있다. 누구도 고정되어 있지 않다. 고정되지 마라.
- 승리의 핵심은 한정된 자원이 아니라 언제나 무한한 수완이다.
- 세상에 의문을 품지 않으면 언제나 패배한다.

이런 교훈이 반드시 직관적으로 주어지는 건 아니다.

사회는 증명되지 않은 추구자를 격려하거나 축하하지 않는다.

새로운 생각을 비판하고 조롱하는 편이 훨씬 안전하다. 안전한 길을 택하도록 부추기는 경우가 너무 많다. 이는 형편없는 근시안적 조언이다.

흙수저로 태어났다고 불평하고, 뭔가를 시작하려면 돈이 더 필요하다고 생각하고, 유명한 터틀 트레이더들처럼 20대 초반에 추세추종 규칙을 알게 될 만큼 축복받지 못했다고 생각하는 사람들에게 돈은 재능 부족, 나태, 잘못된 관점, 평범한 사고방식을 보완해주지 못한다.

승리를 원한다면 어떤 것도 당신을 막지 못한다. 그렇지 않다는 생각은 좋은 것을 끌어당기는 데 필요한 상상력과 낙관적 태도가 부족하기 때문에 생긴다. 낙관하지 못한다고?

지금 중단하라.

하지만 여전히 맥박이 뛴다면 이 현명한 말을 절대 잊지 마라. 천부적 재능을 지닌 음악가, 능력을 타고난 운동선수, 선천적 지능은 유전적 감옥이다. 능력은 유전자에 새겨지지 않는다. 능력은 유동적이며, 성인이 되어서도 연마할 수 있다. 겸손, 희망, 굳은 결의만 있으면 모두가 위대성을 꿈꿀 수 있다.

그리고 항상 그렇듯 뜻밖의 행운은 찾아온다!

추세 매매의 대가들

초판 1쇄 발행 2023년 10월 20일

지은이 마이클 코벨
옮긴이 김태훈

펴낸곳 ㈜이레미디어
전화 031-908-8516(편집부), 031-919-8511(주문 및 관리)
팩스 0303-0515-8907
주소 경기도 파주시 문예로 21, 2층
홈페이지 www.iremedia.co.kr **이메일** mango@mangou.co.kr
등록 제396-2004-35호

편집 정은아, 이병철, 주혜란 **디자인** 이선영 **마케팅** 김하경
재무총괄 이종미 **경영지원** 김지선

ISBN 979-11-91328-99-8 (03320)